VARIÉTÉS SINOLOGIQUES Nº 31.

# HISTOIRE

DU

# ROYAUME DE HAN 韓

## (423-225)

PAR

LE P. ALBERT TSCHEPE, S. J.

彭 亞 伯

CHANG-HAI.

IMPRIMERIE DE LA MISSION CATHOLIQUE

A L'ORPHELINAT DE T'OU-SÈ-WÈ.

—

1910.

VARIÉTÉS SINOLOGIQUES Nᵒ 31.

# HISTOIRE

DU

# ROYAUME DE HAN 韓

## (423-225)

PAR

LE P. ALBERT TSCHEPE, S. J.

彭 亞 伯

# CHANG-HAI.

IMPRIMERIE DE LA MISSION CATHOLIQUE

A L'ORPHELINAT DE T'OU-SÈ-WÈ.

1910.

# PRÉFACE.

Nous donnons ici l'histoire de l'agonie des trois états feudataires de Han 韓, Wei 魏, et Tchao 趙. Puisque l'agonie n'est pas un spectacle attrayant, ces pages historiques ne sont pas précisément intéressantes. S'il s'était agi d'écrire quelque chose d'agréable, j'aurais pu parler du canal impérial, dont l'embouchure Che-men-kin 石門渠 au Hoang-ho vint en possession de Han après la conquête de l'état de Tcheng 鄭; le Han était donc pour quelque temps le vrai maître du fameux canal impérial, qui date de 2,200 ans avant N. S.

Ou bien, j'aurais pu parler des fameux Seu-hao 四豪, quatre héros; Mong-tch'ang kiun 孟嘗君; Sin-ling kiun 信陵君; P'ing-iuen kiun 平原君 et Tch'oen-chen kiun 春申君 qui fournissent tant de matières intéressantes.

J'aurais pu m'étendre aussi en détail sur 孟子 Mencius à la cour de Wei, sur Sou-ts'in 蘇秦 et ses frères, lettrés si fameux de cette époque, sur Tchang-i 張儀 ou Wei-yang 衛鞅 et autres lettrés et diplomates errants, pendant cette singulière époque de l'histoire de la Chine.

Une telle lecture aurait été plus intéressante; mais à vrai dire, j'aurais fait un hors-d'œuvre. Car au royaume de Ts'in 秦 j'ai déjà donné la plupart des traits essentiels; depuis Ts'in Hiao-kong 秦孝公 (361) l'histoire de Ts'in est aussi l'histoire de la Chine et toutes les questions importantes appartiennent au Ts'in 秦. Ici nous n'avons que quelques épis glanés çà et là, quelques traits de la si haute sagesse lettrée, qui met la Chine au-dessus de tous les autres peuples? Ces soi-disant "chinoiseries" peignent si bien les lettrés, elles dessinent à merveille la silhouette de cette gent unique au monde. Elles ressemblent à des anecdotes spirituelles qu'on relit toujours avec plaisir. Le lettré chinois est vraiment un monde nouveau qu'il est intéressant d'étudier.

Quant au canal impérial, cette merveille de la Chine, je n'en ai pas parlé, parce que dans les guerres de l'époque il ne joue pas de rôle important. Je traite ce thème dans un travail à part. Quelques notes éparses auraient été inintelligibles.

Chang-hai. Août 1910.

# LE ROYAUME DE HAN 韓

## TABLE DES MATIÈRES.

le Ts'in ; nouvelle défaite effroyable p. 35.

**Wang-ngan** 王 安 238-230 continue à végéter quelques années. En 230 *Ts'in cheu-hoang* 秦 始 皇 en finit.

# LE ROYAUME DE WEI. 魏

Notes préliminaires : sa capitale, son étendue, sa grande muraille p. 39 et 40.

**Wen-heou** 文 侯 423-387. — En 413 il est battu par le *Ts'i* 齊, mais il bat le *Ts'in* 秦. En 408 diverses entreprises heureuses contre ses voisins p. 42.—il reçoit le sage *Pou-tse-hia* 卜 子 夏 à sa cour p. 43.—et d'autres lettrés qui l'aident à administrer l'état. Conseil avec ces sages p. 44. — divers traits édifiants. — En 400 guerre contre le *Tch'ou* 楚 p. 46, — avec le *Ts'in* 秦 et le *Ts'i* 齊 p. 47.

**Ou-heou** 武 侯 386-371. — caractère aimable. — querelle entre de sages lettrés p. 48. — vilenie lettrée p. 49. — diverses guerres avec des voisins p. 50. — Les 3 maisons réduisent leur ancien maître à l'état de simple particulier p. 51.

**Hoei-wang** 惠 王 370-319. — guerre civile et guerres extérieures p. 52. — les années suivantes encore des guerres. — En 364 il est battu par le *Ts'in* 秦. — En 362 il bat les armées de Han et de *Tchao* 趙 p. 53. — le grand guerrier *Ou-k'i* 吳 起, — principes de tactique infaillibles p. 54. — le génie lettré *Wei-yang* 衛 鞅 est méconnu par Hoei-wang—d'où des suites très tristes p. 55. — anecdote lettrée. — En 354 il est battu par le *Ts'in* 秦 et perd les territoires à l'ouest du Hoang-ho p. 56. — il tombe sur le *Tchao* 趙 pour se dédommager : le *Ts'i* 齊 et le *Tch'ou* 楚 l'en empêchent. — En 352 il est battu et dépouillé par le *Ts'in* 秦 p. 57. — En 343 le Ts'in est déclaré chef des feudataires. — En 341 le génie militaire *Suen-tse* 孫 子 bat le *Wei* 魏 p. 58. — anecdotes lettrées. — En 340 vilain tour de Wei-yang p. 59. — Hoei-wang effrayé transporte sa capitale à *Ta-liang* 大 梁, où *Mencius* 孟 子 le visite. — il est attaqué par le *Ts'i* 齊 et le *Tchao* 趙 p. 60. — Il prend des génies lettrés à son service: ainsi résurrection universelle p. 61. — Il adopte le titre de *Wang* 王. — la grande ligue contre le *Ts'in* 秦 en 333 finit misérablement p. 62. — il cède de nouvelles terres au Ts'in. — En 329 de même. — nouvelle ligue contre le Ts'in p. 63. — Tchang-i anecdote curieuse p. 64. — Hoei-wang battu par le Ts'in en 324 et par le *Tch'ou* 楚 en 323 est dépouillé de territoires. — Tchang-i le joue indignement p. 65. — jeux diplomatiques. — Après la mort de Hoei-wang, Mencius quitte le Wei p. 56.

**Siang-wang** 襄 王 318-296. — nouvelle liguë contre le Ts'in et nouvelle défaite. — il se déclare l'humble serviteur de Ts'in; pour cela il est attaqué par le *Ts'i* 齊 et le *Song* 宋 p. 68. En 314 il essaie de secouer le joug de Ts'in; battu il doit céder de nouvelles terres p. 69. — il veut se dédommager en tombant sur le *Ts'i* 齊 et le *Tch'ou* 楚. il va flatter le roi de Ts'in. — malgré ses bassesses il est attaqué par le Ts'in en 308 et en 303 et il est de nouveau dépouillé de terres p. 70. — entrevues diplomatiques. — Siang-wang prend part à la fameuse expédition de *Mong-tchang-kiun* 孟 嘗 君 p. 71.

**Tchao-wang** 昭 王 295-277. — il attaque le Ts'in et subit la plus affreuse défaite en 293 p. 72. — En 289 il est dépouillé d'autres villes; de même que les années suivantes. — Mong-tchang-kiun tombé en disgrâce se réfugie au *Wei* 魏; il fait la guerre au *Ts'i* 齊, sa patrie p. 73. — le Ts'in bat de nouveau le Wei. — Mong-tchang-kiun et sa famille sont exterminés par le *Ts'i* 齊 p. 74.

**Ngan-li-wang** 安 釐 王 267-243. — Dès 276 il est battu et dépouillé par le Ts'in. — le général *Sin-ling-kiun* 信 陵 君. — En 275 de nouveau attaqué et dépouillé. — L'armée de Ts'in s'avança jusqu'à *Ta-liang* 大 梁 p. 75. — En 274 et les années suivantes de même p. 76. — Ayant été en 266 de nouveau battu et dépouillé, il invite un génie lettré p. 79. En 258 guerre entre le Ts'in et le *Tchao* 趙. — *P'ing-iuen-kiun* 平 原 君 p. 80. — stratagèmes de sages et vertueux lettrés. — En 254 nouvelle invasion de Ts'in. — mœurs de traîtres p. 82. — P'ing-iuen-kiun sauve sa patrie Wei. — il attire des génies lettrés au Wei p. 83. — principes

# LE ROYAUME DE TCHAO 趙.

328 guerre malheureuse contre le *Ts'in* 秦 qui lui prend des territoires.—En 326 Sou-heou meurt et a un enterrement splendide auquel 5 princes avec de nombreuses escortes assistent solennellement p. 104.

*Ou-ling-wang* 武靈王 325-299 p. 150. — d'abord tendres amitiés avec les voisins. — En 318 ses troupes furent avec celles des autres ligueurs affreusement battues par le *Ts'in* 秦. — les années suivantes tantôt guerres tantôt amitiés avec les voisins p. 106. — En 307 après de longues délibérations guerre contre les Tartares — le roi fait de grandes réformes et adopte les usages guerriers des Tartares p. 108. — En 306 il pénètre jusqu'à *In-ling-fou* 榆林府 (Chen-si) — expédition contre les Tartares du Tché-li p. 110. — de même en 303. — En 299 il dépose *Tchang* 章 son prince héritier, renonce lui-même au trône pour y mettre *Ho* 何, le fils chéri de le concubine défunte p. 111.

**Hoei-wen-wang** 惠文王 298-266. Ou-ling-wang reste naturellement maître. — En 298 il fait une expédition contre les Tartares. — il pénètre incognito jusqu'à la capitale de *Ts'in* 秦 p. 113. — En 295 nouvelle expédition contre les Tartares du Tché-li ; il établit *Tchang* 章 gouverneur de *Tai* 代 p. 114 principes de vertueux lettré p. 115. — la révolution éclate p. 116. — mort de Ou-ling-wang. — divers jeux diplomatiques p. 117. — le Tchao permet aux troupes de *Ien* 燕 le passage pour aller attaquer le *Ts'i* 齊 lequel pays est sauvé par un sage lettré p. 118. — le sage *Ling-siang-jou* 藺相如 sauve la perle précieuse p. 122.— nouvelles guerres avec le *Ts'in* 秦 p. 123. — grand triomphe lettré p. 124. — *Yo-i* 樂毅, le fameux général, se met au service de Tchao p. 125. — En 273 le Tchao est battu par le Tsin. — En 272 grands travaux pour la canalisation du pays p. 126.—sage lettré p. 127. — quel crime c'est de rire d'un sage lettré. — En 270 nouvelle invasion de Ts'in p. 128. — stratagème lettré p. 129. — une fable p. 130.

**Hiao-tch'eng-wang** 孝成王 265-245. — nouvelle invasion de Ts'in. — stratagème de sage lettré p. 132.—la province *Chang-tang* 上黨 acceptée par le Tchao devint la cause de grandes guerres avec le *Ts'in* 秦 p. 135. — conseil diplomatique de sages lettrés

# ROYAUME DE HAN

---

## NOTES PRÉLIMINAIRES

司馬遷史記十五卷　繹史卷一二十二　韓世系三十六

DONNE LE TABLEAU GÉNÉALOGIQUE.

La famille *Han* 韓, branche collatérale de la maison régnante de *Tsin* 晉, avait reçu en fief le pays de *Han-yuen* 韓原 ; plus tard, la capitale fut transférée à *Tcheou* 州, ville qui fut ensuite appelée *Ou-te-tch'eng* 武德城 ; elle fut encore transportée à *P'ing-yang* 平陽, ancien séjour des fameux empereurs *Yao* 堯 et *Choen* 舜 ; *King-heou* 景侯 (408-400) l'établit à *Yang-li* 陽翟 ; *Ngai-heou* 哀侯 (376-371) la plaça à *Sin-tcheng* 新鄭, après avoir pris ce pays ; c'est là qu'elle fut fixée définitivement, jusqu'à l'extinction du royaume en 230 (1).

Le pays de Han eut une étendue de mille li en carré ; ses frontières sont assez difficiles à déterminer, à cause des variations fréquentes qu'elles ont subies ; on peut dire en général ce qui suit : au nord-est, il renfermait les territoires actuels de *Loungan-fou* 潞安府, *Liao-tcheou* 遼州 etc., dans la province du

---

(1) Han-yuen : selon les uns, était à 20 li sud-est de *Han-tch'eng hien* 韓城 縣, qui est à 220 li nord-est de sa préfecture *T'ong-tcheou fou* 同州府, Chen-si. — Selon les autres, c'était au nord de *Joei hien* 芮縣, qui est à 90 li sud-ouest de *Kiai tcheou* 解州, Chan-si. *(Grande géogr., vol. 54, p. 25)*.

Tcheou : (Ou-te-tcheng), était à 50 li sud-est de *Hoai-k'ing fou* 懷慶府, Ho-nan. *(Petite géogr., vol. 12, p 26)* — *(Grande, vol. 44. p. 4)*.

P'ing-yang : c'est *P'ing-yang fou* 平陽府, Chan-si. *(Petite géogr., vol. 8, p. 6)* — *(Grande. vol. 41, p. 1)*.

Yang-ti : c'est *Yu-tcheou* 禹州, à 320 li sud-ouest de sa préfecture *K'ai-fong fou* 開封府, Ho-nan. *(Petite géogr., vol. 12, p. 6)* — *(Grande. vol. 47, p. 50)*.

Sin-tcheng : c'est *Sin-tcheng hien* 新鄭縣, à 220 li sud-ouest de sa préfecture *K'ai-fong fou* ; l'ancienne ville était cependant un peu au nord-ouest de la sous-préfecture actuelle. *(Petite géogr., vol. 12, p. 5)* — *(Grande, vol. 47, p. 31)*.

1

*Chan-si* 山西 ; là, il confinait les royaumes de *Wei* 魏 et de *Tchao* 趙, ses rivaux ; le reste du pays était situé au sud du Fleuve Jaune, dans la province actuelle du *Ho-nan* 河南 ; de ce côté, sur toute sa longueur, il touchait le grand royaume de *Tch'ou* 楚 ; à l'ouest, il avait pour voisin le royaume de *Ts'in* 秦, qui un beau jour finira par l'absorber.

Le recueil intitulé *Kiang-yu-piao* 疆域表, vol. 上, p. 26, indique les frontières brièvement comme il suit : au nord, le territoire de *Kong* 鞏, le fleuve *Lo* 洛, et la ville de *Tch'eng-kao* 成皋 ; à l'ouest, la ville de *Y-yang* 宜陽 et la montagne *Chang-pan* 商版, actuellement *Chang-lo-chan* 商洛山 ; à l'est, les villes *Yuan* 宛 et *Jang* 攘 avec la rivière *Wei-chouei* 洧水 ; au sud, la chaîne de montagnes appelée *Hing-chan* 陘山.

Le pays de Han était protégé par les forteresses principales suivantes.═Vers le nord : *Kong* 鞏 ; *Chen-tcheou* 陝州 prise plus tard par le royaume de *Wei* 魏 ; *Tch'eng-kao* 成高 dont la position était une des plus importantes, et grâce à laquelle on s'empara de l'état de *Tcheng* 鄭 ; le fameux défilé *Hoan-yuen* 轘轅, dans la montagne du même nom ; la montagne et le défilé *Heou-che-chan* 緱氏山.═Vers l'ouest : *Y-yang* 宜陽, avec la montagne *Chang-pan* 商版 ou *Chang-lo-chan* 商洛山.═Vers l'est : *Yong-yang* 滎陽 et *Yong-tche* 滎澤.═Vers le sud-est : *Yuen* 宛 et *Jang* 攘, avec la rivière *Wei-chouei* 洧水.═ Vers le sud : la montagne *Hingchan* 陘山 était le meilleur rempart (1).

---

(1) Kong : était à 30 li sud-ouest de *Kong hien* 鞏縣, qui est à 130 li à l'est de sa préfecture *Ho-nan fou* 河南府, Ho-nan. (*Petite géogr.*, vol. *12*, pp. *34, 35*)—(Grande, vol. *48*, pp. *28, 30*).

*Chen tcheou* 陝州.

Tch'eng-kao : était un peu au nord-ouest de *Fan-chouei hien* 范水縣, qui est à 250 li à l'ouest de sa préfecture *K'ai-fong fou* 開封府, Ho-nan. (*Petite géogr.*, vol. *12*, p. *10*) — (Grande, vol. *47*, p. *62*).

Hoan-yuen : ce défilé est à 70 li sud-ouest de Kong-hien.

Heou-che-chan : ce défilé est à 40 li au sud de *Yen-che hien* 偃師縣, qui est à 70 li à l'est de sa préfecture Ho-nan fou. (*Petite géogr.*, vol. *12*, p. *34*) — (Grande, vol. *48*, p. *26*).

I-yang : était à 14 li nord-est de *I-yang hien* 宜陽縣, qui est à 70 li nord-ouest de sa préfecture Ho-nan fou. (*Petite géogr.*, vol. *12*, p. *36*) — (Grande, vol. *48*, p. *35*).

Chang-pan : ou Chang-lo-chan, est au sud de *Chang-nan hien* 商南縣, qui est à 250 li à l'est de sa préfecture *Chang tcheou* 商州, Chan-si. (*Petite géogr.*, vol. *14*, p. *58*) — (Grande, vol. *54*, p. *13*).

Yong-yang : était un peu au nord de *Yong-yang hien* 滎陽縣, qui est à 200 li à l'ouest de *K'ai-fong fou* 開封府, sa préfecture, Ho-nan. (*Petite géogr.*, vol. *12*, p. *8*) — (Grande, vol. *47*, p. *55*).

(1) Ajoutons encore quelques détails : Vers le nord-est, se trouvait la contrée de *Chang-lang* 上黨, souvent mentionnée dans cette présente histoire ; elle fut prise en partie par les royaumes de Tchao et de Wei. Encore plus au nord, les territoires actuels de *Ts'in-tcheou* 沁州, *Liao-tcheou* 遼州, *Houo-chouen* 和順, et *Tche-tcheou-fou* 澤州府, trop éloignés de la capitale, et pour cela difficiles à garder, furent bientôt la proie de Tchao. Enfin la préfecture actuelle *Hoai-k'ing-fou* 懷慶府 appartint en partie au royaume de Han, en partie à celui de *Wei* 魏 (2).

Dans cette histoire des trois familles, nous serons obligés de revenir un peu en arrière, pour raconter certains évènements qui n'ont pas été mentionnés dans les annales de Tsin. Tenant leur suzerain en laisse, les trois familles agissaient très-souvent en dehors de lui, malgré lui, et même contre lui. Un siècle environ s'écoula de cette manière, avant l'extinction officielle de la dynastie.

Nous commencerons notre récit par la famille *Han* 韓, parce-que les commentaires font ainsi ; la raison qu'ils en donnent n'est guère valable ; ils prétendent que le seigneur Han était plus noble et plus puissant que les deux autres. Plus noble, soit ; il était de la maison régnante de Tsin ; plus puissant, non ; celui de *Tchao* 趙 eut un territoire trois fois plus grand que le sien : nous verrons que la palme appartient plutôt au seigneur de *Wei* 魏. Au reste, *Se-ma-koang* 司馬光 met la famille Han au 3ème rang, et il semble avoir raison. Mais peu importe !

Les trois familles, Han, Tchao, et Wei, s'étaient divisé le royaume de Tsin, vers l'année 437 ; peu après, en 432, elles s'é-taient soumis le marquis de *Wei* 衛, qui leur avait résisté assez longtemps ; *Han-hou* 韓虎 était mort en 425 ; son fils *Han-hi-tchang* 韓啟章 (ou Han-ou-tse 韓武子) avait vaincu et tué le

---

Yong-tche :

Yuen : c'est *Nan-yang fou* 南陽府, Ho-nan. (*Petite géogr.*, vol. *12, p. 40*) — (Grande. vol. *51, p. 4*).

Jang : était à 2 li sud-est de *T'eng tcheou* 鄧州, qui est à 120 li sud-ouest de sa préfecture Nan-yang fou. (*Petite géogr.*, vol. *12, p. 44*) — (Grande. vol *51. p. 17*).

Wei-chouei : cette rivière coule à 15 li au sud de *Mi hien* 密縣, qui est à 120 li nord-ouest de sa préfecture K'ai-fong fou. (*Petite géogr.*, vol. *12, p. 6*) — (Grande. vol. *47. p. 55*).

Hing-chan : est à 30 li au sud de Sin-tcheng hien. (ci-dessus) (*Grande géogr.*, vol. *47. p. 32*).

(1) Chang-lang : c'est le territoire de *Lou-ngan fou* 潞安府, Chan-si. (*Grande géogr.*, vol. *42, p. 15*).

(2) *Hiu tcheou* 許州 et *Jou tcheou* 汝州, d'abord dans le royaume de Han, lui furent arrachées par celui de Wei.

prince de *Tcheng* 鄭 en 423, commençant avec ce pays une lutte qui ne finira qu'à son extermination ; ce même seigneur Ki-tchang, après avoir fortifié sa capitale *P'ing-yang* 平陽 en 419, après avoir été battu par le roi de *Ts'i* 齊 en 410, était mort en 409 ; il laissait son fils *K'ien* 虔 comme son successeur et chef de famille.

C'est celui-ci qui fut reconnu officiellement par l'empereur, sans recevoir toutefois l'investiture ; c'est par lui que nous allons commencer cette histoire, sous le nom de *King-heou* 景侯 ; il était donc descendant, à la 11ème génération, de *Han-wan* 韓萬 (ou Han-pi-wan 韓畢萬), le fondateur de la famille.

# KING-HEOU (408-400)

# 景 侯

Comme nous venons de le dire, ce prince s'appelait *K'ien* 虔; son nom posthume ou historique King a trois significations également louangeuses; en voici une: *prince qui par la justice accomplit de grandes choses* (1).

En 408, vers la fin de l'année, étant parti en guerre contre le prince de *Tcheng* 鄭, il lui enleva la ville de *Yong-k'iou* 雍邱 (2); il se montra dès lors si bon capitaine, qu'une véritable panique s'empara du pays vaincu, et qu'on s'empressa de fortifier la ville de *King-tch'eng* 京城 (3).

Ce ne fut pas peine perdue; car, à son tour, l'année suivante, l'armée de *Tcheng* 鄭 remportait une victoire décisive sur celle de Han, et prenait la ville de *Fou-chou* 負黍 (4).

En 403, King-heou reçoit enfin l'investiture de prince féodal de l'empire; la même faveur est accordée aux deux seigneurs *Tchao* 趙 et *Wei* 魏; le roi de *Tsin* 晉 continue à régner, nominalement, sur le territoire qu'on lui a laissé; mais il ne traite plus directement avec l'empereur; il est sous la dépendance des trois nouveaux princes, autrefois ses feudataires, maintenant ses maîtres. Depuis cette époque, les historiens ne comptent plus que sept grands vassaux, à savoir: les souverains de *Ts'in* 秦, *Ts'i* 齊, *Tch'ou* 楚, *Yen* 燕, *Wei* 魏, *Tchao* 趙, et *Han* 韓. Désormais aussi c'est la guerre entre ces sept royaumes; l'empereur continue à végéter, sans autorité aucune, sans forces militaires, et même souvent sans ressources pour vivre; il lui reste un nom poétique, auquel les peuples attachent une certaine vénération; c'est comme une relique des anciens temps, à laquelle une crainte superstitieuse empêche de toucher; il faudra un sauvage comme *Che-hoang-ti* 始皇帝, pour oser y porter la main.

---

(1) Texte de l'interprétation: 由義而濟曰景

(2) Yong-k'iou: c'est *K'i hien* 杞縣, à 100 li à l'est de sa préfecture *K'ai-fong fou* 開封府, Ho-nan. (*Petite géogr.*, vol. *12*, p. *5*) — (*Grande*, vol. *47*, p. *18*).

(3) King-tch'eng: était à 30 li sud-est de *Yong-yang hien* 滎陽縣, qui est à 200 li à l'ouest de sa préfecture K'ai-fong fou. (*Petite géogr.*, vol. *12*, p. *8*) — (*Grande*, vol. *47*, p. *56*).

(4) Fou-chou: était un peu au sud-est de *Teng-fong hien* 登封縣, qui est à 140 li sud-est de sa préfecture *Ho-nan fou* 河南府, Ho-nan. (*Petite géogr.*, vol. *12*, p. *39*) — (*Grande*, vol. *48*, p. *47*).

Se-ma Koang a écrit de longues pages, pour excuser l'empereur; pour expliquer comment, au lieu de punir, ou du moins faire punir les trois familles spoliatrices, il avait sanctionné le fait accompli. A quoi bon chercher tant de raisons? la première suffit: l'empereur avait à peine de quoi manger, comment aurait-il pu protéger le roi de Tsin, dont tout le monde applaudissait la déchéance?

En 400, les trois nouveaux princes, partis en guerre contre le royaume de *Tch'ou* 楚, pénètrent jusqu'à *Sang-k'iou* 桑邱; pendant ce temps l'armée de *Tcheng* 鄭 envahit le territoire de Han, et assiége *Yang-li* 陽翟 (1). A la fin de cette même année, King-heou rejoint ses ancêtres dans la tombe.

---

(1) Sang-k'iou : était à 35 li nord-ouest de *Hiai-k'iou* 瑕邱, qui était elle-même à 35 li à l'ouest de sa préfecture *Yen-tcheou fou* 兗州府, Chan-tong. *(Grande géogr., vol. 32, p. 2).*

Yang-li : *(voyez ci-dessus, notes préliminaires).* C'était la capitale de Han.

# LIÉ-HEOU (399-387)

# 烈 侯

→❖∗❖←

Fils du précédent, le nouveau prince s'appelait *Tsiu* 取 ; son nom posthume et historique a deux significations élogieuses ; l'une d'elles est celle-ci : *prince dont les talents militaires ont assuré la paix à son peuple* (1).

En 399, une grande partie de la montagne *Kouo-chan* 皒山 (2) s'étant éboulée dans le Fleuve Jaune, en obstrua le cours, et fut cause de grandes inondations.

En 398, le roi de *Tch'ou* 楚 assiégea la capitale de *Tcheng* 鄭 ; la raison est simple et curieuse à la fois ; il craignait que ce pays ne fut bientôt la proie de Han ; il voulait auparavant s'en assurer une bonne portion. Pour se tirer d'embarras, la cour de Tcheng mit à mort son premier ministre, comme seul coupable d'avoir déplu au roi de Tch'ou ; puis elle fit avec celui-ci un traité de paix et d'amitié, dont il voulut bien pour lors se contenter.

En 397, à la 3ème lune (janvier), *Hié-lei* 陝累, premier ministre de Han, et oncle du prince régnant, mourait assassiné dans son propre palais ; les circonstances en sont restées célèbres ; les voici : *Yen-tchong-tse* 嚴仲子, originaire de *Pou-yang* 濮陽 (3), au pays de Han, avait dû s'expatrier ; il s'était réfugié à la cour de *Ts'i* 齊, dont il était devenu ministre. Attribuant sa disgrâce à Hié-lei, il nourrissait contre lui une haine implacable ; pour l'assouvir, il eut recours à un certain individu, nommé *Gnié-tcheng* 軹政, originaire de *Tche* 軹 (4) ; c'était un boucher et un sicaire renommé dans toute la contrée. Pour le gagner à son projet, Yen-tchong-tse envoya cent livres d'or (à 20 onces la livre) à la mère de ce forban ; mais celui-ci avait un scrupule inattendu : tant que ma mère existera, répondit-il, je ne puis exposer ma vie à un tel danger ; il fallut donc patienter (5).

---

(1) Texte de l'interprétation : 有功安民曰烈

(2) Kouo-chan : montagne, à 3 li au nord de *Chen-tcheou* 陝州, Ho-nan. (*Petite géogr.*, vol. *13*, p. *64*) — (*Grande*, vol. *48*, p. *52*).

(3) Pou-yang : c'est *Pou-tcheou* 濮州, à 120 li au nord de sa préfecture *Ts'ao-tcheou fou* 曹州府, Chan-tong. (*Petite géogr.*, vol. *10*, p. *18*)—(*Grande*, vol. *34*, p. *17*).

(4) Tche : c'est *Ts'i-yuen hien* 濟源縣, à 70 li à l'ouest de sa préfecture *Hoai-k'ing fou* 懷慶府, Ho-nan. (*Petite géogr.*, vol. *12*, p. *27*) — (*Grande*, vol. *49*, p. *6*).

(5) La conscience païenne a ses délicatesses : comme celle des pharisiens, à qui Notre Seigneur Jésus-Christ disait : vous avez horreur d'un moucheron, dans votre breuvage, et vous avalez sans difficulté un chameau ! — N'oublions pas cet

La digne mère étant morte, et le deuil ayant été porté selon les «rites», la conscience du boucher était en règle ; il alla donc s'offrir à son bienfaiteur pour lui rendre service. Yen-tchong-tse lui proposa son projet, lui conseilla d'emmener une élite d'hommes courageux qu'il lui avait préparés : Inutile ! répondit l'autre ; la chose serait bien vite ébruitée, et vous auriez tout le royaume de Han sur les bras ; je me charge de la besogne tout seul !

Le boucher se rendit à la cour de Han, entra tranquillement dans le palais du premier ministre, et l'y poignarda. La garde était cependant nombreuse ; mais elle n'avait pas fait attention à cet homme, qui semblait venir pour un travail commandé. Quant au sicaire, il se suicida à l'instant, pour échapper aux affreuses tortures qu'on lui eût fait subir.

En 394, les habitants de *Fou-cho* 負黍 se révoltaient contre leur conquérant, le prince de *Tcheng* 鄭, et demandaient à rentrer sous le gouvernement de Han.

En 391, le roi de *Ts'in* 秦 s'emparait du territoire de *Y-yang* 宜陽 (1) ; perte d'autant plus sensible, que cette contrée était depuis plus longtemps une possession de la famille Han ; le texte parle de six villes ; mais il faut sans doute l'entendre à la façon antique ; d'après l'usage des temps reculés, une ville ( i 邑 ) avait un territoire de 4 *tsing* 井 ; un tsing était composé de neuf cents arpents ( meou 畝 ) ; une ville n'avait donc, en théorie, que trois mille six cents arpents de terre ; aujourd'hui, serait-ce un bourg?

En 390, le même roi de *Ts'in* 秦 revenait à la charge, et prenait *Ou-tch'eng* 武城 (2), sur le territoire de Han.

En 389, il s'emparait encore de *Yng-tsin* 陰晉 (3), qui appartenait au pays de Wei. Il semble bien probable que, dans ces deux dernières expéditions, les trois nouveaux princes avaient réuni leurs armées ; car le texte parle des troupes de *Tsin* 晉 ; cela prouve que le vainqueur devenait de jour en jour plus puissant.

En 387, il battait de nouveau les trois armées, et leur prenait le général *Tche* 織. Cette même année, Lié-heou rejoignait ses ancêtres dans la tombe, et leur annonçait ses dernières défaites.

---

adage païen ; *pouvoir se venger, et ne pas le faire, est un crime envers ses ancêtres.* Quelle belle chose que la sagesse païenne ! c'est bien la confirmation de ce texte de la sagesse divine : *mentita est iniquitas sibi.*

(1) I-yang : (*Voyez parmi les notes préliminaires*).

(2) Ou-tch'eng : il y a bien des villes de ce nom : celle dont il s'agit ici, était à 13 li nord-est de *Tcheng* 鄭 ; or celle-ci, c'est *Hoa tcheou* 蒲州, à 180 li sud-ouest de *T'ong-tcheou fou* 同州府, Chen-si. (*Petite géogr., vol. 14, p. 21*) — (*Grande. vol. 54, p. 2*).

(3) Yng-tsin : était à 5 li sud-est de *Hoa-yng hien* 蒲陰縣, qui est à 160 li au sud de sa préfecture T'ong-tcheou fou. (*Petite géogr., vol. 14, p. 21*) — (*Grande, vol. 54, p. 4*).

# WEN-HEOU (386-377)

# 文 侯

Fils du précédent, le nouveau prince a pour nom posthume ou historique Wen, dont il y a six significations, toutes élogieuses ; en voici une : *prince dont la doctrine et la vertu sont des plus grandes ;* quant à son nom propre, il n'est pas indiqué (1).

En 385, il entrait en campagne contre le pays de Tcheng 鄭, auquel il enlevait la ville de Yang-tch'eng 陽 城 (2) ; après quoi, il envahissait l'état de Song 宋, pénétrait jusqu'à la capitale P'ong-tch'eng 彭 城, et s'emparait du souverain lui-même.

En 380, le roi de Ts'in 秦 s'étant réconcilié avec le prince de Wei 魏, lui persuada aisément que son rival devenait trop puissant, et qu'il fallait mettre un frein à son ambition ; en conséquence, il unirent leurs troupes, l'attaquèrent, et lui infligèrent une grande défaite.

Wen-heou implora le secours du roi de Ts'i 齊 ; le traître lui fit de belles promesses, et le laissa dans l'embarras. Le roi de Tch'ou 楚, au contraire, persuada au prince de Tchao 趙 qu'il ne convenait pas de laisser accabler son ancien collègue ; et tous deux vinrent à son aide.

Le roi de Ts'i voyant tous ces princes occupés dans cette guerre, se jeta sur le pays de Yen 燕 qu'il battit complètement. Alors les trois nouveaux souverains comprirent qu'il valait mieux oublier leurs mutuelles jalousies, et se lancer ensemble contre le traître ; ils réunirent leurs troupes, allèrent à sa rencontre, le battirent à Sang-k'iou 桑 邱 (3), et lui arrachèrent ses conquêtes. Mais pendant ce temps, le prince de Tcheng 鄭 essayait de secouer le joug de Han.

En 378, les trois armées ensemble envahissaient le royaume de Ts'i, et s'avançaient jusqu'à Ling-k'iou 靈 邱 (4).

En 377, à la fin de l'année, Wen-heou avait cessé de vivre.

---

(1) Texte de l'interprétation : 道 德 博 聞 曰 文

(2) Yang-tch'eng : il y a plusieurs villes de ce nom ; celle-ci était à 40 li sud-est de Teng-fong hien 登 封 縣, qui est à 140 li sud-est de sa préfecture Ho-nan fou 河 南 府, Ho-nan. (*Petite géogr., vol. 12, p. 38*).

(3) Sang-k'iou : nous avons déjà vu, en 400, une autre ville de ce nom ; celle-ci était un peu au sud-ouest de Ngan-sou hien 安 肅 縣, qui est à 60 li au nord de Pao-ting fou 保 定 府, Tche-li. (*Petite géogr., vol. 2, p. 21*)—(*Grande, vol. 12, p. 7*).

(4) Ling-k'iou : il y avait une autre ville de ce nom : celle-ci était à 40 li nord-est de Pouo-p'ing hien 博 平 縣, qui est à 40 li nord-est de sa préfecture Tong-tchang fou 東 昌 府, Chan-tong. (*Petite géogr., vol. 10, p 21*) — (*Grande, vol. 34, p. 5*).

# NGAI-HEOU (376-371)

## 哀 侯

—·≡·⁂·≡·—

Fils du souverain précédent, celui-ci, de son nom posthume et historique, est appelé Ngai, qui signifie : *prince orphelin dès l'enfance, et mort jeune encore.* (1)

. En 376, d'accord avec ses deux collègues, il réduit le roi de *Tsin* 晉, son ancien suzerain et son parent, à la condition de simple particulier ; comme nous l'avons dit à cette année de la précédente histoire.

En 375, il détruit également la principauté de *Tcheng* 鄭, et se l'annexe purement et simplement ; la capitale de cet état étant mieux protégée par des remparts naturels, il y transporte sa cour ; c'est pourquoi il est appelé par plusieurs auteurs contemporains *roi de Tcheng* [Tcheng-wang 鄭 王] ; c'est dans ce sens qu'il faut les entendre. Les commentaires font remarquer que, depuis des siècles, ce pays de Tcheng était perdu de mœurs et mal famé ; c'est pourquoi il fut exterminé avant les autres états.

En 371, Ngai-heou meurt assassiné ; voici en quelles circonstances : Ce prince avait un favori tout puissant, nommé *Yen-souei* 嚴 遂 ; celui-ci avait conçu une haine implacable contre *Han-k'ouei* 韓 魁, premier ministre et membre de la famille régnante. Le favori envoya un sicaire audacieux poignarder son rival en pleine cour en présence du prince lui-même ; celui-ci s'élança pour protéger son ministre ; l'assassin les tua tous les deux (2).

---

(1) Texte de l'interprétation : 蚤 孤 短 折 曰 哀

(2) Nous avons vu, en 397, un assassinat commandé par *Yen-tchong-tse* 嚴 仲 子 ; comme le nom de famille Yen est commun aux deux évènements, quelques auteurs croient qu'il s'agit d'un seul et même fait. Nous suivons l'opinion de *Se-ma Ts'ien* 司 馬 遷, le plus ancien et le plus accrédité des historiens.

# I-HEOU (370-359)

## 懿 侯

–·≡·▓·≡·–

Fils du précédent, le nouveau prince s'appelait *Jo-chan* 若 山; son nom posthume et historique I signifie : *pacifique, débonnaire, aimant le bien* (1).

En 369, un grand officier de *Wei* 魏, nommé *Wang-ts'o* 王 錯, s'étant enfui à la cour de Han, y racontait les troubles de son pays, et cherchait les moyens de se venger de ses ennemis. Là se trouvait déjà un grand seigneur intrigant, nommé *Kong-suen-ki* 公 孫 順, lequel s'était d'abord retiré à la cour de *Song* 宋, puis à celle de *Tchao* 趙, enfin était revenu offrir ses services à celle de Han, sa patrie.

Les deux transfuges firent cause commune, pour pousser I-heou à entreprendre une campagne : le pays de *Wei* 魏 est en révolution, disaient-ils, quelle bonne occasion de s'en rendre maître ! Le prince finit par se laisser persuader ; il unit son armée à celle de *Tchao* 趙, et envahit le territoire de Wei; après une grande victoire remportée à *Tchouo-tche* 濁 澤 (2), il alla mettre le siège devant la capitale *Ngan-i* 安 邑 (3).

L'état de Wei était perdu ; il fut sauvé par la discorde survenue entre les deux vainqueurs. Le prince de Tchao disait : mettons à mort le souverain *Yng* 罃; mettons à sa place le prince *Kong-tchong-hoan* 公 仲 緩 ; prenons-lui quelques territoires à notre convenance, et retirons-nous ; c'est ce qu'il y a de plus avantageux pour nous.

I-heou répondait vertueusement : tuer le prince héritier serait une sauvagerie ; lui enlever quelques contrées serait un brigandage ; partageons plutôt le pays entre les deux compétiteurs; chacun d'eux n'aura plus qu'une petite principauté semblable à celles de *Song* 宋 et de *Wei* 衞 ; nous n'aurons plus rien à craindre.

---

(1) Texte de l'interprétation : 溫 柔 賢 善 曰 懿

(2) Touo-tche : ce lac se trouvait à l'est de *Kiai tcheou* 解 州, Chan-si ; c'étaient plutôt des lagunes formées par la rivière du même nom *Tchouo* 涿. (*Petite géogr., vol. 8, p. 41*) — (*Grande, vol. 41, p. 28*).

(3) Ngan-i : était à 2 li à l'ouest de *Ngan-i hien* 安 邑 縣, qui est à 50 li à l'est de *Kiai tcheou* (ci-dessus). (*Petite géogr., vol. 8, p. 42*) — (*Grande, vol. 41, p. 30*).

Le prince de Tchao persistant dans son idée, I-heou se retira pendant la nuit, et força ainsi son collègue à lever le siége. Le prince *Yng* 罃 fit massacrer Kong-tchong-hoan son rival, monta sur le trône, et régna glorieusement pendant trente-cinq années. C'est le fameux *Hoei-wang* 惠王, auquel *Mong-tse* 孟子 débita les onctueux discours qui font les délices des Chinois petits et grands. Tout d'abord il se vengea de la campagne qui avait failli lui être fatale ; il battit l'armée de Han à *Ma-ling* 馬陵 (1), selon le témoignage de Se-ma Tsien.

En 366, vainqueur et vaincu se réconciliaient pour une entreprise contre le roi de *Ts'in* 秦, qui devenait un dangereux voisin; le prince de *Wei* 魏 avait une entrevue avec I-heou, dans la ville de *Tch'e-yang* 宅陽 (2), sur le territoire de Han ; il s'y montra d'une très-grande déférence ; mais leur expédition ne marcha pas comme ils l'avaient espéré tous deux ; ils furent vaincus par le roi de Ts'in, sous les murs de *Lo-yang* 洛陽, c'est-à-dire sous les yeux du « fils du ciel », qui put contempler le combat du haut d'une de ses tours.

En 364, le prince de *Tchao* 趙 leur prêtant son concours, ils comptaient prendre une belle revanche de cette défaite ; mais le terrible *Hien-kong* 獻公 (384-362) vainquit leurs trois armées, à *Che-men* 石門 (3), et coupa la tête à soixante mille de leurs hommes. Ce chiffre ne paraîtra pas incroyable à celui qui aura lu notre histoire du royaume de *Ts'in* 秦, où il aura assisté à des boucheries bien plus grandes encore.

---

(1) Ma-ling : était un peu au sud-est de *Ta-ming fou* 大名府, Tche-li. (*Petite géogr.*, vol. *2*, p. *52*) — (*Grande*, vol. *16*, p. *5*).

(2) Tch'e-yang : était à 17 li à l'est de *Yong-yang hien* 滎陽縣 qui est à 250 li à l'ouest de sa préfecture *K'ai-fong fou* 開封府, Ho-nan. (*Petite géogr.*, vol. *12*, p. *8*) — (*Grande*, vol. *47*, p. *57*).

Lo-yang : signifie nord de la rivière *Lo* 洛 : cette ville était à 20 li nord-est de *Lo-yang fou* 洛陽府, Ho-nan. (*Grande géogr.*, vol. *48*, p. *9*).

(3) Che-men : ou porte de rochers : appelée encore de nos jours *Yao-men-chan* 堯門山 ; car on dit que l'empereur Yao fit percer ce passage. La montagne est à 30 li nord-ouest de *San-yuen hien* 三原縣, qui est à 90 li au nord de sa préfecture *Si-ngan fou* 西安府, Chan-si.

D'autre placent la bataille à 15 li sud-est de *Kiai tcheou* 解州, Chan-si, où ils prétendent trouver ce défilé. Le nom correspond ; mais il n'est que générique, *porte en pierre, porte en rochers, porte dans la montagne,* et dans ce sens vague il se trouve aussi en d'autres endroits. La grande géographie met la bataille dans le pays de *Ts'in* 秦, le Chen-si actuel, qui aurait donc été envahi par les trois armées; et cela est plus naturel. (*Petite géogr.*, vol. *14*, p. *14*) — (*Grande*, vol. *53*, p. *60*).

Sur les habits de cérémonie, voyez Couvreur, grand dictionnaire, p. 77 — Zottoli, II, p. 73.

Le vainqueur, soit-disant sauvage, annonça officiellement son triomphe à l'empereur ; le « fils du ciel » n'eut pas honte de l'en féliciter ; il lui envoya même des vêtements de gala, sur lesquels étaient brodées des haches avec le caractère chinois *Ya* 亞 ; il voulait se concilier la bienveillance de ce royaume ; et cependant, c'est de celui-là même qu'il recevra le coup de la mort.

En 362, nous trouvons de nouveau les deux états de Han et de Tchao en guerre contre celui de Wei ; la rencontre eut lieu près de la rivière *Koei* 澮 (1) ; le prince-héritier, nommé *Kong-chou-ts'ouo* 公 叔 座, conduisait lui-même l'armée de Wei ; il remporta une pleine victoire, et fit prisonnier le général *Yo tso* 樂 濁. Sa joie fut grande, mais de courte durée ; car peu après ce triomphe, il était à son tour vaincu et emmené captif par le roi de *Ts'in* 秦. Pendant ce temps, I-heou avait une entrevue à *Chang-tang* 上 黨 (2), avec son collègue de Tchao, pour se consoler de leurs échecs, et pour consolider leur amitié.

En 360, le prince de *Wei* 魏 était en campagne contre le roi de *Ts'i* 齊 ; celui-ci fut secouru par le prince de Tchao, et l'expédition n'eut pas grand résultat.

En 359, mort de I-heou ; mais nous n'avons pas de détails sur cet évènement.

---

(1) Koei : cette rivière coule à 40 li sud-est de *Kiang tcheou* 絳 州, Chan-si. *(Grande géogr., vol., 41, p. 39).*

(2) Chang-tang : c'est le territoire actuel de *Lou-ngan fou* 潞 安 府, Chan-si ; il était alors dans le royaume de Han. *(Grande géogr., vol. 42, p. 15).*

# TCHAO-HEOU (358-333)

## 昭 侯

→ⸯ*ⸯ←

Le nouveau prince, fils du précédent, a reçu le nom posthume de Tchao, qui a trois significations élogieuses ; en voici une : *homme d'une prestance majestueuse, et d'une conduite irréprochable* (1)

En 358, son armée était battue par celle du roi de *Ts'in* 秦, dans la contrée appelée *Si-chan* 西山 ; sous cette dénomination, s'entendait toute la région montagneuse située à l'ouest de *I-yang* 宜陽 ; le successeur de Hin-kong avait donc passé la frontière de Han (2).

En 357, les deux princes de *Wei* 魏 et de Han avaient une entrevue amicale à *Hao* 鄗 (3), sur le territoire de *Tchao* 趙 ; ce qui prouve que les trois collègues étaient pour lors en bons termes. Cette même année, le prince de *Song* 宋 avait l'audace d'enlever à Tchao-Heou la ville de *Hoang-tche* 黄池 (4), célèbre par la visite du fameux *Fou-tch'ai* 夫差, roi de *Ou* 吳, en 482.

En 354 et 353, tandisque *Wei* 魏 et *Tchao* 趙 se livraient avec le roi de *Ts'in* 秦 à des guerres acharnées, Tchao-Heou trouvait plus profitable de dépouiller le pauvre «fils du ciel» ; il lui prenait ainsi *Ling-koan* 陵觀 et *Ling-k'iou* 廩邱 (5), ne lui laissant plus que le territoire de sept villes.

---

(1) Texte de l'interprétation : 容儀恭美曰昭

(2) I-yang : était à 14 li nord-est de *I-yang hien* 宜陽縣, qui est à 70 li nord-ouest de sa préfecture *Ho-nan fou* 河南府, Ho-nan. (*Petite géogr., vol. 12, p. 36*) — (*Grande, vol. 48, p. 35*).

(3) Hao : était à 22 li au nord de *Pé-hiang hien* 柏鄉縣, qui est à 70 li au sud de *Tchao tcheou* 趙州, Tche-li. (*Petite géogr., vol. 2, p. 67*) — (*Grande, vol. 14, p. 47*).

(4) Hoang-tche : le lac de ce nom était à 7 li sud-ouest de *Fong-k'iou hien* 封邱縣, qui est à 50 li au nord de sa préfecture *Wei-hoei fou* 衛輝府, Ho-nan. *Petite géogr., vol. 12, p. 21*) — (*Grande, vol. 47, p. 28*).

(5) Ling-koan : était à 70 li nord-ouest de *Ts'ao-tcheou fou* 曹州府, Chantong.

Ling-k'iou : nous avons vu d'autres villes de ce nom ; celle-ci était un peu au sud-est de *Fan hien* 范縣, qui est à 160 li au nord de sa préfecture *Ts'ao-tcheou fou.* (*Petite géogr., vol. 10, p. 19*) — (*Grande, vol. 34, p. 22*).

En 352, le roi de *Ts'in* 秦 continuait une lutte à mort, contre le pays de *Wei* 魏; Tchao-heou se réjouissait de voir son collègue et son rival affaibli par des guerres continuelles; il ne prenait pas garde que son tour arriverait tôt ou tard, et qu'il serait anéanti par ce même royaume de Ts'in.

En 351, *Wei* 魏 et *Tchao* 趙, comprenant enfin que là était le danger commun, faisaient la paix entre eux, formaient une alliance offensive et défensive, afin de pouvoir résister aux entreprises de leur plus grand ennemi.

Quant à Tchao-heou, il s'était donné pour premier ministre *Chen-pou-hai* 申不害; avec un lettré pareil à la tête de son gouvernement, il espérait bientôt ceindre la couronne impériale, régenter tout le pays situé entre les quatre mers, suivant la formule de ces utopistes.

*Tcheng-ou* 成午, illustre marchand de sagesse venu de *Tchao* 趙, s'adressant à Chen-pou-hai, lui dit: lions entre nous deux une étroite amitié; vous userez de tout votre pouvoir, afin de me faire monter à la cour de Tchao; de mon côté, je ferai tout mes efforts, pour consolider votre autorité à la cour de Han; chacun de nous exercera ainsi son influence sur les deux royaumes, qui n'en formeront plus qu'un, tellement ils seront amis l'un de l'autre.

Voilà la quintessence de la sagesse de ces utopistes: poussez-moi, je vous pousserai; quand nous serons les maîtres, la félicité universelle règnera sur la terre! Chen-pou-hai était originaire du pays de *Tcheng* 鄭, annexé dernièrement; il était de basse extraction, mais c'était, paraît-il, un génie; il avait fait de bonnes études; il avait vraiment pénétré les écrits du fameux «empereur jaune» *(Hoang-ti* 黃帝) et ceux du philosophe *Lao-tse* 老子. C'est encore une formule des lettrés, qu'un livre rend sage, par la seule connaissance des dictons qu'il renferme; et cela, malgré l'expérience journalière du contraire. Bref, Chen-pou-hai avait sucé la sagesse de ces deux anciens «saints»; il était devenu une célébrité, que Tchao-heou était heureux de posséder dans son royaume, et à qui il confiait le bonheur de son peuple (1).

A l'intérieur, il remit en vigueur les principes d'une bonne administration et des bonnes études; à l'extérieur, il entretint les relations le plus étroites avec les divers princes. Encore une formule de lettrés, lesquels sont nécessairement des sauveurs de nations.

Il resta pendant quinze ans à la tête des affaires; le gouvernement fut magnifique, et l'armée des plus fortes. Sur le point de mourir, il proposa son cousin pour successeur; Tchao-heou avait fait un autre choix, ce qui affligea notre sage: Excellent

_____

(1) Le recueil intitulé *I-che* 繹史, vol. 111, donne d'assez longs détails sur ce fameux sage. *Se-ma Ts'ien* 司馬遷, chap. 63, p. 4, en parle aussi.

maître, lui dit le prince, vous m'avez exhorté à pratiquer la vertu ; vous m'avez enseigné les règles d'une bonne administration ; aujourd'hui, vous vous oubliez à faire une demande intéressée, égoïste ; permettez-moi de n'en pas tenir compte, et de suivre vos précieux enseignements.

Chen-pou-hai ne pouvait être plus aimablement éconduit ; il reconnut sa faute, paraît-il, et la pleura amèrement dans la solitude ; vraiment, s'écriait-il, sa Majesté s'est bien approprié la bonne doctrine !

Le grave *Se-ma Koang* 司馬光 va nous donner des preuves de la sagesse acquise par le royal disciple, à l'école d'un tel maître ; ce n'est pas de la plaisanterie ; puisque l'annaliste écrit l'histoire, pour l'instruction de l'empereur et de son fils le prince-héritier ! Voici donc deux traits, qui nous donneront idée du reste.

Tchao-heou avait une culotte usée ; il ordonna de [ la laver, sans doute, ensuite.. ] la déposer avec soin dans une armoire. Un officier lui fit remarquer humblement que, pour un roi, c'était vraiment trop chiche, et qu'il serait mieux d'en faire cadeau à quelque pauvre.

Sa Majesté répondit en philosophe : on m'a enseigné qu'un roi doit toujours agir «par devoir, et par raison» ; il doit mesurer un sourire, un froncement de sourcils ; et vous voudriez que je donnasse une de mes culottes à n'importe qui? je veux auparavant trouver un homme digne de ce bienfait !

Second exemple : Tchao-heou s'étant un jour enivré, s'était étendu sur un lit de repos, pour cuver son vin—tout par devoir et par raison—; le préposé aux chapeaux du roi, voyant son maître en danger d'avoir froid, lui étendit doucement quelques habits sur le corps, en guise de couverture. A son réveil, sa Majesté demanda qui avait eu cette délicate attention ; l'ayant appris, il punit le garde-robes, pour n'avoir pas rempli son office ; il punit de même le garde-chapeaux, pour avoir usurpé la fonction d'un autre serviteur.—Tout par devoir et par raison—.

Comme tout cela est édifiant ! Quelles belles choses que la sagesse païenne, la vertu païenne ; Car l'historien qui raconte ces drôleries, pour l'éducation du Dauphin, comme on disait autrefois, prétend bien que le roi devait agir ainsi ; tout au plus le blâmerait-il un peu de s'être enivré ; encore ne le fait-il pas.

En 350, malgré la présence du sage *Tcheng-ou* 成午 à la cour de *Tchao* 趙, il y avait des querelles et des troubles, au sujet de la succession au trône ; finalement, le prétendant *Kong-tse-sié* 公子縲 fut évincé par le prince-héritier, et s'enfuit à la cour de Han, où il fut honorablement accueilli.

En 349, Tchao-heou et son collègue de *Wei* 魏 commettaient une grande faute, en permettant au roi de *Ts'in* 秦 de traverser leurs territoires, pour aller guerroyer contre le royaume de *Ts'i* 齊 ; de cette manière, leur plus dangereux ennemi apprenait à connaître leurs passages, leurs chemins, l'état de leurs forteresses; un homme intelligent comme le roi de Ts'in saura en profiter en temps opportun.  Reste à savoir s'ils pouvaient, sans s'exposer à une guerre avec lui, refuser la permission demandée. .

En 346, le prince de *Wei* 衞 déclarait vouloir se contenter du titre de marquis, et se reconnaissait vassal des trois souverains, héritiers de l'ancien royaume de *Tsin* 晉.  Que signifie cet acte d'humilité ?  Pratiquement, chaque prince se conduisait en roi, dans son propre pays ;  beaucoup se laissaient volontiers donner ce titre, dans les relations officieuses ;  plusieurs même le prenaient dans ces circonstances.  Depuis quelque temps, on le prenait officiellement, vu qu'il n'y avait plus de chef des vassaux à s'y opposer, et que l'empereur était incapable de revendiquer son privilège de roi unique (Wang 王).  Mais le marquis de *Wei* 衞 prévoyait avec raison, que cet état de choses allait changer ;  qu'un chef des vassaux allait être établi ;  et celui-là s'imposait ;  tous ces petits rois, ou roitelets, lui seraient directement soumis ;  à ce vasselage, il préférait celui des trois souverains en question ;  cela prouve qu'il avait grand peur du maître dont il était menacé.

En 344, les divers princes avaient une réunion dans la capitale de l'empereur ;  assurément, ce n'était pas une simple visite de politesse ;  il s'agissait tout juste de savoir quelle était l'intention du fils du ciel, au sujet d'un chef des vassaux ;  quelles étaient les dispositions des divers princes à cet égard ;  et auquel des états il convenait d'accorder la suprématie ;  c'était donc une cour plénière sur une question très grave ;  en dépit des dissentiments, voici quelle fut la conclusion :

En 343, l'empereur nommait officiellement le roi de *Ts'in* 秦, comme chef des vassaux de l'empire ;  un sauvage mis à la tête des princes chinois, quelle humiliation !  et ce barbare leur ordonne de venir à sa cour lui faire hommage ;  et ils ont bien garde de manquer à l'appel !  Voilà le maître avec qui le marquis de *Wei* 衞 ne voulait pas avoir affaire directement ;  il préférait l'intermédiaire si onéreux des trois autres.

En 341, une armée de *Wei* 魏, sous les ordres du terrible général *P'ang-hiuen* 龐涓, partait en guerre contre le pays de Han ; Tchao-heou ne crut pas être de force à résister ; il implora le secours du roi de *Ts'i* 齊.  Celui-ci réunit son grand conseil, pour examiner la conduite à tenir : Laissons les deux rivaux s'entremanger, disait un parti ; — non, répondait l'autre, cela n'est pas prudent ;  le prince de Wei sera certainement victorieux ;  il ne faut pas laisser croître sa puissance, déjà trop grande ;  allons au secours de Han ; — non, pas encore, répliquait un troisième ; laissons les deux états s'affaiblir dans cette lutte ;  quand celui de Han sera aux abois, il sera temps d'aller l'aider.

C'est ce dernier avis qui prévalut.  Trompé par de belles promesses, Tchao-heou livra cinq batailles malheureuses ;  enfin

3

les troupes de *Ts'i* 齊 se mirent en route, droit sur la capitale de Wei, tuèrent le général *P'ang-kiuen,* et firent prisonnier le prince-héritier *Chen* 申. Ce triomphe est resté célèbre.

En 337, mort du fameux lettré *Chen-pou-hai* 申不害, évènement relaté par l'historien comme un grand malheur pour le pays de Han.

En 335, Tchao-heou perdait la ville de *I-yang* 宜陽 (1), prise par le roi de *Ts'in* 秦 ; c'était le feudataire détroussé par son suzerain ; le nouveau chef des vassaux ne pensait qu'à une seule chose : s'emparer de tous les états et les réunir sous son sceptre ; il y arrivera assez vite.

En 334, famine causée par la sècheresse; malgré cela, Tchao-heou embellissait son palais d'une porte monumentale. *K'iué-i-k'iou* 屈宜臼, grand officier de *Tch'ou* 楚, se trouvait alors à la cour de *Han* 韓 : Bien sûr, s'écria-t-il d'un ton prophétique, le roi de Han ne passera pas vivant par cette porte; il ne la bâtit pas en temps convenable!

Interrogé par des dignitaires de Han, sur le sens de cette parole, il répondit : Avant d'être affligés par des calamités publiques, vous ne pensiez pas à une telle construction; l'an dernier, vous avez perdu I-yang; cette année, vous avez la famine; sans égard pour la misère du peuple, vous lui imposez encore cette corvée; c'est se moquer du malheur public; c'est se moquer du temps et des circonstances; choses auxquelles un roi doit donner une extrême attention?

En 333, la porte monumentale achevée, Tchao-heou n'était plus. Il plaît à l'historien d'y voir une punition du ciel, soit; ce prince pouvait avoir encore d'autres fautes plus dignes de châtiment; pour nous, cette soit-disant prophétie est un artifice littéraire doublé du sophisme connu *«post hoc, ergo propter hoc».*

---

(1) I-yang : *(voyez, année 358).* Le roi de Ts'in était le fameux *Hoei-wen-wang* 惠文王 (337-311).

## SIUEN-HOEI-WANG (332-312)

# 宣 惠 王

Pour la première fois, nous voyons apparaître ce titre de Wang (roi), dans un nom posthume, c'est-à-dire historique et tout ce qu'il y a de plus officiel. Le lecteur n'en sera pas étonné, après ce que nous avons dit plus haut ; bon nombre de princes s'étaient arrogé cette ambitieuse dénomination. Notre nouveau souverain, fils du précédent, montra en cela une certaine modestie ; c'est seulement après dix ans de règne qu'il se fit appeler Wang. Les deux caractères de son nom sont élogieux ; Siuen signifie *prince parfait, d'une réputation universelle ;* Hoei signifie *qui aime son peuple, et lui accorde de grands bienfaits* (1).

Nous sommes à l'époque où le fameux lettré-errant *Sou-ts'in* 蘇秦 parcourait toute la Chine, organisant une ligue générale contre le roi de *Ts'in* 秦, qui venait à peine d'être établi chef des vassaux. Nous trouverions cela bien fort, bien injurieux à l'empereur, si nous ne connaissions pas les projets de ce roi.

Notre marchand de sagesse arriva donc à la cour de Han, et tint, paraît-il, le langage suivant : Votre royaume a, pour le moins, neuf cents li d'étendue ; il peut mettre sur pied vingt à trente mille fantassins, bien équipés, bien cuirassés ; vous avez les meilleurs archers de toute la Chine ; vos épées sont les plus solides ; un seul de vos hommes en vaut cent des autres pays ; c'est une vérité connue de tout le monde. Si, avec de tels avantages, votre Majesté reste à la remorque de *Ts'in* 秦, ce roi vous demandera les territoires de *I-yang* 宜陽 et de *Tch'eng-kao* 成皐 (2); si vous les lui accordez, l'an prochain il en exigera d'autres, et vous finirez par ne plus rien avoir ; si vous les lui refusez, il se fâchera, oubliera vos anciens sacrifices, et vous accablera de sa colère. Votre royaume a des limites ; son appétit n'en a pas ; en voulant l'apaiser par ces morceaux que vous lui aurez abandonnés, vous n'aurez fait qu'exciter sa faim ; vous vous serez attiré ses morsures ; vous devrez lui lâcher la proie tout entière. Vous perdriez ainsi votre royaume sans coup férir ? Vous connaissez le proverbe: «*il vaut mieux être le bec d'une poule, que le derrière d'un bœuf*» (3): Qu'un roi aussi sage que votre Majesté, avec une

(1) Textes des interprétations: 聖善周聞曰宣 愛民好與曰惠

(2) I-yang et Tch'eng-kao : *(voir notes préliminaires).*

(3) Comme c'est galant et poétique, devant un roi.

armée si puissante, consente à être une pendeloque à la ceinture de *Ts'in* 秦, ce serait vraiment trop honteux !

A ce discours, paraît-il encore, la rougeur monta au front du monarque ; il écarquilla les yeux, retroussa ses manches, saisit son sabre, et s'écria en prenant le ciel à témoin : Non jamais, malgré mon incapacité, je ne veux être le serviteur de *Ts'in* 秦 ! votre Excellence a bien voulu me transmettre les avis du roi de *Tchao* 趙, pour le bien commun ; je les suivrai ; je m'associe à la ligue dont il est le promoteur ! (1)

La conjuration finit par réunir six princes ; les trois collègues rivaux *Han* 韓, *Tchao* 趙, et *Wei* 魏, puis *Yen* 燕, *Ts'i* 齊, et *Tch'ou* 楚 ; les trois derniers étaient jaloux de *Ts'in* 秦, sans être précisément en danger immédiat ; les autres avaient tout à craindre.

En 332, le roi de *Ts'in* 秦 avait envoyé un autre lettré non moins fameux, nommé *Tchang-i* 張儀, déjouer les efforts de l'utopiste *Sou-ts'in* 蘇秦 ; par les moyens qui réussiront toujours auprès des gens cupides, il avait si bien travaillé, que nous trouvons, cette année même, les armées de *Ts'i* 齊 et de *Wei* 魏 en guerre contre le prince de *Tchao* 趙 ; la ligue avait disparu, comme un château de cartes au souffle du vent.

En 329, les trois collègues rivaux, sous l'impulsion du seigneur *Tch'eng-tchen* 陳軫, reformaient une nouvelle alliance contre le même roi de *Ts'in* 秦, leur suzerain ; chacun aurait bien voulu être débarrassé de cet ennemi ; mais quand il fallait agir, chacun se retirait ; le prince de Han se compromettait le moins des trois associés ; celui de *Wei* 魏, au contraire, quoique le plus puissant, se voyait toujours battu, en campagne comme en politique.

En 325, rupture de cette ligue partielle ; l'armée de *Han* 韓 était vaincue par celle de *Wei* 魏, et son général *Han-kiu* 韓舉 était fait prisonnier, ce qui était le comble de la honte.

En 323, le prince de Han échangeait son titre de marquis (heou 侯) contre celui de roi (wang 王) ; cette même année, il avait une entrevue, à *Kiu-chou* 區鼠 (2), avec son collègue de *Tchao* 趙 ; on ne dit pas pour quel motif.

En 321, Siuen-hoei-wang voulait mettre à la tête de son gouvernement deux princes de sa maison, *Kong-tchong* 公仲 et *Kong-chou* 公叔 ; le seigneur *Miou-liou* 繆留 l'en dissuada en ces termes : Ce fut la faute des rois de *Tsin* 晉 ; vous savez à quoi ils ont abouti ; ce fut la faute des rois de *Ts'i* 齊 et de *Wei* 魏 ; tous deux ont eu à s'en repentir. Si vous laissez toute l'autorité entre les mains de ces deux ministres, vous en souffrirez de même ;

_____

(1) C'est bien ainsi que les diables-fantoches sont représentés dans les pagodes.—Donc le chef des vassaux, imposé officiellement par l'empereur, n'était accepté par personne : on le subissait forcément.

(2) Kiu-chou : était au nord du Fleuve Jaune ; c'est tout ce qu'on en sait.

l'un, chargé de l'intérieur, se formera un grand parti, et sera le maître du royaume; l'autre, chargé de l'extérieur, voudra se créer des amis parmi les autres états, il vous trahira, vous fera perdre des territoires; des deux côtés vous serez en grand danger.

En 319, le roi de Ts'in 秦 battait l'armée de Han, devant Yen-ling 鄢 陵 (1), et s'emparait de cette ville; c'est ainsi qu'il entendait exercer sa mission de chef des vassaux; il s'acheminait rapidement à l'empire, et bientôt personne ne pourra l'arrêter.

En 318, les troupes réunies de Han 韓, Tchao 趙, Wei 魏, Yen 燕 et Tch'ou 楚 partaient en guerre contre ce terrible suze-rain. Celui-ci, sortant de sa frontière, par le fameux défilé Han-kou-koan 函 谷 關 (2), se lança à l'improviste sur les ligueurs, qui s'enfuirent comme un troupeau de moutons devant un tigre; on rit encore maintenant de la débâcle.

En 317, le roi de Ts'in 秦 prenait l'offensive, battait l'armée de Han à Siou-yu 修 魚 (3), coupait la tête à quatre-vingt mille hommes, poursuivait le reste jusque sur les bords du lac Tchouo-tche 濁 澤 (4), où il faisait prisonniers deux vaillants généraux, nommés Seou 鯤 et Chen-tsouo 申 差. Non-seulement le royaume de Han était écrasé, mais tous les autres étaient épouvantés. Hoan 奐, le prince-héritier, avec son parent Kong-tse-k'o 公 子 渴, essayèrent de sauver la situation; ils se virent encore vaincus en plusieurs batailles. C'est alors que pour apaiser la colère du sau-vage suzerain, le roi de Ts'i 齊 fit mettre à mort le vieil utopiste Sou-ts'in 蘇 秦, promoteur de la ligue, le rendant responsable de toutes ces calamités.

En 315, tandisque le souverain de Wei 魏 avait obtenu un traité de paix et d'amitié avec le roi de Ts'in, celui de Han se voyait de nouveau harcelé, et perdait la ville de Che-tchang 石 章.

---

(1) Yen : ou Yen-ling, était à 40 li sud-ouest de Yen-ling hien 鄢 陵 縣, qui est à 160 li au sud de sa préfecture K'ai-fong fou 開 封 府, Ho-nan. (Petite géogr., vol. 12, p. 4) — (Grande, vol. 47, p. 22).

(2) Han-kou-koan : défilé à 10 li au sud de Ling-pao hien 靈 寶 縣, qui est à 60 li à l'ouest de Chen tcheou 陝 州, Ho-nan. (Petite géogr., vol. 12, p. 65) — (Grande, vol. 48, p. 56).

(3) Siou-yu : était un peu au nord-ouest de Siou-ou hien 修 武 縣, qui est à 120 li à l'est de sa préfecture Hoai-k'ing fou 懷 慶 府, Ho-nan. (Grande géogr., vol. 47, p. 27).

(4) Tchouo-tche : ce lac est à l'est de Hiu tcheou 許 州, Ho-nan. (Petite géogr., vol. 12, p. 58) — (Grande, vol. 47, p. 43).

Nous avons vu Sou-ts'in attribuer vingt à trente mille fantassins au roi de Han; ce n'était pas flatterie; il en avait bien plus; puisqu'on lui coupe ici 80,000 têtes.

Devant cet état de choses, le premier ministre, *Kong-tchong* 公仲, disait à Siuen-hoei-wang : Nous ne pouvons nous appuyer sur aucun autre royaume ; de gré ou de force, il nous faut accepter la suzeraineté de *Ts'in* 秦 ; depuis longtemps il pense attaquer le pays de *Tch'ou* 楚 ; servons-nous de cette circonstance pour nous réconcilier ; employons l'entremise de *Tchang-i* 張儀 ; pour obtenir la paix, offrons encore en cadeau une bonne ville avec son territoire ; armons un corps de troupes, et mettons-le à la disposition de Ts'in, pour sa campagne contre Tch'ou ; celui-ci est notre ancien ennemi ; nous aurons occasion de lui prendre plus de villes que nous n'en aurons sacrifié pour obtenir notre réconciliation.

Siuen-hoei-wang approuva ce conseil, comme une idée de génie ; mais il recommanda la plus grande prudence, avec les ambassadeurs de Ts'in, dans les entrevues où l'on traiterait cette question.

Le roi de *Tch'ou* 楚 eut vent de cette volte-face préparée à son détriment ; il résolut d'en empêcher la réalisation, et pour cela demanda conseil au sage *Tch'eng-tchen* 陳軫 ; ce seigneur suggéra un vrai stratagème de lettré ; qu'on en juge : (1)

Il est certain, dit-il, que le roi de *Ts'in* 秦 nourrit le projet de nous faire la guerre ; et que celui de Han se prépare à le seconder dans cette entreprise ; pour détourner ce coup et le faire tomber sur le traître, publiez une levée de troupes, proclamez bien haut que vous allez au secours de Han ; qu'on rencontre par tous les chemins, les chars de guerre se rendant à votre capitale ; envoyez un ambassadeur habile, avec une suite nombreuse et de riches présents, annoncer à la cour les grands préparatifs faits à son intention ; s'il en est encore temps, votre messager empêchera le départ des troupes auxiliaires ; s'il est trop tard, il obtiendra du moins qu'elles ne nous fassent pas grand mal. Si nous réussissons à rompre cette alliance, le roi de Ts'in entrera en fureur contre celui de Han ; celui-ci, fort de notre appui, se montrera d'autant plus fier ; il bravera et provoquera son suzerain ; nous les laisserons s'entremanger, s'affaiblir de part et d'autre, et nous n'aurons plus rien à craindre.

Le roi de *Tch'ou* 楚, enchanté de ce vertueux conseil, l'exécuta de point en point ; il envoya à Siuen-hoei-wang le message suivant : notre royaume est bien faible, sans doute, mais il s'est levé comme un seul homme, pour courir à votre secours ; que votre Majesté, maîtresse d'un si puissant état, ne craigne pas de revendiquer ses droits, à l'égard de *Ts'in* 秦 ; nous sommes prêts à vous soutenir de toutes nos forces.

L'ambassade de Han n'était pas encore partie, le roi ordonna de surseoir à son envoi ; le premier ministre, qui l'avait organisée

_____

(1) Tcheng-tchen : nous avons vu, en 329, ce même seigneur unir les trois princes *Han* 韓, *Tchao* 趙 et *Wei* 魏 contre Ts'in.

avec tant de soin, fit en vain les plus vives remontrances : Les promesses de *Tch'ou* 楚, disait-il, ne sont qu'un leurre ; nous y fier, pour rompre avec le roi de *Ts'in* 秦, c'est nous attirer la guerre, et la risée de toute la Chine ; nous ne sommes liés au royaume de Tch'ou ni par la parenté, ni par des traités d'amitié ; nous n'avons jamais combattu ensemble contre Ts'in ; se voyant menacé par ce dernier, il prétend avoir levé son armée en notre faveur ; je reconnais là une des fourberies de Tch'eng-tchen ; reculer, après avoir fait nous-mêmes les premières avances, serait déjà une grave injure envers le roi de Ts'in ; le provoquer, pour faire plaisir aux gens de Tch'ou, c'est nous préparer une amère déception ; le repentir viendra trop tard.

Siuen-hoei-wang s'obstina, et rompit fièrement avec le roi de Ts'in ; celui-ci entra dans une grande fureur, il leva une armée, se jeta sur le pays de Han, et remporta une éclatante victoire à *Ngan-men* 岸門 (1) ; les troupes de Tch'ou, bien entendu, ne s'étaient pas même mises en marche ; les gens de Han, malgré leur nombre, leur bravoure, l'habileté de leurs chefs, furent en grande partie faits prisonnniers. Quelle joie pour ceux qui les avaient bernés !

C'était en 314. Siuen-hoei-wang dut acheter la paix, à des conditions humiliantes et onéreuses ; une des premières fut que son fils, le nouveau prince-héritier *Tsang* 倉, serait envoyé à la cour de *Ts'in* 秦, et y resterait en otage.

En 312, les armées de Ts'in et de Han venaient tirer vengeance des traîtres de *Tch'ou* 楚 ; une grande bataille fut livrée dans la contrée de *Tan-yang* 丹陽 (2) ; le général en chef, avec soixante-dix officiers inférieurs, furent faits prisonniers ; quatre-vingt mille hommes eurent la tête tranchée ; une seconde armée de Tch'ou, accourue au secours, ne fut pas plus heureuse que la première. Voilà comment le sage Tch'eng-tchen avait annoncé qu'on n'aurait plus rien à craindre ! Sa fourberie était largement récompensée.

Après une telle défaite, les rois de Han et de *Wei* 魏 osèrent eux-mêmes attaquer le pays de Tch'ou, et lui prirent deux villes, dont l'historien ne donne pas le nom.

Cette même année, le roi de *Ts'in* 秦 prêtait son général *Tsi* 疾, homme de grande expérience, pour conduire les troupes de Han contre l'état de *Ts'i* 齊.

Enfin, cette même année encore, mourait Siuen-hoei-wang, et son fils Tsang, otage à la cour de Ts'in, revenait pour monter sur le trône.

---

(1) Ngan-men : était à 28 li nord-est de *Hiu tcheou* 許州, Ho-nan (*Petite géogr.*, vol. *12*, p. *58*) — (*Grande*, vol. *47*, p. *44*).

(2) Tan-yang : au nord de la rivière Tan ; ce territoire était dans la préfecture actuelle de *Nan-yang fou* 南陽府, Ho-nan. (*Grande géogr.*, vol. *51*, p. *23*).

# SIANG-WANG (311-296)

## 襄 王

Le nom posthume ou historique du nouveau roi, Siang, a deux significations élogieuses ; l'une d'elles est ainsi mentionnée: *prince qui a augmenté son royaume, et a brillé par la vertu* (1).

Il devait, sans doute, être bien content d'avoir pu succéder à son père ; le roi de *Ts'in* 秦 aurait pu le garder plus longtemps, lui imposer des conditions onéreuses, avant de lui rendre la liberté ; il se contenta de lui envoyer, dès le début de son règne, le lettré-diplomate *Tchang-i* 張 儀, lui donner l'option entre un vasselage honorable ou la guerre. Le choix n'était pas douteux ; Siang-wang promit obéissance, promit des troupes auxiliaires pour les campagnes projetées contre *Tch'ou* 楚, promit enfin tout ce que l'on désira ; et l'amitié sembla établie entre les deux souverains.

Tchang-i ayant conduit à souhait les négociations qui lui avaient été confiées, fut élevé à la dignité de *Ou-sin-kiun* 武 信 君 ; il n'en jouit pas longtemps ; car il tomba en disgrâce après la mort de son maître et protecteur *Hoei-wen-wang* 惠 文 王, arrivée cette même année 311.

Les divers princes de la Chine eurent alors un moment de répit ; le nouveau roi de Ts'in, leur suzerain, nommé *Ou-wang* 武 王 (310-307), reçut leurs hommages, et sembla vouloir gagner leur sympathie, ce qui n'était pas chose facile.

En 308, ce même Ou-wang, on ne dit pas pour quel motif, recommençait les hostilités contre l'état de Han ; à cet effet, il députa son ministre, nommé *Kan-meou* 甘 茂, faire un traité d'alliance avec le prince de *Wei* 魏, et lui demander des troupes auxiliaires. A son retour, ce ministre fut établi généralissime de l'expédition, avec ordre de s'emparer à tout prix de la ville importante de *I-yang* 宜 陽 (2). Dans l'histoire du royaume de *Ts'in* 秦, nous avons raconté les précautions prises par ce général, avant de se mettre en route ; il savait les difficultés de l'entreprise qui lui était confiée ; il redoutait les mauvaises langues de la cour, plus que les soldats de Han ; de fait, après cinq mois d'un siège laborieux, il n'était pas plus avancé qu'au début ; ses détracteurs avaient beau jeu contre lui, et ne manquaient pas de l'accuser d'incapacité.

---

(1) Texte de l'interprétation: 辟 地 有 德 曰 襄

(2) En 335, cette ville était tombée au pouvoir de Ts'in ; l'historien ne dit ni quand ni comment elle avait été recouvrée par le roi de Han ; comment celui de Ts'in n'avait-il pas fait les derniers efforts pour la garder ?

En 307, Ou-wang lui-même, laissant les jaloux déblatérer à leur aise contre son généralissime, conduisit une grande armée à son aide ; mais ce renfort ne rendit pas les assiégeants plus courageux ; en vain *Kan-meou* 甘茂 battait-il le tambour, les soldats refusaient d'avancer. Ayant ainsi échoué trois fois de suite, le pauvre ministre s'écria : étranger au royaume de *Ts'in* 秦, j'y suis parvenu à une des plus hautes dignités, ce qui m'a créé bien des ennemis ; j'ai excité le roi à cette guerre, par l'appât de cette ville si importante ; si je ne parviens à la prendre, je suis perdu ; les jaloux de ma fortune m'attaqueront devant le souverain, mon maître, avec plus de fureur que les soldats du prince *Kong-tchong* 公仲 ; si demain je ne puis m'emparer de la ville, que ses remparts deviennent mon tombeau !

Ayant ainsi parlé, Kan-meou prit une grosse somme de son argent, et la distribua, comme gratification du roi ; il enflamma si bien le courage de ses troupes, que le lendemain, au premier assaut, il fut maître de la ville. On fit un carnage épouvantable ; soixante mille hommes eurent la tête tranchée ; le prince Kong-tchong, le vaillant défenseur de la forteresse, fut délégué auprès de Ou-wang, pour lui demander pardon de cette belle résistance, et implorer la paix.

En 306, la perte de I-yang avait entraîné celle de *Ou-soei* 武遂 (1); nécropole des rois de Han ; Kan-meou suggéra à son maître de la rendre gracieusement, dans l'espoir de s'attacher par ce bienfait Siang-wang et toute sa famille. Malgré l'avis contraire des autres ministres, le successeur de Ou-wang accéda volontiers à ce désir.

Cet acte d'humanité ne gagna pourtant point le cœur de Siang-wang ; voyant le roi de *Ts'in* 秦 tout jeune, il pensa pouvoir lui reprendre I-yang, et même d'autres villes perdues ou cédées précédemment. Dans ce but, il fit, cette même année, alliance avec les pays de *Tch'ou* 楚 et de *Ts'i* 齊 ; mais il fut bientôt déçu ; car le roi de Tch'ou ayant reçu pour concubine une princesse de *Ts'in* 秦, devint l'ami intime de cette cour.

Notons en passant une singularité assez curieuse : à cette époque, *Kong-tse-mei* 公子眛, prince de Han, était premier ministre de Ts'i, qui avait déjà bon nombre d'hommes distingués, tandisque Siang-wang n'en avait pas assez pour résister aux entreprises de *Ts'in* 秦.

En 303, une armée de ce dernier reprenait la ville de *Ou-soei* 武遂, rendue gracieusement trois années auparavant, comme nous l'avons vu plus haut. L'indignation des diverses cours se tourna contre le roi de *Tch'ou* 楚, qui avait trahi ses associés ; les armées de Han, de Ts'i et de Wei se réunirent en une seule, et envahirent

---

(1) Ou-soei : était à 70 li à l'est de *P'ing-yang* fou 平陽府, Chan-si.(*Petite géogr., vol. 8, p. 7*) — (*Grande, vol. 41, p. 3*).

le territoire du traître; mais le roi de Tch'ou déjoua sans peine leurs efforts; il envoya son fils, le prince-héritier, comme otage à la cour de *Ts'in* 秦, et demanda du secours contre les ligueurs. Aussitôt que les troupes auxiliaires apparurent, commandées par le général *Tong* 通, les alliés s'empressèrent de déguerpir.

En 302, le roi de Ts'in avait une entrevue avec celui de *Wei* 魏, à *Ling-tsin* 臨 晉 (1); le prince-héritier de Han y fut présent; pour montrer encore plus d'obséquiosité, envers son redoutable suzerain, il lui tint compagnie jusqu'à *Hien-yang* 咸 陽 sa capitale (2), avant de retourner lui-même dans sa patrie.

En 301, ces marques de déférence n'empêchèrent pas le roi de Ts'in de prendre encore la ville de *Jang* 穰 (3), sur le territoire de Siang-wang. Bien mieux! ce même roi obligeait encore les états de Han, de *Wei* 魏 et de *Ts'i* 齊 à partir avec lui en campagne contre le royaume de Tch'ou dont le prince-héritier s'était enfui, après être resté deux années en otage. Dans l'histoire de ce dernier pays, nous avons raconté les péripéties de cette campagne; l'armée de *Tch'ou* 楚 y fut vaincue, grâce surtout au général de *Ts'i* 齊, comme il est dit dans le recueil de *Liu-pou-wei* 呂 不 韋 (*vol.* 25, *p.* 11); les troupes de Han étaient commandées par le seigneur *Pao-yuen* 暴 鳶.

En 300, Siang-wang avait le chagrin de perdre son fils, le prince-héritier *Yng* 嬰; pour comble de malheur, les deux frères du défunt, *Kong-tse-kiou* 公 子 咎 et *Kong-tse-ki-che* 公 子 蟣 蝨, se disputèrent le droit à sa succession; le second, qui était en otage à la cour de Tch'ou, avait gagné les bonnes grâces du roi; celui-ci insista auprès de Siang-wang, en faveur de son protégé; mais Siang-wang ne voulut rien entendre. Le roi de Tch'ou se fâcha, leva une armée, et assiégea la ville de *Yong-che* 雍 氏 (4). Siang-wang invoqua le secours de *Ts'in* 秦; mais la reine-douairière de ce pays était une princesse de Tch'ou; elle s'opposait à l'envoi de troupes auxiliaires; malgré cela une armée fut promise; à cette nouvelle, les assiégeants se retirèrent, et finalement *Kong-tse-kiou* 公 子 咎 fut déclaré prince-héritier.

---

(1) Ling-Tsin : était à 20 li sud-ouest de *Tch'ao-i hien* 朝 邑 縣, qui est à 30 li à l'est de sa préfecture *T'ong-tcheou fou* 同 州 府, Chen-si.

(2) Hien-yang : était à 30 li à l'est de *Hien-yang hien* 咸 陽 縣, qui est à 50 li nord-ouest de sa préfecture *Si-ngan fou* 西 安 府, Chen-si. (*Petite géogr.*, *vol.* 14, *p.* 7) — (*Grande*, *vol.* 53, *p.* 31).

(3) Jang : était à 2 li sud-est de *Teng tcheou* 鄧 州 qui est à 120 li sud-ouest de sa préfecture *Nan-yang fou* 南 陽 府, Ho-nan. (*Petite géogr.*, *vol.* 12. *p.* 44) — (*Grande*, *vol.* 51, *p.* 17).

(4) Yong-che : était à 40 li sud-ouest de *Fou-keou hien* 扶 溝 縣, qui est à 120 li nord-ouest de sa préfecture *Tch'eng-tcheou fou* 陳 州 府, Ho-nan. (*Petite géogr.*, *vol.* 12, *p.* 57) — (*Grande*, *vol.* 47, *p.* 23).

En 298, *Mong-tchang-kiun* 孟嘗君, de la maison royale de *Ts'i* 齊, avait été premier ministre de Ts'in, pendant une année seulement, après quoi il avait dû s'enfuir; rentré dans son pays, il cherchait à se venger; il réussit à unir son royaume à ceux de Han et de *Wei* 魏, pour une expédition contre *Ts'in* 秦, et ils remportèrent une grande victoire, auprès du fameux défilé *Han-hou-koan* 函谷關 (1). Voyant leur armée se diriger sur sa capitale, le roi entra en pourparlers, céda trois villes situées à l'est du Fleuve Jaune, et se délivra ainsi de cette invasion, à laquelle il n'était pas préparé.

En 296, les rois de *Tchao* 趙 et de *Song* 宋 adhéraient à cette alliance, et l'on commençait une nouvelle campagne. On parvint jusqu'à la ville de *Yen-che* 鹽氏 (2), et pendant le trajet, Siang-wang eut la joie de reprendre *Ou-soei* 武遂, la nécropole de ses ancêtres. Quant au roi de Ts'in, il se débarrassa encore de cette invasion, en cédant aux alliés tous les territoires qu'il possédait au nord du Fleuve Jaune, dans la province actuelle du Chan-si.

Siang-wang ne vit pas la fin de cette année; son fils *Kong-tse-kiou* 公子咎 lui succéda; c'est lui que nous allons étudier, sous le nom posthume de *Li-wang* 釐王.

---

(1) Han-kou-koan : défilé à 10 li au sud de *Ling-pao hien* 靈寶縣, qui est à 60 li à l'ouest de *Chen tcheou* 陝州, Ho-nan. *(Petite géogr., vol. 12, p. 65)* — *(Grande, vol. 48, p. 56)*.

(2) Yen-che : était à 20 li à l'ouest de *Ngan-i hien* 安邑縣, qui est à 50 li à l'est de *Kiai tcheou* 解州, Chan-si. *(Petite géogr., vol. 8, p. 42)* — *(Grande, vol. 41, p. 30)*.

## LI-WANG (295-273)

# 釐 王

→⊹+⊹←

Quelques auteurs nomment ce roi *Hi* 僖, et prétendent que le caractère *Li* 釐 eut aussi cette prononciation ; d'autres mettent une différence très-nette entre les deux.   Quoi qu'il en soit, Li a deux sens également élogieux : *prince d'un caractère droit, capable de recevoir des remontrances ; qui sut s'arrêter devant des difficultés insurmontables* (1).

En 293, le nouveau souverain débuta par un échec terrible : ayant uni ses troupes à celles de l'empereur et à celles de *Wei* 魏, il attaqua son suzerain, le roi de *Ts'in* 秦 ; mais celui-ci leur opposa son fameux général *Pé-k'i* 白起, dont nous avons tant parlé dans l'histoire de ce royaume ; celui-ci, pour son coup d'essai, remporta une brillante victoire à *I-k'iué* 伊闕 (2), fit prisonnier le généralissime de Han, prince *Kong-suen-hi* 公孫喜, coupa la tête à deux cent quarante mille hommes, et s'empara de cinq villes ; c'était la revanche des humiliations précédentes, vrai réveil de lion.   L'historien ajoute qu'après ce désastre, Li-wang se tint tranquille ; certes, il y avait bonne raison.

En 291, une armée de Ts'in revenait à la charge contre le pays de Han, et lui enlevait tout le territoire de *Yuen* 宛 (3).

En 290, Li-wang, qui se voyait en danger de la part de ses anciens alliés *Ts'i* 齊, *Tchao* 趙 et *Wei* 魏, voulut avant tout faire la paix avec le roi de Ts'in ; pour cela, il lui recéda *Ou-soei* 武遂, nécropole de ses ancêtres ; puis un territoire de deux cents li d'étendue, près de la ville de *I-yang* 宜陽 (4), perdue en 307 ; malgré ces sacrifices, il n'en obtint qu'une trève de peu d'années.

_____

(1) Texte de l'interprétation : 質淵受諫曰釐

(2) I-k'iué : ce défilé, avec la montagne appelée aussi *K'iué-sai-chan* 闕塞山, est à 30 li sud-ouest de *Ho-nan fou* 河南府, Ho-nan. Parmi les 5 villes prises, se trouvait *Sin-tch'eng* 新城, qui était à 70 li au sud de la même préfecture. *(Petite géogr.,* vol. *12,* p. *32) —* (Grande, vol. *48,* pp. *11* et *14).*

(3) Yuen : ce territoire est celui de *Nan-yang fou* 南陽府, Ho-nan. *(Petite géogr.,* vol. *12,* p. *40) —* (Grande, vol. *51,* p. *4).*

(4) I-yang : le roi de Ts'in possédant cette ville, depuis 17 ans, tenait à en écarter le plus possible son ancien maître, pour lui en rendre la revendication plus difficile ; en même temps il agrandissait son propre royaume.

En 286, en effet, son armée subissait encore une grande défaite à *Hia-chan* 夏山 (1) ; mais on ne dit pas ce qui lui fut
enlevé cette fois.

En 284, le roi de Ts'in avait une entrevue avec Li-wang et le
roi de *Wei* 魏, dans la capitale même de l'empereur ; il s'agissait
de préparer une campagne contre le pays de *Ts'i* 齊 ; on traita
ensemble de cette affaire, puis chacun s'en alla chercher ses troupes, sans daigner saluer le pauvre « fils du ciel ». L'expédition
eut lieu, et l'armée de Ts'i fut mise en grande déroute. Par ce
trait, il est facile de juger quel était alors le véritable empereur
de la Chine.

En 282, Li-wang avait encore une entrevue avec le roi de
*Ts'in* 秦 ; mais on n'indique pas en quel endroit ; on dit seulement
que c'était entre les deux capitales de l'empire (2).

En 281, le roi de *Tch'ou* 楚, qui avait aussi ses ambitions,
essaya une alliance avec les états de *Ts'i* 齊 et de Han ; il avait
un double but ; abattre Ts'in, et détrôner l'empereur, pour se
mettre à sa place ; mais l'expédition n'eut pas lieu. L'historien dit
que l'empereur se voyant menacé, envoya un fameux lettré déve-
lopper, devant le roi de Tch'ou, la vraie doctrine des anciens sages ;
en suite de quoi, l'ambitieux souverain renonçait à son projet.
La véritable raison n'est pas là ; l'histoire du royaume de Tch'ou
nous apprend que le fameux général *Pé-k'i* 白起 se lançait sur ce
pays, en 279, et le mettait à deux doigts de sa perte ; le roi ne
pensa plus alors à ceindre la couronne impériale. Pendant ces
guerres effroyables, Li-wang se tint coi, et n'osa pas secourir son
allié.

En 275, il voulut sauver l'état de *Wei* 魏, attaqué par l'armée de Ts'in ; il dut s'en repentir amèrement ; ses troupes furent
écrasées, quarante mille hommes eurent la tête coupée, et le vaillant général *Pao-yuen* 暴鳶 se réfugia dans la forteresse de *Ta-
liang* 大梁 (3).

En 273, pour remercîment, l'état de *Wei* 魏 s'unissait à celui
de *Tchao* 趙, contre Han, et mettait le siège devant *Hoa-yang* 華
陽 (4). Dans sa détresse, Li-wang implora le secours de Ts'in ; il
n'en reçut pas même une réponse. Le premier ministre s'adressa
au sage *Tch'eng-che* 陳筮, autrement nommé *T'ien-ling* 田苓 :

---

(1) Hia-chan : l'emplacement n'en est pas connu.

(2) Donc entre *Ho-nan fou* 河南府 et *Kong hien* 鞏縣, qui en est à 130 li à
l'est, Ho-nan.

(3) Ta-liang : nous avons déjà dit que c'était la capitale de *Wei* 魏 ; aujour-
d'hui, c'est *K'ai-fong fou* 開封府, Ho-nan.

(4) Hoa-yang : ou *Hoa-tch'eng* 華城, était à 30 li sud-est de *Sin-tcheng hien*
新鄭縣, qui est à 220 li sud-ouest de sa préfecture K'ai-fong fou (*Petite géogr.*,
*vol. 12, p. 5*) — (*Grande, vol. 47, p. 32*).

nous voilà, lui dit-il, dans un embarras extrême; je vous en prie, malgré votre maladie, veuillez donc partir, aujourd'hui même, pour la cour de Ts'in, afin d'en obtenir un prompt secours.

Arrivé à la capitale, et interrogé par le premier ministre si le péril était extrême : Non, répondit le fin diplomate; dans ce cas, nous nous serions adressés à n'importe quel prince disposé à nous aider; aujourd'hui, je viens seulement insister auprès de notre protecteur, quand il en est encore temps, afin de prouver notre déférence envers lui, avant de nous adresser ailleurs.

Aussitôt le premier ministre dépêcha *Pé-k'i* 白起 et *Hou-yang* 胡陽 à la tête d'une grande armée. En huit jours, ceux-ci étaient devant Hoa-yang, prenaient trois généraux, coupaient la tête à cent trente mille hommes, poussaient les fuyards hors du territoire de Han, les suivaient jusque chez eux, où ils continuaient leur glorieuse campagne. On s'imagine aisément la terreur inspirée, dans tous les pays, par les sauvages boucheries des gens de Ts'in.

A la fin de cette même année, Li-wang était mort, et son fils le remplaçait sur le trône.

# HOAN-HOEI-WANG (272-239)

# 桓 惠 王

Des deux caractères, dont est composé le nom posthume ou historique du nouveau roi, le premier a trois significations très-louangeuses ; en voici une : *prince qui agrandit son royaume, et lui soumit des régions éloignées*; le second peut se traduire ainsi: *pacifique et père de son peuple* (1).

Des morts, on ne doit dire que du bien (de mortuis, nihil nisi bene) ; cet adage s'est vérifié ici dans son plein ; ces noms pompeux feraient soupçonner un grand et glorieux souverain ; nous allons voir au contraire un pauvre valet de la cour de *Ts'in* 秦 ; quant à ces régions éloignées qu'il soumit à sa domination, nous essayerons de les découvrir ; ce sera une tâche difficile, vu qu'il perdit, au contraire, une très-grande partie de son territoire. Donc, prenons le contrepied de ces noms glorieux, et nous aurons juste la vérité sur le règne de ce prince.

En 272, il eut une guerre avec l'état de *Yen* 燕 ; mais nous n'avons aucun détail ; ce qui prouve que le résultat n'en fut pas grand ; les voisins de Han grillaient d'envie de lui prendre quelque territoire ; le lion veillait à sa proie, et ne permettait pas d'y toucher, se réservant de la dévorer quand il le jugerait opportun.

En 265, le roi de *Wei* 魏 voulait essayer d'y porter la main; ses ministres l'en dissuadèrent, et il renonça à son projet d'expédition. Le roi de *Ts'i* 齊, plus audacieux, réussit à en enlever un lambeau, à savoir la ville de *Tchou-jen* 注 入 (2).

En 264, le terrible *Pé-k'i* 白起 se présentait, écrasait l'armée de Han, à *Hing-tch'eng* 涇 城 (3), coupait cinquante mille têtes sur les bords de la rivière *Fen* 汾, et s'emparait de neuf villes, c'est-à-dire tout le territoire jusqu'au défilé *Pé-king-ling* 白徑嶺 (4).

---

(1) Textes des interprétations: 辟土服遠曰桓　柔質慈民曰惠

(2) Tchou-jen : était à 45 li à l'ouest de *Jou-tcheou fou* 汝州府, Ho-nan. (*Petite géogr.*, vol. *12*, p. *62*) — (*Grande*, vol. *51*, p. *35*).

(3) Hing-tch'eng : ou *Hing-ting tch'eng* 涇庭城, était à l'est de *K'iu-wo hien* 曲沃縣, qui est à 120 li au sud de sa préfecture *P'ing-yang fou* 平陽府, Chan-si. (*Petite géogr.*, vol. *8*, p. *9*) — (*Grande*, vol *41*, p. *11*).

(4) Pé-king-ling : défilé à 15 li sud-est de *Kiai tcheou* 解州, Chan-si. (*Petite géogr.*, vol. *8*, p. *41*) — (*Grande*, vol. *41*, p. *29*).

En 263, il revenait à la charge, prenait toute la contrée appelée *Nan-yang* 南 陽 (1), puis le plus nécessaire des défilés de la chaîne de montagnes *T'ai-hang* 太 行 山 (2).

Ainsi le pays de Han se trouvait divisé en deux tronçons, séparés par les possessions de Ts'in ; désormais ses jours étaient comptés ; il n'avait plus qu'à attendre le coup de grâce.

Le tronçon du nord était la contrée appelée *Chang-tang* 上 黨 (3), dont nous avons si souvent parlé dans l'histoire de *Ts'in* 秦; le roi de Han n'en possédait plus qu'une partie; le reste lui avait été enlevé par ses collègues de *Tchao* 趙 et de *Wei* 魏.

A l'époque dont nous parlons, le gouverneur se nommait *Fong-ting* 馮 亭; dans la situation nouvelle où il se trouvait, il harangua son peuple en ces termes : les chemins de communication avec notre capitale *Tcheng* 鄭 sont désormais interceptés; le meilleur serait de nous soumettre au roi de *Tchao* 趙; celui de *Ts'in* 秦 viendra certainement l'attaquer; pressé par le danger, notre nouveau maître ira, sans aucun doute, rechercher l'amitié de Han; les deux états unis ensemble pourront résister à celui de Ts'in.

En conséquence, il adressa au roi de *Tchao* 趙 le message suivant: le royaume de Han ne peut conserver la contrée de Chang-tang, menacée par les entreprises de Ts'in; à aucun prix nous ne voulons devenir les sujets de ce tyran; nous donc, officiers et peuple, nous désirons faire hommage à votre Majesté, et nous placer sous sa suzeraineté, avec les dix-sept villes et gros bourgs de notre territoire.

Le roi de Tchao consulta son premier ministre *Tchao-pao* 趙 豹, seigneur de *P'ing-yang* 平 陽; celui-ci lui répondit: les anciens avaient une vraie peur des profits non acquis à la sueur de leur front. — Mais, répliqua le prince, le peuple de Chang-tang m'estime à cause de ma probité, de ma vertu; ce n'est donc pas une acquisition purement gratuite. — Le vrai motif, repartit le

---

(1) Nan-yang : Il s'agit de la partie occidentale de ce territoire ; celle qui est maintenant dans la préfecture de *Hoai-k'ing fou* 懷 慶 府, Ho-nan. — Quelques auteurs racontent les mêmes événements, et disent que le roi de Ts'in s'empara de *Yé-wang* 野 王 ; il n'y a pas d'erreur : car Yé-wang c'est actuellement Hoai-k'ing fou. *(Petite géogr., vol. 12, p. 26)* — *(Grande, vol. 49, p. 3).*

(2) Ce défilé, au nord de la montagne, s'appelle *T'ien-tsing-koan* 天 井 關; au sud, *Yang-tchang-koan* 羊 腸 關; il est le passage nécessaire entre Hoai-k'ing fou, dans le Ho-nan, et *Tche-tcheou fou* 澤 州 府 dont il est distant de 45 li au sud, dans le Chan-si. Il est long de 40 li; en plusieurs endroits, il n'a que trois pas de large. Confucius voulant se rendre à la cour de *Tsin* 晉, n'osa s'engager dans ce «boyau de bique», et rebroussa chemin. *(Grande géogr., vol. 43, p. 4)* — *(Annales de Tche-tcheou fou, vol. 6, p. 7).*

(3) Le roi de Han n'y avait plus alors que le territoire actuel de *Lou-ngan fou* 潞 安 府, et la moitié de celui de *Tche-tcheou fou* 澤 州 府.

ministre, est que l'on craint le roi de Ts'in, et que l'on veut faire
dériver sur nous les effets de sa colère; il dévore peu à peu le
pays de Han, comme le ver-à-soie ronge les feuilles de mûrier; il
en a déjà absorbé le milieu; des deux autres parties, celle de
Chang-tang est la plus en danger; elle tombera en son pouvoir
sans grande difficulté; après avoir tant combattu pour ce territoire,
est-il croyable qu'il nous en laisse la paisible possession? Le mieux
serait d'y renoncer.

Le seigneur de *P'ing-yuen* 平原君, oncle du roi, pressait
au contraire de l'accepter, et son avis prévalut; en conséquence, il
fut envoyé lui-même prendre possession de cette province; nous
verrons, dans l'histoire de Tchao, les calamités causées à celui-ci
par cette regrettable acquisition.

Le gouverneur *Fong-ling* 馮亭 fut élevé à la dignité de seigneur de *Hoa-yang* 華陽君, mais refusa cet honneur, et ne consentit même pas à voir le délégué qui la lui annonçait: Je n'ai
pas su, disait-il, garder le gouvernement qui m'avait été confié,
et pour la défense duquel j'aurais dû verser la dernière goutte de
mon sang; d'après les intentions de mon souverain, je n'aurais
dû remettre ce pays qu'au roi de Ts'in, et je n'ai pas su m'y
résigner; si j'acceptais la moindre gratification de la cour de
Tchao, je paraîtrais lui avoir vendu cette province, tandisque je
n'ai tenu compte que des aspirations de ses habitants (1).

Le ministre ne s'était pas trompé; le roi de Ts'in réclama
cette contrée au roi de Tchao, qui la lui refusa; le terrible *Pé-k'i*
白起 arriva bientôt avec son armée, commença une guerre effroyable, y coupa, en une seule fois, quatre cent cinquante mille
têtes, à des soldats cernés de près, qui s'étaient rendus à lui pour
avoir la vie sauve; il s'empara du territoire en litige; et le roi de
Han, lui-même, dut encore lui céder la ville de *Yuen-yong* 垣雍
(2), pour obtenir la paix. Cela nous donne à entendre que ses
troupes étaient allées soutenir celles de *Tchao* 趙; de fait, *Se-ma
Ts'ien* 司馬遷 mentionne aussi cette épouvantable boucherie, à
l'année 259 des annales de Han.

En 256, *Kiou* 摎, général de Ts'in et digne émule de Pé-k'i,
revenait à la charge; d'abord contre Han, auquel il coupait quarante mille têtes, et prenait les villes de *Yang-tcheng* 陽城 et de

_____

(1) Malgré ces beaux sentiments, la cession de Chang-tang au roi de Tchao
ressemble bien fort à une trahison. Hoa-yang, fief dont il était nommé titulaire, a
été identifié plus haut *(année 273)*.

(2) Yuen-yong : était à 5 li nord-ouest de *Yuen-ou hien* 原武縣, qui est à
180 li à l'est de sa préfecture *Hoai-k'ing fou* 懷慶府, Ho-nan; c'était donc encore un lambeau du territoire de *Nan-yang* 南陽. *(Petite géogr., vol. 12, p. 29)* —
*(Grande, vol. 47, p. 26).*

*Fou-chou* 負黍 (1); puis contre Tchao, auquel il coupait quatre-vingt-dix mille têtes, et enlevait vingt villes, au témoignage de quelques historiens

En 254, Hoan-hoei-wang faisait un voyage à la cour de son redoutable suzerain, le roi de *Ts'in* 秦 ; celui-ci n'avait qu'un mot à dire, et l'état de Han cessait d'exister ; il consentait à le laisser végéter encore quelques années ; c'était un bienfait dont il convenait de le remercier.

En 251, *Tchao-siang-wang* 昭襄王, ce fameux roi de Ts'in, mourait après cinquante-trois ans de règne d'un éclat inoui jusqu'alors. Hoan-hoei-wang prit le deuil, comme pour son propre père ; il retourna bien vite à la cour de Ts'in, pleura le défunt à chaudes larmes, et lui offrit un sacrifice.

En 249, malgré ces démonstrations extraordinaires de déférence et de soumission, l'armée de Ts'in lui enlevait encore les deux villes de *Tch'eng-kao* 成皋 et de *Yong-yang* 滎陽 (2).

En 247, mourait le seigneur *Sin-ling-kiun* 信陵君, oncle du roi de *Wei* 魏, grand capitaine qui avait eu la gloire de battre l'armée de Ts'in, réputée invincible ; par ce fait, il avait « sauvé la face » des troupes chinoises. En reconnaissance de ce service, Hoan-hoei-wang se rendit à la cour de Wei, pleurer l'illustre défunt ; mais il ne put lui rendre tous les honneurs qu'il désirait ; car le roi refusa de présider aux funérailles. Nous reparlerons de ces faits dans l'histoire de ce royaume.

En 246, Hoan-hoei-wang conçut une idée sublime, un stratagème de génie, pour arrêter les guerres de Ts'in ; il proposa tout un système de canalisation, à exécuter à travers le pays ; ainsi la cour serait occupée à cet immense travail, et le peuple en serait harassé ; les autres royaumes pourraient un peu respirer. Cette anecdote semble bien forgée par le cerveau d'un lettré ; cependant les historiens la rapportent comme authentique ; c'est pourquoi nous en avons donné les détails dans l'histoire de *Ts'in* 秦.

En 244, le « stratagème » n'avait sans doute pas réussi ; car le pauvre pays de Han se voyait enlever treize villes à la fois, en une seule campagne.

---

(1) Yang-tch'eng : était à 40 li sud-est de *Teng-fong hien* 登封縣, qui est à 140 li sud-est de sa préfecture *Ho-nan fou* 河南府, Ho-nan. Fou-chou était à 27 li sud-ouest de Yang-tch'eng *(Petite géogr., vol. 12, p. 38)* — *(Grande, vol. 48, pp. 43 et 45)*.

(2) Tch'eng-kao : était un peu au nord-ouest de *Fan-chouei hien* 氾水縣, qui est à 250 li à l'ouest de sa préfecture *K'ai-fong fou* 開封府, Ho-nan. *(Petite géogr., vol. 12, p. 10)* — *(Grande, vol. 47, p. 62)*.

Yong-yang : était un peu au nord de *Yong-yang hien* 滎陽縣, qui est à 200 li à l'ouest de K'ai-fong fou. *(Petite géogr., vol. 12, p. 8)* — *(Grande, vol. 47, p. 55)*.

En 241, nouvelle idée sublime : *Han* 韓, *Tchao* 趙, *Wei* 魏 et *Wei* 衞, unissent leurs troupes à celles de *Tch'ou* 楚, et l'on marche à la destruction de Ts'in ; on s'empare de *Cheou-ling* 壽 陵 (1), puis on s'avance vers le défilé de *Han-kou-koan* 函 谷 關, déjà témoin autrefois d'une semblable levée de boucliers ; mais le tigre sort de nouveau de son antre, et le troupeau de moutons disparaît comme la première fois. Le commentaire ajoute que ce soulèvement était comme la dernière convulsion d'un moribond ; tous les états vont être anéantis l'un après l'autre, par les armes et la politique si habile et si suivie de Ts'in.

En 239, Hoan-hoei-wang meurt, et transmet à son fils *Wang-ngan* 王 安 les derniers lambeaux de son pauvre royaume. Le lecteur peut maintenant juger de la valeur des noms posthumes !

---

(1) Cheou-ling : dont l'emplacement exact est inconnu.

# WANG-NGAN (238-230)

# 王 安

Onzième et dernier roi de Han, il n'a pas de nom posthume; parce que sa tablette n'a pas été déposée, par son fils, dans le temple de ses ancêtres ; n'ayant pas eu de successeur, il n'eut point de sacrifices.

Sur le trône de *Ts'in* 秦 se trouvait alors le jeune *Che-hoang-ti* 始 皇 帝, qui allait surpasser tous ses prédécesseurs, anéantir tous les états vassaux, les unir sous son seul et unique sceptre ; en un mot, fonder l'empire de la Chine. Juste à cette époque on le déclarait majeur, et il prenait les rênes du gouvernement.

En 233, Wang-ngan voyant une armée de Ts'in envahir son territoire, comprit que c'était la fin ; il envoya un ambassadeur, porter son cadastre et son sceau royal ; demandant seulement la grâce d'être accepté comme feudataire, avec la charge de protéger la frontière de Ts'in ; sa requête fut admise.

L'ambassadeur était un membre de sa famille, le fameux *Han-fei-tse* 韓非子, qu'on a décoré du titre de philosophe ; encore un génie méconnu, comme il y en a tant parmi les lettrés en Chine; selon lui, le royaume de Han eut pu être sauvé de sa ruine ; mais ses conseils furent dédaignés. Le roi de Ts'in avait le coup d'œil de l'aigle ; il apprécia le nouveau génie qui venait le saluer, et l'attacha de bon cœur à son service. Malheureusement, à la cour se trouvait un rival puissant, le célèbre ministre *Li-se* 李 斯, ancien condisciple de Fei-tse, à l'école de l'illustre maître *Siun-tse* 荀子 ; comment ces deux soleils auraient-ils pu rouler de concert dans la même orbite ? l'un des deux devait nécessairement disparaître ; Li-se calomnia d'abord son émule, puis le fit incarcérer, finalement l'empoisonna. Quand Che-hoang-ti fit appeler le nouveau venu, pour lui confier une haute dignité, il était trop tard ; le philosophe était mort ! Du moins, voilà ce qu'ont écrit les lettrés pour leur consolation. De ce marchand de sagesse, il nous reste vingt petits volumes souverainement ennuyeux ; ce sont des phrases vides, qui n'ont même pas le charme littéraire ; il est loin de son maître, qui se rapproche si fort de *Mong-tse* 孟 子 (1).

---

(1) Quoique disciple de Siun-tse, notre soi-disant philosophe Han-fei-tse est regardé plutôt comme sectateur de *Lao-tse* 老子; probablement parcequ'il n'avait pas grande confiance aux belles phrases de son maître et des autres Confucianistes,

En 231, Wang-ngan voyant que son abdication n'avait pas encore satisfait la cour de Ts'in, lui offrit encore ce qui lui restait du territoire de *Nan-yang* 南 陽 ; à la 9ème lune, Che-hoang-ti envoya une armée prendre possession de ce pays.

En 230, ce même roi députait le gouverneur de sa capitale, le seigneur *Chen* 勝, à la tête d'une armée, avec ordre d'en finir avec le pauvre Wang-ngan, et de l'amener prisonnier. Le royaume de Han avait vécu ; il forma désormais la province appelée *Yng-tchoan-hiun* 潁 川 郡.

Bon nombre des membres de la famille royale purent s'échapper ; ils allèrent se cacher, sous le nom de *Ho* 何, entre la rivière *Hoai* 淮 et le *Yang-tse-kiang* 揚 子 江, où ils se sont perpétués jusqu'à nos jours ; dans la contrée sus-dite, ceux qui portent ce nom, prétendent descendre de cette souche. Dans la suite, après la révolution qui anéantit la dynastie Ts'in, le royaume de Han fut rétabli, comme les autres, pour quelques années ; c'est le prince *Sin* 信, petit-fils du roi *Siang-wang* 襄 王, qui fut placé sur ce trône éphémère.

---

sur l'humanité, la vertu ; il croit que les passions de l'homme, pour être réprimées et contenues dans le droit chemin, requièrent autre chose que ces élucubrations onctueuses ; il veut des lois pénales et des châtiments. Sur ce point, il a raison ; le livre de la sagesse divine ne nous dit-elle pas : *initium sapientiæ, timor Domini ?* Si pour les hommes qui connaissent et honorent Dieu, le commencement de la sagesse réside dans la crainte de ce souverain Maître, que dire pour les païens ?

# ROYAUME DE WEI

## NOTES PRÉLIMINAIRES

La famille qui gouverna ce pays de *Wei* 魏, n'était pas de la maison royale de *Tsin* 晉, mais elle était d'ancienne noblesse, et très-puissante. Voyez le tableau généalogique de la famille dans 繹史 vol. 1, p. 21.

Le roi *Hien-kong* 獻公 (676-652), s'étant emparé de la petite principauté de Wei, la donna en fief au grand seigneur *Pi-wan* 畢萬, qui dès lors en prit le nom ; la capitale était alors à sept li nord-est de la sous-préfecture actuelle *Joei-tch'eng-hien* 芮城 縣; elle s'appelait *Wei-tch'eng* 魏城, puis plus tard *Ho-pé-tch'eng* 河北城 (ville au nord du Fleuve Jaune); le seigneur *Tao-tse* 悼子, arrière-petit-fils de Pi-wan, la transporta à *Houo* 霍 ; le fameux ministre *Wei-kiang* 魏絳, que le lecteur n'a sans doute pas oublié, la transféra à *Ngan-i* 安邑 ; enfin, le roi *Hoei-wang* 惠王 que nous étudierons bientôt, la fixa définitivement à *Ta-leang* 大梁 (1).

En étendue, le royaume de Wei fut bien inférieur à celui de *Tchao* 趙 ; fut-il égal à celui de *Han* 韓 ? En puissance, il leur fut supérieur ; c'est du moins ce qui semble résulter de la comparaison des évènements, survenus dans les trois états depuis leur séparation ; la raison première est celle-ci : dès le début, ce pays eut la bonne fortune d'être gouverné par un prince digne d'un trône ; *Wen-heou* 文侯 fut grand capitaine, grand diplomate, grand administrateur ; ayant vécu longtemps, il put asseoir solidement son autorité; ses deux collègues d'autrefois, désormais ses émules et ses rivaux, moins gratifiés par la nature et par le temps, ne purent jamais dans la suite prendre avantage sur lui.

---

(1) Joei-tch'eng hien : sur la rive nord du Fleuve Jaune, est à 90 li de *Kiai tcheou* 解州, Chan-si. *(Petite géogr., vol. 8, p. 22)* — *(Grande, vol., 41, p. 36)*.

Houo : était à 16 li à l'ouest de *Houo tcheou* 霍州, Chan-si. *(Petite géogr., vol. 8, p. 40)* — *(Grande, vol. 41, p. 45)*.

Ngan-i : était à 2 li à l'ouest de *Ngan-i hien* 安邑縣, qui est à 50 il à l'est de Kiai-tcheou. *(Petite géogr., vol. 8, p. 42)* — *(Grande, vol. 41, p. 30)*.

Ta-leang : c'est *K'ai-fong fou* 開封府, Ho-nan.

Les frontières du nouveau royaume sont brièvement indiquées dans le recueil déjà cité, *Kiang-yu-piao* 疆域表, vol. 上, p. 26 : *au sud,* la rivière *Hong-keou* 鴻溝 (1) ; *à l'est,* les rivières (2) *Hoai* 淮 et *Yng* 潁 ; *au nord,* le royaume de Tchao ; *à l'ouest,* la grande muraille construite par le roi *Hoei-wang* 惠王.

Ajoutons quelques mots seulement : *vers l'est,* le pays de Wei s'étendait jusqu'aux préfectures actuelles *Ta-ming-fou* 大名府 (Tche-ly) et *Tong-tchang-fou* 東昌府 (Chan-tong) ; là, il touchait les royaumes de *Tchao* 柤 et de *Ts'i* 齊. — *Vers le sud-est,* il touchait le royaume de *Tch'ou* 楚, par la préfecture de *Koei-te-fou* 歸德府 (Ho-nan). — *Vers le sud,* il était séparé du pays de *Han* 韓 par le Fleuve Jaune. — *Vers l'ouest,* il touchait le pays de *Ts'in* 秦 par les préfectures *T'ong-tcheou-fou* 同州府 et *Hao-tcheou* 華州 (Chen-si). — *Vers le nord-ouest,* il voisinait le même royaume par la préfecture *Yong-ning-tcheou* 永寧州 (Chan-si). — *Vers le nord* et le *nord-est,* il touchait encore l'état de Tchao, surtout par la préfecture *P'ing-yang-fou* 平陽府 (Chan-si), que celui-ci lui enleva dans la suite.

Ainsi, les riches contrées de *Kiai-tcheou* 觪州, *Kiang-tcheou* 絳州 et *P'ou-tcheou-fou* 蒲州府 du Chan-si, — *K'ai-fong-fou* 開封府, *Tchang-te-fou* 彰德府, puis partie de *Hoai-h'ing-fou* 懷慶府 et *Koei-te-fou* 歸德府 du Ho-nan, étaient toutes au royaume de Wei.

Quant à la grande muraille dont nous venons de parler, voici quelques indications fournies par les annales de *Tche-tcheou-fou* 澤州府 (Chan-si), vol. 3, p. 3 ; et surtout par le recueil intitulé *Kiang-yu-piao* 疆域表, vol. 上, p. 110 :

Elle commençait à la ville de *Tcheng* 鄭, — traversait les rivières *Ping* 濱 et *Lo* 洛, — montait vers le nord, jusqu'à la ville de *Yng-tcheou* 銀州, — puis se dirigeait vers *Chen-tcheou* 勝州. Ainsi elle atteignait l'extrême nord de la province actuelle du Chen-si ; c'est-à-dire le territoire appelé autrefois *Chang-kiun* 上郡, haut plateau sur lequel sont maintenant les préfectures *Yen-ngan-fou* 延安府, *Yu-ling-fou* 榆林府 et *Soei-te-tcheou* 綏德州 (3).

---

(1) Hong-keou : cette rivière du Ho-nan est nommée *Pi-chouei* 泌水, dans les anciens livres ; maintenant on l'appelle *Pien-chouei* 汴水, elle coule au sud de K'ai-fong fou. (*Grande géogr.,* vol. *46,* p. *19* — vol. *47,* p. *58*).

(2) Les deux rivières Hoai et Yng sont dans la province du Ngan-hoei.

(3) Tcheng était un peu au nord de *Hoa-tcheou* 華州, qui est à 180 li sud-ouest de sa préfecture *T'ong tcheou fou* 同州府, Chan-si.

La rivière Ping : s'appelle maintenant *Tsi-tsiu* 漆汛 ; elle coule au nord-ouest de *Fou-p'ing hien* 富平縣, qui est à 90 li au nord de sa préfecture *Si-ngan fou* 西安府, Chen-si. (*Petite géogr.,* vol. *14,* pp. *14* et *21*) — (*Grande,* vol. *53,* p. *58* — vol. *54,* p. *2*).

Comme pour le royaume de Han, nous revenons un peu en arrière, pour compléter la série des évènements qui n'ont pas été inscrits dans l'histoire de *Tsin* 晉. Le lecteur n'a pas oublié que les trois seigneurs qui supplantèrent leur suzerain, tout en lui laissant encore un petit territoire, moururent dans la même année 525-524. C'est à partir de là que commence le présent récit ; le seigneur de Wei qui vient d'expirer se nommait *Hoan-tse* 懷子 ; c'est donc son fils *Se* 斯 qui sera le premier roi de la dynastie, mais il n'aura officiellement que le titre de marquis (heou 侯) ; son nom posthume ou historique est *Wen-heou* 文 侯.

---

La rivière Lo : coule à 50 li sud-ouest de *Liu tcheou* 鄜州, dans la préfecture *Yen-ngan fou* 延安府, Chen-si ; c'est là que la muraille la croisait. *(Petite géogr., col. 13, p. 11)* — *(Grande, vol. 52, p. 22 — vol. 57, p. 13)*.

Yng-tcheou : était à 180 li nord-ouest de *Mi-tche hien* 米脂縣, qui est à 80 li au nord de sa préfecture *Soei-te tcheou* 綏德州, Chen-si. *(Grande géogr., vol. 57, p. 24)*.

Chen-tcheou : est à 450 li nord-est de sa préfecture *Yu-ling fou* 楡林府, Chen-si. *(Petite géogr., vol. 14, p. 53)* — *(Grande, vol. 61, p. 12)*. En 351, pendant la construction de cette muraille, le fameux *Wei-yang* 衛鞅 attaqua et prit la ville de *Kou-yang* 栒陽, qui se trouvait un peu au sud-ouest de Chen-tcheou.

## WEN-HEOU (423-387)

## 文 侯

En 419, après une victoire sur les troupes de *Ts'in* 秦, ce prince fortifiait la ville de Chao-leang (1).

En 413, il soutenait, avec ses collègues *Han* 韓 et *Tchao* 趙, une guerre contre le roi de *Ts'i* 齊 ; ils y furent vaincus, la ville de *Hoang-tch'eng* 黃城 fut démolie, celle de *Yang-hou* 陽狐 assiégée, comme nous l'avons dit dans l'histoire de *Tsin* 晉 ; ils se dédommagèrent par une victoire sur les troupes de *Ts'in* 秦, près de la ville de *Tcheng* 鄭 (2).

En 412, ce même prince envoyait son fils *Ki* 擊 assiéger la ville de *Fan-p'ang* 繁龐, sur le territoire de *Ts'in* 秦 ; l'expédition réussit, la population fut expulsée et remplacée par des gens de *Wei* 魏 ; on employait ce système, pour s'assurer la possession d'une ville à laquelle on tenait beaucoup.

En 409, après une nouvelle campagne contre le même royaume, Wen-heou fortifiait *Ling-tsin* 臨晉 et *Yuen-li* 元里, contrée importante à cause du fameux défilé *P'ou-koan* 蒲關.

En 408, il faisait la guerre au pays de *Song* 宋 ; de plus, son général *Yo-yang* 樂羊 lui ayant soumis la principauté de *Sien-yu* 鮮虞, appelée aussi *Tchong-chan* 中山 (3), il la donna en fief à son fils et héritier *Ki* 擊. Vers le même temps, il envoyait ce fils en expédition contre le pays de *Ts'in* 秦 ; celui-ci s'avança jusqu'à la ville de *Tcheng* 鄭 (ci-dessus) ; revenu de cette campagne, il fortifia *Lo-yang* 洛陽, *Ho-yang* 郃陽 et *Fen-yng* 汾陰 (4).

---

(1) Chao-liang : était à 22 li au sud de *Han-tch'eng hien* 韓城縣, qui est à 220 li nord-est de sa préfecture *T'ong-tcheou fou* 同州府, Chen-si. (*Petite géogr.*, vol. *14*, p. *19*) — (*Grande, vol. 54, p. 34*).

(2) Hoang-tch'eng : Yang-hou : (*voyez l'histoire de Tsin* 晉, *année 413*).

Tcheng : (*voyez ci-dessus, notes préliminaires*).

Fan-p'ang, Ling-tsin, Yuen-li, P'ou-koan, (*voyez l'histoire de Tsin, aux mêmes années*).

(3) Sien-yu : ou Tchong-chan : sa capitale était près de l'ancienne ville *Sin-che* 新市, qui maintenant n'est plus qu'un gros bourg, à 40 li nord-ouest de sa préfecture *Tcheng-ting fou* 正定府, Tche-li. (*Grande géogr., vol. 1, p. 19* — vol. *14*, pp. *6 et 26*) — (*Kiang-yu-pao* 疆域表 *vol.* 上, p *53*).

(4) Lo-yng était un peu au nord-ouest de T'ong-tcheou fou. (*Grande géogr.* vol. *54*, p. *18*).

En 407, Wen-heou recevait à sa cour le sage *Pou-tse-hia* 卜 子夏, disciple de Confucius, qui lui apportait la vraie doctrine du «maître des maîtres» ; il le retint pour son précepteur et conseiller. A ce propos, les historiens racontent avec enthousiasme les marques de vénération prodiguées, paraît-il, par ce prince, envers les lettrés illustres qui vinrent à sa cour, ou furent attachés à son service : Ainsi, jamais il ne passait en char, devant la maison du sage *Toan-kan-mou* 叚干木, sans faire une révérence, même quand celui-ci n'était pas sur le seuil de sa porte ; et quand il avait le bonheur de recevoir une leçon de ce lettré, il n'osait s'asseoir, quelque longue qu'elle fût, et malgré n'importe quelle fatigue.

S'il est vrai que ce prince ait poussé, jusqu'à ce point, le fétichisme envers les lettrés, cela nous met en garde, contre les louanges que ces messieurs lui décerneront dans leur reconnaissance. Pour son troisième conseiller, il eut le sage *T'ien-tse-fang* 田子方 (1).

Nous accepterons «cum grano salis», c'est-à-dire sous toute réserve, l'historiette suivante, inventée sans doute par le cerveau fécond du narrateur : Le roi de *Ts'in* 秦 pensait à une expédition contre le pays de Wei ; un de ses seigneurs l'en dissuada en ces termes : Wen-heou vénère les lettrés, pratique l'humanité envers tout le monde, et procure la paix à son peuple ; aussi, petits et grands vivent-ils dans une parfaite harmonie ; un tel prince est inattaquable. Frappé de cette remontrance, le roi renonça pour le moment à son projet ; c'était donc le triomphe de la seule vertu ; aussi Wen-heou fut-il un des princes les plus renommés de son époque.

---

Ho-yang : c'est la ville actuelle du même nom, à 120 li nord-est de T'ong-tcheou fou. (*Petite géogr.*, vol. *14*, p. *19*) — (*Grande*, vol. *54*, p. *23*).

Fen-yng : (*voyez l'histoire de Tsin, année 408*) elle était à 9 li au nord de Yong-ho hien 榮河縣, qui est à 120 li au nord de sa préfecture *P'ou tcheou fou* 蒲州府, Chan-si. (*Petite géogr.*, vol. *8*, p. *31*) — (*Grande*, vol. *41*, p. *23*).

(1) Voici un trait qui peint suffisamment ce sage : *Ki* 擊, le prince-héritier, le rencontra un jour dans la ville de *Tch'ao-ko* 朝歌 ; il fit ranger son char de côté, pour lui laisser le passage libre ; bien plus, il descendit, et lui fit une profonde révérence ; le lettré ne daigna pas même le regarder. Le prince lui demanda : sont-ce les riches ou les pauvres qui peuvent faire les fiers ? — Les pauvres, répondit le marchand de sagesse : eux n'ont rien à perdre : les riches, en faisant les fiers, perdent leurs familles, ou leurs dignités, ou leurs royaumes : si je déplais ici, ou si mes conseils ne sont pas reçus, je suis bien libre de m'en aller à la cour de *Tch'ou* 楚, à celle de *Yué* 越 : ce n'est pas plus difficile que de secouer la poussière de mes savattes. Indigné de cette vertueuse arrogance, le prince remonta sur son char et fouetta ses chevaux, sans mot dire. Comme on le voit, la Chine a eu aussi ses Diogène.

Le lecteur a reconnu la «ritournelle» si chère aux lettrés. Tels que nous connaissons les rois de Ts'in, ces sauvages, comme on les appelle si souvent, ne devaient guère être sensibles à de telles sornettes sur la vertu; si celui-ci renonça si volontiers à son dessein, c'est qu'il n'y tenait pas beaucoup, sans doute, ou qu'il eut d'autres motifs ignorés du narrateur.

Pour les hautes charges, Wen-heou ne voulait que des hommes éminents; en cela il avait raison assurément; le plus merveilleux, c'est que sa réputation lui en attirait de tous les pays; c'est ainsi qu'il nomma Si-men-pao 西門狗 gouverneur de Yé 鄴 (1), et que tout le pays appelé Ho-nei 河內 (2) fut admirablement administré.

En 405, voici un exemple du soin qu'il mettait à choisir ses hommes: Cette fois, il s'agissait d'élire son premier ministre; il demanda l'avis du sage Li-k'o 李克, encore un de ses nombreux conseillers: vous m'avez enseigné, lui dit-il, qu'un homme pauvre doit se procurer une excellente ménagère pour épouse; et qu'un roi doit se pourvoir d'un bon ministre pour aide. Or, j'ai jeté les yeux sur deux éminents dignitaires, mon frère Tch'eng 成 et le sage Ti-hoang 翟黃; lequel préféreriez-vous?

Li-k'o répondit: d'après les anciens, un pauvre ne doit pas donner de conseils à un riche; un étranger ne doit pas se mêler des affaires d'une grande famille; moi, pauvre homme qui vis retiré loin de la cour, quel avis puis-je avoir sur un sujet si important?

C'était un préambule de simple politesse; le roi insista, et Li-k'o reprit son discours: Votre Majesté n'a pas encore pris la peine d'examiner la conduite des deux candidats; pour connaître un homme, il faut l'observer sur les cinq points suivants: a) quels sont ses amis et relations — b) s'il est riche, à qui il distribue ses largesses — c) s'il a de l'autorité, à qui il donne de l'avancement — d) s'il n'a pas de charge, à quoi il ne se prête pas, malgré son désir d'avoir un emploi — e) s'il est pauvre, est-il accessible aux cadeaux. — Ayant examiné ces choses, votre choix sera fixé sans avoir besoin de mon avis. — Très-bien, répliqua Wen-heou, vous pouvez vous retirer; mon parti est pris.

Au sortir de l'audience, Li-k'o passait devant la maison du vertueux Ti-hoang; celui-ci l'interrogea: d'après ce que j'ai entendu dire, le prince a voulu avoir votre conseil sur le nouveau ministre; enfin, qui a été choisi? — Tch'eng 成, frère du roi, répondit le sage.

(1) Yé: était à 20 li à l'ouest de Ling-tchang hien 臨漳縣, qui est à 110 li nord-est de sa préfecture T'chang-te fou 彰德府, Ho-nan. (Petite géogr., vol. 12, p. 16) — (Grande, vol. 49, p. 33).

(2) Ho-nei: c'est-à-dire le pays situé à l'intérieur de la grande courbe du Fleuve Jaune, au sud-ouest du Chan-si, dans ce coin où cette province voisine le Chen-si et le Ho-nan, dont elle n'est séparée que par ce fleuve.

A ces mots, Ti-hoang changea de couleur, et plein d'indignation s'écria : d'après l'opinion commune de tous ceux qui connaissent mes faits et gestes, je ne suis nullement inférieur au prince
Tch'eng ! n'est-ce pas moi qui ai proposé le seigneur Ou-h'i 吳
起, pour gouverner la frontière occidentale ; et le seigneur Si-
men-pao 西 門 豹 pour le pays si difficile de Yé 鄴 ? tous deux
n'ont-ils pas admirablement réussi ? N'est-ce pas moi qui ai proposé le seigneur Yo-yang 樂 羊, pour la guerre qu'il a si bien
accomplie, au pays de Tchong-chan 中 山 (ou Sien-yu 鮮 虞) ?
n'est-ce pas moi qui vous ai proposé pour gouverneur de cette
même contrée ? N'est-ce pas moi qui ai fait nommer le vertueux
K'iué-heou-fou 屈 侯 鮒 comme précepteur du prince-héritier ?
En quoi donc suis-je inférieur au prince Tch'eng ?

Cette avalanche passée, Li-k'o répliqua tranquillement : vous
m'avez recommandé à notre souverain afin que je le serve en toute
franchise, et le conseille sans esprit de parti, dans le choix des
dignitaires ; pour le cas présent, je n'ai désigné personne ; je tire
seulement la conclusion des principes que j'ai développés devant
sa Majesté. Mais, franchement, comment osez-vous donc vous
mettre sur le même pied que le prince Tch'eng ? lui, qui a dix-
mille mesures de grain pour ses revenus, se contente du dixième,
et distribue le reste au peuple ; c'est grâce à ses largesses que des
sages comme Pou-tse-hia 卜 子 夏, Toan-kan-mou 段 干 木 et
T'ien-tse-fang 田 子 方, se sont attachés au service de sa Majesté ; vous avez proposé de bons dignitaires, c'est vrai, mais ils
sont loin de valoir ces trois hommes éminents ; comment osez-
vous comparer vos services à ceux de ce prince ?

Ti-hoang confus se prosterna deux fois jusqu'à terre en disant:
vraiment je ne suis qu'un misérable, comme je l'ai prouvé par mes
prétentions insensées ; veuillez me recevoir comme votre disciple,
et me communiquer votre haute sagesse.

Ou-h'i 吳起, dont il vient d'être fait mention, était originaire
du pays de Wei 衞 ; il avait d'abord été au service du duc de Lou
魯, puis s'était attaché à Wen-heou. S'il faut en croire la renommée, ce fut l'Hannibal chinois ; il remporta plusieurs victoires
éclatantes sur l'armée de Ts'in 秦, estimée invincible ; de plus, il
fut un habile administrateur. Lui et Suen-tse 孫 子 sont réputés
les plus grands capitaines de l'ancienne Chine ; on a encore maintenant le livre où sont consignés leurs stratagèmes, capables de
vaincre n'importe quels ennemis (1).

Un autre homme éminent, au service de Wen-heou, fut Li-
h'ouei 李 悝, gouverneur de Chang-ti 上 地 (2), dont on raconte
aussi des merveilles : Il publia un jour, que celui-là gagnerait ses

_____

(1) Ou-k'i : sa biographie est dans Se-ma Ts'ien 司 馬 遷, chap. 65.

(2) Chang-ti : c'était le territoire actuel de Soei-te tcheou 綏 德 州, au nord
du Chen-si. (Petite géogr., vol. 14, p. 64) — (Grande, vol. 47, p. 19).

procès qui serait le plus habile archer ; sur ce, parmi le peuple, ce fut une rage de s'exercer au tir à l'arc. Survint une guerre avec le royaume de *Ts'in* 秦 ; ayant tant de bons archers, le pays de Wei remporta une éclatante victoire. Cela ressemble bien à un conte.

D'autres auteurs rapportent qu'il poussa ses administrés, à s'adonner activement à l'agriculture ; qu'il bâtit des digues, dessécha des marais, augmenta la prospérité publique, sans être obligé de diminuer les contributions ; il eut soin d'avoir toujours des greniers d'abondance bien garnis, et ne fut jamais pris au dépourvu par les années de disette ; il fit des règlements d'une grande sagesse, contre les voleurs, les brigands, les joueurs, les mœurs déréglées, On prétend même que le fameux *Chang-yang* 商鞅 de *Ts'in* 秦 n'a fait que copier ces lois si favorables au bonheur du peuple ; mais il faut nous défier de ces affirmations ; car les lettrés ont un parti pris de dénigrer tous ceux qui ont contribué à la grandeur de Ts'in.

(1) On raconte beaucoup de traits édifiants sur Wen-heou ; tous plus ou moins historiques, bien entendu ; en voici deux : Etant un jour à boire et à s'amuser avec ses amis, tout-à-coup il ordonna d'atteler son char, pour aller à la chasse, malgré la pluie qui aurait dû l'empêcher de partir : J'ai fixé ce jour, dit-il, et mes intendants m'attendent ; ainsi le devoir m'oblige à quitter votre compagnie, malgré le regret que j'en éprouve.

Une autre fois, il refusa des troupes auxiliaires aux deux rois de *Han* 韓 et de *Tchao* 趙, ses deux collègues, qui voulaient se faire la guerre : nous sommes frères, leur dit-il ; je ne puis vous aider à vous détruire mutuellement. Ainsi gagna-t-il l'estime de tout le monde ; princes et peuple le révéraient à l'envi.

En 403, il recevait l'investiture de prince féodal de l'empire, étant non-seulement l'égal de son ancien suzerain, le roi de *Tsin* 晉, mais même son maître et l'arbitre de sa précaire existence ; d'accord avec ses deux collègues, Han et Tchao, il lui laissait encore quelques années de vie.

En 401, une armée de *Ts'in* 秦 faisait invasion sur le territoire de Wei, et pénétrait jusqu'à *Yang-hou* 陽狐 (2) ; elle se retira sans doute à l'arrivée de Wen-heou ; car il était connu comme grand capitaine ; et, à cette époque, on s'esquivait quand il n'y avait rien à espérer, surtout quand il y avait à craindre.

En 400, les armées réunies des trois collègues, Han, Wei et Tchao, envahissaient à leur tour le pays de *Tch'ou* 楚, mais aussi

---

(1) *Se-ma Koang* 司馬光, vol. 1, p. p. 12 et suiv.., a encore d'autres anecdotes, qui célèbrent Wen-heou a l'égal des «anciens saints».

(2) Yang-hou, qu'on écrit aussi 陽胡 : était à 20 li sud-est de *Yuen-k'iu hien* 垣曲縣, qui est à 230 li sud-est de *Kiang tcheou* 絳州, Chan-si. (*Petite géogr., vol. 8, p. 45*) — (*Grande, vol. 41, p. 43*).

sans grand résultat; on se contenta probablement de faire quelques bonnes razzias.

En 393, Wen-heou faisait la guerre au prince de *Tcheng* 鄭, fortifiait la ville de *Soan-tsao* 酸棗 (1), puis battait l'armée de *Ts'in* 秦 près de la ville de *Tchou* 注 (2); c'était donc une année bien remplie.

En 390, le roi de *Ts'i* 齊 lui enlevait *Siang-ling* 襄陵 (3).

En 389, le roi de *Ts'in* 秦 se vengeait en lui prenant à l'improviste *Yng-tsin* 陰晉 (4). Cette même année, le roi de *Ts'i* 齊, usurpateur du trône, avait une entrevue à *Tchouo-tche* 濁澤, avec *Wen-heou* 文侯 ainsi que les ambassadeurs de *Tch'ou* 楚 et de *Wei* 衛; il s'agissait d'obtenir de l'empereur la ratification officielle de l'usurpation; Wen-heou unit son intercession à celle des autres états, et la grâce fut accordée.

En 387, une armée de Wei attaquait le pays de *Ts'in* 秦; mais elle était vaincue près de *Ou-hia* 武下 (5), et le général *Che* 讖 était fait prisonnier.

Cette même année, Wen-heou mourait après un règne long et heureux; son fils *Ki* 擊 lui succéda sur le trône, et nous allons l'y étudier sous le nom de *Ou-heou* 武侯 (6).

---

(1) Soan-tsao: était à 15 li au nord de *Yen-tsing hien* 延津縣, qui est à 70 li au sud de *Wei-hoei fou* 衛輝府, Ho-nan. *(Petite géogr., vol. 12, p. 22)* — *(Grande, vol. 47, p. 28)*.

(2) Tchou: était à 45 li à l'ouest de *Jou tcheou* 汝州, Ho-nan. *(Petite géogr., vol. 12, p 62)* — *(Grande, vol. 51, p. 35)*.

(3) Siang-ling: était à 25 li à l'est de *Siang-ling hien* 襄陵縣, qui est à 30 li sud-ouest de sa préfecture *P'ing-yang fou* 平陽府, Chan-si. *(Petite géogr., vol. 8, p. 8)* — *(Grande, vol. 41, p. 6)*.

(4) Yng-tsin: était à 5 li sud-est de *Hoa-yng hien* 華陰縣, qui est à 160 li au sud de sa préfecture *T'ong-tcheou fou* 同州府, Chen-si. *(Petite géogr., vol. 14, p. 21)* — *(Grande, vol. 54, p. 4)*.

Tchouo-tche: étang, un peu à l'est de *Kiai tcheou* 解州, Chan-si. *(Petite géogr.. vol. 8, p. 41)* — *(Grande, vol. 41, p. 29)*.

(5) Ou-hia: appelée aussi *Ou-tch'eng* 武城, était à 13 li nord-est de *Hoa tcheou* 華州, Chen-si. *(Petite géogr., vol. 14, p. 21)* — *(Grande, vol. 54, p. 2)*.

(6) Le tombeau de Wen-heou: est à 5 li à l'ouest de *Hiao-i hien* 孝義縣, qui est à 35 li au sud de sa préfecture *Fen-tcheou fou* 汾州府, Chan-si. *(Annales du Chan-si*, 山西全通志, *vol. 56, p. 28)*.

Le tombeau de Toan-kan-mou: est à 25 li nord-est de la même préfecture. Ce sage lettré, maître et conseiller de Wen-heou, était un «saint solitaire», retiré dans un humble village, tout entier à la vertu et aux livres; il avait refusé toutes les dignités, surtout celle de premier ministre, et en dépit des instances de Wen-heou. Bref, c'est le parfait modèle d'un lettré. *(Liu-pou-wei* 呂不韋*)* — *(Hoai-nan-tse* 淮南子*)*.

## OU-HEOU (386-371)

## 武 侯

—·—·—+·翼·—·—·—

Le nom posthume ou historique de ce prince, Ou, a cinq significations toutes élogieuses ; par exemple : *guerrier intrépide, caractère ferme et droit* (1).

Il s'était toujours montré digne fils de son père, dont il était aimé, et qu'il chérissait tendrement ; chargé de gouverner le pays de *Tchong-chan* 中 山 (ou Sien-yu 鮮 虞), nouvellement annexé, il s'y appliqua avec tant de soin, qu'il se priva pendant trois ans, du plaisir de venir saluer son père ; il envoyait à sa place le sage lettré *Tchao-tsang-t'ang* 趙 倉 唐, son conseiller intime, lui confiant à chaque fois des cadeaux précieux, qui montraient toute la délicatesse de sa piété filiale. Ce lettré les rendait encore plus agréables, par les récits qu'il ajoutait à la louange du jeune gouverneur. Ravi d'avoir un fils si attentif, le père voulut désormais l'avoir auprès de soi, et confia le pays de Tchong-chan à son cadet, le prince *Tche* 摯.

Le nouveau souverain choisit pour premier ministre le sage *T'ien-wen* 田 文 ; le fameux capitaine *Ou-h'i* 吳 起 en fut fort mécontent, vu qu'il s'attendait à recevoir lui-même cette dignité ; il en querella ouvertement son heureux rival : comparons nos mérites réciproques, lui dit-il, et voyons, s'il vous plaît, qui de nous deux méritait cette charge. — Volontiers, répondit le ministre ; commencez !

Conduire nos troupes, et les enflammer, au point qu'elles aillent à la mort avec joie, et déjouer ainsi tous les plans de l'ennemi ; qui de nous deux en est le plus capable ? — Sur ce point, je vous cède la palme.

Choisir de bons officiers, de bons gouverneurs, gagner le cœur des populations, entasser l'argent et les provisions dans nos dépôts ; qui de nous deux en est plus capable ? — Sur cela encore, vous me surpassez.

J'ai gouverné la province au delà du Fleuve Jaune ; j'y ai tenu en respect le roi de *Ts'in* 秦 ; j'ai amené les princes de *Han* 韓 et de *Tchao* 趙 à rechercher notre amitié ; auriez-vous été capable d'en faire autant ? — Je l'avoue, je n'aurais pu obtenir de tels succès.

(1) Texte de l'interprétation : 剛 強 直 理 曰 武

Ainsi donc, sous ces trois points de vue, vous ne m'égalez pas; pourquoi vous a-t-on accordé une dignité supérieure à la mienne?

Notre prince est nouveau, répondit T'ien-wen, le trône mal affermi; bon nombre de hauts dignitaires ne sont pas encore gagnés au récent état de choses; il y a des ferments de révolution parmi le peuple; en pareilles circonstances, êtes-vous l'homme qu'il faut, pour tenir les rênes du gouvernement?

Ou-k'i resta silencieux; après quelques moments de réflexion: Oui, dit-il, vous avez raison; pour un office pareil, vous êtes plus apte que moi. — Hé-bien, reprit T'ien-wen, c'est pour ce motif qu'on m'a préféré à vous.

Le nouveau ministre ne jouit pas longtemps de sa dignité; à sa mort, il eut pour successeur *Kong-chou* 公 叔, prince de la famille royale de Han; Ou-k'i se voyait encore une fois évincé.

Un des officiers de Kong-chou proposa un stratagème peu guerrier, pour écarter un compétiteur si gênant: Ou-k'i, dit-il, est inaccessible à l'argent; mais il est extrêmement chatouilleux sur le point d'honneur; il faut le ruiner par ce côté-là; voici quel serait mon plan: Ou-k'i étant un homme si éminent, peut-être pense-t-il sortir de notre petit pays, pour se rendre au grand royaume de *Ts'in* 秦, où il serait reçu avec joie; proposez à notre souverain de le retenir ici en lui offrant une princesse pour épouse; s'il l'accepte, c'est qu'il veut rester ici, et notre souverain continuera, comme par le passé, à lui accorder sa confiance; il faut donc faire en sorte qu'il refuse, et paraisse ainsi vouloir nous quitter; ce qui le ruinera dans l'affection de notre roi.

Pour obtenir ce dernier résultat, un moyen bien simple est celui-ci: votre Excellence s'offrira comme entremetteur du mariage; il lui sera facile de fâcher la princesse et de se faire injurier par elle; Ou-k'i étant si susceptible, et voyant le premier ministre, son entremetteur, ainsi maltraité par la princesse, ne voudra plus la recevoir, et le tour sera joué.

Cette vilenie fut exécutée de point en point, et le résultat obtenu; Ou-heou, qui ne se doutait de rien, commença dès lors à soupçonner son grand capitaine, quoique ce fût à grand regret. De son côté, Ou-k'i s'aperçut bien vite du changement survenu dans les dispositions du souverain à son égard; pour échapper à toute éventualité, il s'enfuit au royaume de *Tch'ou* 楚; il y fut nommé premier ministre, en 387; il y eut beaucoup d'influence et de succès; mais à la mort du roi *Tao* 悼 son protecteur, en 381, il fut ignominieusement massacré, sur le cercueil même de ce prince, dans une révolution de palais.

En 386, au pays de *Tchao* 趙, le prince *Kong-tse-tch'ao* 公 子 朝 se révoltait contre le nouveau roi *Tsin* 晉, son cousin, qu'il voulait supplanter sur le trône; n'ayant pas réussi, ce rebelle se retira à la cour de Wei, où il fut honorablement reçu; il y intrigua si habilement qu'il en obtint une armée, pour revendiquer ses prétendus droits; il mit le siége devant *Han-lan* 邯鄲, la future capitale; mais *Ou-k'i* 吳起 n'était plus là, pour le seconder par ses habiles stratagèmes; aussi fut-il vaincu, et dût s'en revenir piteusement à la cour de Wei; après quoi, on ne sait ce qu'il devint; il disparaît de l'histoire.

En 385, Ou-heou fortifiait *Ngan-i* 安邑 et *Wang-yuen* 王垣(1).

En 384, aidé par les troupes de *Tchao* 趙, il remportait une grande victoire à *Ling-k'iou* 廩邱 (2), sur le roi de *Ts'i* 齊.

En 383, grande victoire encore, sur l'armée de *Tchao* 趙 elle-même, auprès de la fameuse tour appelée *T'ou-tai* 兔臺, ou "du lièvre" (3).

En 382, nouvelle campagne contre Tchao, pour secourir la principauté de *Wei* 衛; avec l'aide des troupes de *Ts'i* 齊, on s'empara de *Kang-p'ing* 剛平 (4).

En 381, Tchao aidé de *Tch'ou* 楚, prenait sa revanche, et enlevait la ville de *Ki-p'ou* 棘蒲 (5).

En 380, les armées réunies de Han, Wei et Tchao battaient les troupes de *Ts'i* 齊 à *Sang-k'iou* 桑丘 (6), et forçaient le roi à restituer les conquêtes qu'il venait de faire sur le pays de *Yen* 燕.

En 379, une armée de Tchao battait celle de Wei, et s'emparait de *Hoang-tch'eng* 黃城 (7).

---

(1) Ngan-i : *(voyez ci-dessus, notes préliminaires).*

Wang-yuen : était à 20 li nord-ouest de *Yuen-k'iu hien* 垣曲縣, qui est à 230 li sud-est de *Kiang tcheou* 絳州, Chan-si. *(Petite géogr., vol. 8, p. 45)* — *(Grande, vol 41, p. 42).*

(2) Ling-k'iou : il y a plusieurs villes de ce nom : celle-ci était un peu au sud-est de *Fan hien* 范縣, qui est à 160 li au nord de sa préfecture *Ts'ao-tcheou fou* 曹州府, Chan-tong. *(Petite géogr., vol. 10, p. 19)* — *(Grande, vol. 34, p. 22).*

(3) T'ou-tai : cette tour, avec la maison de plaisance, était un peu à l'ouest de *Tch'eng-ngan hien* 成安縣, qui est à 60 li au sud de sa préfecture *Koang-p'ing fou* 廣平府, Tche-li. *(Grande géogr., vol. 15, p. 25).*

(4) Kang-p'ing : était un peu au sud-ouest de *Ts'ing-fong hien* 清豐縣, qui est à 90 li sud-est de sa préfecture *Ta-ming fou* 大名府, Tche-li. *(Grande géogr., vol. 16, p. 15).*

(5) Ki-p'ou : c'est *Tchao tcheou* 趙州, Tche-li. *(Petite géogr., vol. 2, p. 67)* — *(Grande, vol. 14, p. 46).*

(6) Sang-k'iou : nous l'avons vu, était un peu au sud-ouest de *Ngan-sou hien* 安肅縣, qui est à 60 li au nord de sa préfecture *Pao-ting fou* 保定府, Tche-li. *(Petite géogr., vol. 2, p. 21)* — *(Grande, vol. 12, p. 7).*

(7) Hoang-tch'eng : était un peu au sud de *Koan hien* 冠縣, qui est à 100 li sud-ouest de sa préfecture *Tong-tchang fou* 東昌府, Chan-tong. *(Petite géogr., vol. 10, p. 21)* — *(Grande, vol. 34, p. 8).*

En 378, les troupes de Wei se voyaient encore vaincues, dans une grande bataille, par les Tartares *Ti* 狄, auprès de la montagne *Koei* 澮 (1). Dans le courant de cette même année, Han, Wei et Tchao recommençaient une campagne, contre le pays de *Ts'i* 齊 en révolution, et s'avançaient jusqu'à *Ling-k'iou* 靈邱 (2).

En 376, Ou-heou, d'accord avec ses deux collègues Han et Tchao, met fin au royaume de *Tsin* 晉, et réduit son ancien suzerain à l'état de simple particulier.

En 373, plusieurs états attaquant celui de *Ts'i* 齊, Ou-heou en fait autant, et s'avance jusqu'à *Pouo-ling* 博陵 (3).

En 372, son armée remporte une grande victoire, sur celle de Tchao, à *Pé-ling* 北蘭 (4).

En 371, encore grande victoire sur les troupes de *Tch'ou* 楚, et prise de *Lou-yang* 魯陽 (5). Cette même année, mort de Ou-heou, dont le règne a été en bonne partie occupé par la guerre ; comme il n'a pas désigné son successeur, il y a des compétitions parmi les princes de la famille ; finalement, c'est son fils-aîné *Yng* 罃 qui monte sur le trône.

---

(1) Koei-kao-chan : cette montagne est à 15 li au sud de *I-tch'eng hien* 翼城縣, qui est à 130 li sud-est de sa préfecture *P'ing-yang fou* 平陽府, Chan-si. *(Petite géogr., vol. 8, p. 10.)* — *(Grande, vol. 41, p. 13)*.

(2) Ling-k'iou : nous venons d'en voir une autre d'une écriture différente. Celle-ci était à 40 li nord-est de *Pouo-p'ing hien* 博平縣, qui est à 40 li nord-est de sa préfecture Tong-tchang fou. (ci-dessus). *(Petite géogr., vol. 10, p. 21)* — *(Grande, vol. 34, p. 5)*.

(3) Pouo-ling : appelée plus tard *Pouo-p'ing* 博平, était à 30 li nord-ouest de Pouo-p'ing hien : (suprà). *(Grande géogr., vol. 34, p. 5)*.

(4) Pé-ling : ou simplement Ling, était un peu à l'ouest de *Yong-ning hien* 永寧縣, qui est à 160 li nord-ouest de sa préfecture *Fenn-tcheou fou* 汾州府, Chan-si. *(Petite géogr., vol. 8, p. 18)* — *(Grande, vol. 42, p. 12)*.

Ce pays tartare avait été conquis par le roi de Tchao.

(5) Lou-yang : c'est *Lou-chan hien* 魯山縣, qui est à 120 li sud-ouest de *Jou tcheou* 汝州, Ho-nan. *(Petite géogr., vol. 12, p. 62)* — *(Grande, vol. 51, p. 38)*.

# HOEI-WANG (370-319)

# 惠 王

--+=|=·|=+--

Le nouveau souverain est un des plus célèbres ; c'est de lui dont il est si souvent parlé dans les discours de *Mong-tse* 孟 子, sous le nom de *Leang Hoei-wang* 梁 惠 王, ou Hoei, roi de Leang, parceque Ta-leang était la capitale de son pays. Le titre de *Wang* 王 (roi) lui est donné officiellement dans son nom posthume, parce qu'il l'avait pris lui-même, de son vivant. Nous avons déjà indiqué les sens élogieux de Hoei, c'est-à-dire *débonnaire, bienfaiteur de son peuple* (1).

En 370, il eut à subir des combats contre son frère *Kong-tchong-wan* 公 中 緩, qui voulait absolument le supplanter ; sa position devint critique au plus haut point ; car à la guerre civile s'ajoutèrent les attaques extérieures.

En effet, *Kong-suen-hi* 公 孫 頎, prince de la famille royale de Han, pressait sa cour avec celle de Tchao et de *Song* 宋, de profiter des troubles de Wei pour abattre ce pays : le prince *Yng* 罃, disait-il, a su gagner à son parti le puissant seigneur *Wang-ts'o* 王 錯 ; il s'est emparé de *Chang-tang* 上 黨, et ainsi le voilà maître d'une bonne moitié de son royaume ; tâchons de la lui enlever ; le reste, qui est aux mains de son frère, tombera encore plus facilement en notre pouvoir.

On intrigua si bien que le seigneur Wang-ts'o abandonna son maître, s'enfuit à la cour de Han, et fit cause commune avec elle. Bientôt les troupes réunies de Han et de Tchao se présentaient devant la capitale, et mettaient le pays à deux doigts de sa perte ; mais les deux vainqueurs n'ayant pu s'entendre sur le parti à tirer de leurs succès, se retirèrent l'un après l'autre ; le prince *Yng* 罃, sauvé de ce péril, réussit à prendre son frère, le fit mettre à mort, et régna désormais sans opposition.

En 369, il se vengeait de *Tchao* 趙 à la bataille de *Hoai* 懷 ; puis de *Han* 韓, à celle de *Ma-ling* 馬 陵 (2).

---

(1) Texte de l'interprétation : 柔 質 慈 民 曰 惠

(2) Hoai : était à 11 li sud-ouest de *Ou-tche hien* 武 陟 縣, qui est à 100 li à l'est de sa préfecture *Hoai-k'ing fou* 懷 慶 府, Ho-nan. *(Petite géogr., vol. 12, p. 28)* — *(Grande, vol. 49, p. 11).*

Ma-ling : était un peu au sud-est de *Ta-ming fou* 大 名 府, Tche-li. *(Petite géogr., vol. 2, p. 52)* — *(Grande, vol. 16, p. 5).*

En 368, le roi de *Ts'i* 齊 lui enlevait *Koan-tsing* 觀津 (1), la capitale de l'ancienne petite principauté de Koan.

En 366, Hoei-wang avait une entrevue amicale à *Tche-yang* 宅陽, avec son rival de Han ; avec lui aussi il subissait une grande défaite, de la part de *Hien-kong* 獻公, roi de *Ts'in* 秦, sous les murs de *Lo-yang* 洛陽, capitale de l'empereur (2).

En 365, il prenait la ville de *I-tai* 儀臺 (3) sur le royaume de *Song* 宋.

En 364, Han avec Wei et Tchao perdaient la sanglante bataille de *Che-menn* 石門, où le terrible Hien-kong fit couper la tête à soixante-mille hommes ; *Hoei-wang* allait encore subir un désastre semblable, à *Che-ngo* 石阿 (4), s'il n'avait été sauvé par l'armée de Tchao.

En 363, Hoei-wang allait perdre la ville de *Chao-leang* 少梁 (5), attaquée par le même roi de *Ts'in* 秦, quand il fut de nouveau sauvé par les troupes de Tchao.

En 362, revirement non expliqué par l'historien, *Kong-chou-ts'ouo* 公叔座, prince-héritier de Wei, battait les deux armées réunies de Han et de *Tchao*, sur les bords de la rivière *Koei* 澮 (6). Le lecteur a déjà remarqué bien des fois ces volte-faces subites, dans l'histoire de Han ; nous en aurons continuellement de nouveaux exemples, dans les récits qui suivront ; la plupart du temps, l'auteur ne nous en donnera pas les motifs. Peut-être n'y en avait-il qu'un, très-évident ; à savoir, la jalousie des trois états rivaux ; unis un moment, pour résister à un péril commun, ils se retournaient aussitôt l'un contre l'autre, pour s'entre détruire ; comme il arrive souvent aux fils d'une même famille, entre lesquels la paix est impossible.

---

(1) Koan-tsing : était un peu à l'ouest de *Koan-tch'eng hien* 觀城縣, qui est à 70 li nord-ouest de sa préfecture *Ts'ao-tcheou fou* 曹州府, Chan-tong. *(Petite géogr., vol. 10, p. 19)* — *(Grande, vol. 34, p. 23)*.

(2) Tche-yang : était à 17 li à l'est de *Yong-yang hien* 榮陽縣, qui est à 200 li à l'ouest de sa préfecture *K'ai-fong fou* 開封府, Ho-nan. *(Petite géogr., vol. 12, p. 8)* — *(Grande, vol. 47, p. 57)*.

Lo-yang : était à 20 li nord-est de *Lo-yang fou* 洛陽府, Ho-nan. *(Grande géogr., vol. 48, p. 9)*.

(3) I-tai : était un peu au sud-ouest de *Ning-ling hien* 寧陵縣, qui est à 60 li à l'ouest de sa préfecture *Koei-te fou* 歸德府, Ho-nan. *(Petite géogr., vol. 12, p. 13)* — *(Grande, vol. 50, p. 8)*.

(4) Che-menn : *(voyez la note, dans l'histoire de Han, année 364)*.

Che-ngo : était à 100 li au nord de *Hien tcheou* 隰州, Chan-si. *(Petite géogr., vol. 8, p 46)* — *(Grande, vol. 44, p. 53)*.

(5) Chao-leang : *(voyez ci-dessus, année 419)*.

(6) Koei : cette rivière coule à 40 li sud-est de *Kiang tcheou* 絳州, Chan-si. *(Grande géogr., vol. 41, p. 39)*.

Revenons à notre récit : le prince-héritier avait eu la chance de faire prisonnier le général Yo-tso 樂祉 ; Hoei-wang était si content de son fils, qu'il alla au devant de lui jusqu'à la frontière, pour le féliciter ; en récompense, il lui donna en cadeau un million d'arpents de terre.

Le jeune généralissime refusa tout confus ; il se prosterna deux fois, le front dans la poussière, et dit au roi : si nos officiers et soldats se sont montrés si intrépides, sans être émus par la mort de leurs compagnons, nous le devons aux instructions que nous a laissées le grand capitaine Ou-k'i 吳起.

Etudier d'avance le champ de bataille, avec ses avantages et ses difficultés ; calculer les chances du succès, l'assurer par des mesures de prudence ; bien préciser le but à atteindre par chaque corps d'armée ; inspirer aux troupes une confiance absolue envers leur chef ; tels sont les mérites éminents des deux généraux Pa-ning 巴寧 et Ts'oan-siang 爨襄.

Publier les récompenses promises aux actions d'éclat, les châtiments réservés aux lâches et aux négligents, nous le devons à la haute sagesse de votre Majesté. Le seul mérite de votre humble serviteur, a été de choisir le bon moment pour tomber sur l'ennemi ; puis de battre le tambour sans relâche, pour faire avancer les troupes ; voilà tout.

Hoei-wang louangea cette extrême humilité de son fils ; puis il ordonna de rechercher les descendants du fameux Ou-k'i et de leur distribuer deux-cent-mille arpents de terre ; les deux généraux Pa-ning et Ts'ouan-siang en reçurent chacun cent mille.

Hoei-wang ravi de la belle conduite du prince-héritier, disait à son entourage : après avoir remporté une si brillante victoire, il en a attribué tout le mérite aux autres ; il m'a fait souvenir d'un homme éminent qui avait illustré notre pays ; il a glorifié ses deux collègues ; je veux le récompenser de nouveau pour sa vertu ; et il ajouta encore quatre-cent-mille arpents à son cadeau.

Cette grande gloire fut bientôt obscurcie par un échec humiliant : cette même année, le roi de Ts'in 秦 envoyait une armée, sous les ordres du seigneur Kouo 國 (1) envahir le territoire de Chao-leang 少梁 ; cette ville fut prise, avec celle de P'ang 龐, et le prince-héritier fut fait prisonnier.

Cette même année encore (d'autres disent en 361), les troupes de Wei battaient celles de Tchao 趙, sur les bords de la rivière Koei 澮, et prenaient la ville de P'i-lao 皮牢 (2).

_____

(1) Ce seigneur avait le grade de Chou-tchang 庶長 (Voyez nos notes sur les dignités, au royaume de Ts'in).

P'ang : était un peu au sud-est de Han-tch'eng hien 韓城縣, qui est à 220 li nord-est de sa préfecture T'ong-tcheou fou 同州府, Chen-si. (Petite géogr. vol. 14, p. 19) — (Grande, vol. 54, p. 24).

(2) P'i-lao : était un peu au nord-est de I-tch'eng hien 翼城縣, qui est à 130 li sud-est de sa préfecture P'ing-yang fou 平陽府, Chan-si. (Petite géogr. vol. 8, p. 10) — (Grande, vol. 41, p. 13).

En 360, l'historien relate la chute d'une étoile, en plein jour, et avec grand fracas du ciel. Si le fait est exact, comme il le semble, il s'agit sans doute d'un aérolithe, tombé en quelque endroit du pays de Wei ; l'anecdote est seulement exprimée en termes enfantins.

Dans l'histoire de *Ts'in* 秦, nous avons raconté comment le génie-lettré *Wei-yang* 衛鞅, de la famille royale de *Wei* 衛, était venu offrir ses services au prince-héritier *Kong-chou-ts'ouo* 公叔座 : celui-ci n'avait pas eu l'occasion de lui donner une charge digne de ses talents ; étant tombé gravement malade, il dit au roi son père : nommez Wei-yang ministre, à ma place, malgré sa jeunesse ; ou bien mettez-le à mort ; car si un tel génie s'en va chez un autre prince, il vous causera le plus grand mal.

Hoei-wang ne fit ni l'une ni l'autre de ces deux choses, croyant que son fils déraisonnait. Wei-yang s'en alla donc à la cour de Ts'in, y devint premier-ministre, fit la grandeur de ce pays, et causa de grandes calamités aux voisins, surtout à l'état de Wei qui l'avait dédaigné.

Cette même année, les princes de Han, de *Lou* 魯, de *Song* 宋 et de *Wei* 衛 étant venus ensemble pour une visite amicale, Hoei-wang leur donna un festin solennel, sur la fameuse tour appelée *Fan-tai* 范臺 (1) ; le repas est resté célèbre dans les annales de la Chine. Après avoir bien mangé, et bu mieux encore, on passa ensemble une longue récréation ; Hoei-wang invita le duc de Lou à dire quelques joyeusetés ; celui-ci, la fine fleur des princes chinois, lui dont le pays était la terre classique de la vertu, profita de l'occasion, pour servir à son hôte une bonne leçon ; la voici en abrégé : Votre Majesté nous a servi des vins délicieux — des mets exquis — sur une tour au site ravissant — où résident deux concubines séduisantes ; or, d'après les anciens sages, une seule de ces quatre choses suffit à perdre un état ; que sera-ce de leur réunion ? (2)

Cette même année encore, aidé des troupes de *Tchao* 趙, Hoei-wang faisait une campagne contre le pays de *Ts'i* 齊 ; c'est tout ce qu'on en sait.

En 359, d'accord avec ses deux collègues Han et Tchao, il transférait à *Toan-che* 端氏 (3) son ancien suzerain, le roi de Tsin, en attendant le moment de s'en défaire définitivement.

---

(1) *Fan-tai* : cette tour est inconnue. Ce chef-d'œuvre littéraire est traduit, dans Zottoli vol. IV p. 193,

(2) La pièce de littérature est traduite en entier dans Zottoli, IV, p. 192 — Voir aussi *Se-ma koang* 司馬光, vol. 2, p. 4.

(3) *Toan-che* : était à 90 li à l'est de *Ts'in-chouei hien* 沁水縣, qui est à 120 li à l'ouest de sa préfecture *Tche-tcheou fou* 澤州府, Chan-si. (*Petite géogr.*, vol. 8, p. 28) — (*Grande*, vol. 43, p. 8).

En 358, Hoei-wang rencontrait par hasard son collègue Tchao, à *Ko-gnié* 葛孽 (1).

En 357, il avait une entrevue amicale avec son collègue Han, à *Hao* 郜 (2).

En 355, entrevue avec le roi de *Ts'in* 秦, à *Tou-p'ing* 杜平 (3). Cette même année, nouvelle entrevue, avec le roi de *Ts'i* 齊, à *Kiao* 郊 (4), où il reçut encore une bonne leçon rapportée de la façon suivante : Il avait demandé à son hôte si son royaume possédait quelque trésor, quelque joyau insigne ; celui-ci lui répondit humblement : nous n'avons chez nous ni perles précieuses extraordinaires, ni autres trésors ; il y a seulement de fidèles sujets, heureux de se dévouer au service de l'état. Hoei-wang fut tout honteux d'avoir montré de l'estime pour ces bagatelles appelées joyaux ; au lieu de s'occuper à entasser de la vertu, seul trésor des anciens «saints». Encore une de ces belles phrases, où messieurs les lettrés prêchent si bien, et pratiquent si peu !

Cette même année enfin, Hoei-wang faisait à son collègue de Tchao un grand cadeau de bois précieux, pour la construction de sa fameuse tour appelée *T'an-tai* 檀臺 (5) ; gage d'une amitié bien éphémère, puisque l'année suivante il lui fera une guerre à mort.

En 354, vaincu dans une grande bataille, à *Yuen-li* 元里 (6), par le roi de *Ts'in* 秦, il perdait définitivement la contrée de *Chao-leang* 少梁, dont nous avons parlé plusieurs fois déjà ; située à l'ouest du Fleuve Jaune, elle était difficile à conserver par l'état de Wei ; elle était quasi partie intégrante du royaume de Ts'in, et devait fatalement lui être annexée tôt ou tard, et devenir sa frontière naturelle au bord du fleuve.

---

(1) Ko-gnié était un peu à l'ouest de *Fei-hiang hien* 肥鄉縣, qui est à 40 l au sud de sa préfecture *Koang-p'in fou* 廣平府, Tche-li. *(Grande géogr., vol. 15, p 21).*

(2) Hao : *(Voyez au royaume de Han, même année).*

(3) Tou-p'ing : n'était pas une ville, mais plutôt un château royal de plaisance ; il était près de *Teng-tch'eng hien* 澄城縣, qui est à 120 li au nord de sa préfecture *T'ong-tcheou fou* 同州府, Chen-si. *(Grande géogr., vol. 54, p. 26).*

(4) Kiao : écrit encore 浚, était sur le bord de la rivière de ce nom, un peu au sud de *Ling-pi hien* 靈璧縣, qui est à 120 li nord-ouest de sa préfecture *Fong-yang fou* 鳳陽府, Ngan-hoei. *(Petite géogr., vol. 6, p. 29) — (Grande, vol. 21. p. 52).*

(5) T'an-tai : était au sud-ouest de *Choen-te fou* 順德府, Tche-li. *(Grande géogr., vol. 15, p. 5).*

(6) Yuen-li : était un peu au nord-est de *T'ong-tcheou fou*. Le roi de Ts'ing n'y coupa que sept mille têtes ; c'était sans doute pour s'entretenir seulement la main. *(Petite géogr., vol. 14, p. 17) — (Grande, vol. 54, p. 18).*

Hoei-wang cherchait à se compenser de cette amputation, en prenant l'équivalent à son soi-disant ami de *Tchao* 趙 ; il battit son armée et assiégea sa ville de *Han-tan* 邯 鄲 ; celle-ci eût peut-être succombé, si elle n'eût été secourue par les troupes de *Tch'ou* 楚 et de *Ts'i* 齊 ; pour le moment, il fallut renoncer au fruit de la victoire, et attendre un peu.

En 353, Hoei-wang revenait à la charge, et s'emparait de cette future capitale ; mais une armée de *Ts'i* 齊 lui infligea d'abord une grande défaite à *Koei-ling* 桂 陵 (1).

Ensuite, en 352, les troupes de *Ts'in* 秦 et celles de plusieurs autres états envahirent son territoire, pour le forcer à lâcher sa proie ; elles mirent le siège devant *Siang-ling* 襄 陵 (2) ; mais au lieu de céder, Hoei-wang construisit la grande muraille dont nous avons donné une brève description dans les notes préliminaires ; elle était surtout destinée à arrêter les entreprises du roi de Ts'in, qui menaçait toutes les provinces situées à l'ouest du Fleuve Jaune.

Enfin, en 351, le ministre *Wei-yang* 衛 鞅, que le lecteur n'a pas oublié, amenait lui-même une nouvelle armée de Ts'in, et prenait la ville de *Kou-yang* 固 陽 (3) ; cette fois, il n'y avait plus moyen de résister ; Hoei-wang consentit à rendre la fameuse Han-tan, et fit un traité de paix avec son collègue *Tchao* 趙, sur les bords de la rivière *Tchang* 漳 水 (4).

En 350, entrevue amicale avec le roi de *Ts'in* 秦, à *T'ong* 彤 (5).

En 349, Hoei-wang lui accorde la permission de passer, avec ses troupes, à travers le territoire de Wei, pour aller guerroyer contre le pays de *Ts'i* 齊 ; l'état de Han commit aussi la même imprudence, comme nous l'avons noté à cette même année. D'ailleurs, il n'y eut aucune bataille dans cette expédition ; les deux ennemis s'étant réconciliés avant d'en venir aux mains.

---

(1) Koei-ling : était à 50 li nord-ouest de *Ts'ao hien* 曹 縣, qui est à 120 li sud-est de sa préfecture *Ts'ao-tcheou fou* 曹 州 府, Chan-tong. *(Petite géogr., vol. 10, p. 17)* — *(Grande, vol. 33, p. 29)*.

(2) Siang-ling : était à 25 li à l'est de *Siang-ling hien* 襄 陵 縣, qui est à 30 li sud-ouest de sa préfecture *P'ing-yang fou* 平 陽 府, Chan-si. *(Petite géogr., vol. 8, p. 8)* — *(Grande, vol. 41, p. 6)*.

(3) Kou-yang : était près de l'ancienne ville *Chen tcheou* 勝 州, qui est à 450 li nord-est de sa préfecture *Yu-ling fou* 榆 林 府, Chen-si, *comme nous l'avons déjà dit*.

(4) La rivière Tchang : coule à 40 li au nord de *Tchang-te fou* 彰 德 府, Ho-nan. *(Petite géogr., vol. 12, p. 16)* — *(Grande, vol. 49, p. 32)*.

(5) T'ong : était un peu au sud-ouest de *Hoa tcheou* 華 州, Chen-si. *(Grande géogr., vol. 54, p. 3)*.

En 343, ce même roi de *Ts'in* 秦, nommé officiellement chef des vassaux, recevait les hommages de tous ses subordonnés, au bord du lac *Fong-tche* 逢 澤 (1) ; après quoi il les conduisit, escortés de son armée, jusqu'à la capitale de l'empereur, soi-disant pour remercier celui-ci, de la grâce qu'il venait de leur accorder. Démarche bien forcée, car à peu près personne n'acceptait de bon cœur ce nouveau maître, qui s'imposait à tous, et rêvait leur anéantissement à son profit.

Cette même année, Hoei-wang prenait pour premier-ministre le prince de *Tchong-chan* 中 山 (ou Sien-yu 鮮 虞) ; nous avons vu, en 408, ce petit état annexé par *Wen-heou* 文 侯, et confié au gouvernement de son fils, le prince-héritier ; ensuite les choses avaient été rétablies selon l'ancien système, au dire de *Se-ma Ts'ien* 司 馬 遷 et de son commentaire.

Quant à cette nomination elle-même, elle nous surprend peu; nous avons vu tant de fois des étrangers devenir ministres des pays où ils s'étaient réfugiés ; pareille chose serait impossible de nos jours ; mais si nous voulons rechercher les raisons de cette ancienne manière d'agir, les historiens ne nous donnent qu'une seule réponse : on choisissait pour ce poste les hommes les plus capables ; voilà tout.

Cette année encore, l'armée de Wei était battue à *Cheou-yuen* 首 垣 (2), par celle de *Tchao* 趙, sous les ordres du prince *Kong-tse-k'o* 公 子 克.

En 341, Hoei-wang attaquait son collègue de Han ; celui-ci invoqua le secours du roi de *Ts'i* 齊, qui lui envoya son fameux capitaine *Suen-tse* 孫 子, digne émule de *Ou-k'i* 吳 起, et dont nous avons déjà dit un mot en passant. Voici l'un des mille « stratagèmes » inventés par ce grand guerrier : Le premier jour de votre entrée sur le territoire de Wei, disait-il au généralissime, faites établir cent mille fourneaux, pour cuire le riz des soldats ; le deuxième jour, seulement cinquante mille ; le troisième, vingt mille ; l'ennemi croira que votre armée a pris la fuite, en grande partie, et qu'il vous reste peu d'hommes.

*P'ang-kiuen* 龐 涓, le généralissime de Wei, fut pris au piège ; chaque jour il examinait soigneusement le camp des envahisseurs ; il fut convaincu que les gens de Ts'i avaient eu peur de lui, et s'étaient dispersés aux quatre vents du ciel ; il se mit à poursuivre une armée qu'il croyait si affaiblie ; pour aller plus vite, il laissait en arrière ses fantassins lourdement chargés, et n'emmenait que ses troupes légères.

---

(1) Fong-tche : ce lac est à 24 li sud-est de *K'ai-fong* fou 開 封 府. Ho-nan. (*Grande géogr.*, vol. 47, p. 12).

(2) Cheou-yuen : ou *Tchang-yuen* 長 垣, était à 35 li nord-est de *Tchang yuen hien* 長 垣 縣, qui est à 250 li sud-ouest de sa préfecture *Ta-ming* fou 大 名 府, Tche-li. (*Petite géogr.*, vol. 2, p. 55) — (*Grande*, vol. 16, p. 11).

Suen-tse, sûr de son « stratagème », avait ainsi amené son adversaire non loin du défilé de *Ma-ling* 馬陵 (1) ; au soir du 3ème jour, il s'y était lancé comme un fuyard, et y avait disposé ses hommes en embuscade ; pour narguer son rival, et exciter encore davantage son animosité, il fit tailler sur l'écorce d'un gros arbre « *ci-gît P'ang-kiuen, généralissime de Wei* ».

A la tombée de la nuit, celui-ci arrivait à son tour au défilé, et s'y engageait aussitôt, pour mieux surprendre les fuyards ; on lui montra son épitaphe ; il s'approcha avec une lanterne, pour la lire ; c'était le moment convenu ; des deux côtés du chemin, dix-mille archers de Ts'i, et des meilleurs, lancèrent une grêle de flèches sur les soldats de Wei, qui tombaient comme des mouches, sous les traits d'un ennemi invisible ; ce fut un désordre indescriptible ; pris comme dans un filet, les gens de Wei voulurent retourner sur leurs pas ; ils se débandèrent, s'écrasèrent les uns sur les autres ; bref, des cent mille hommes qui étaient venus contre l'armée de Ts'i, bien peu retournèrent dans leurs foyers ; le prince-héritier *Chen* 申 fut fait prisonnier, ou du moins son cadavre fut pris par l'ennemi. Devant cette catastrophe, P'ang-kiuen s'écria : je reconnais là une ruse de Suen-tse ; ce va-nu-pieds aura triomphé d'un vieux général comme moi ; il en aura une gloire immortelle. Ayant ainsi parlé, il se coupa la gorge.

Pour se venger, Hoei-wang eut recours au roi de *Tch'ou* 楚; il eut la consolation de le voir se lancer sur le pays de *Ts'i* 齊, et remporter une grande victoire à *Siu-tcheou* 徐州 (2) au Chan-toung.

En 340, une armée de *Ts'in* 秦 envahissait à son tour le territoire de Wei; elle était commandée par le rusé fripon *Wei-yang* 衛鞅; celui-ci trompa indignement le prince *Kong-tse-ngang* 公子卬; il lui envoya le message suivant: nous sommes d'anciens amis; c'est pourquoi il m'en coûte de me battre avec vous; venez donc me voir; nous trouverons certainement moyen de conclure une paix durable entre nos deux royaumes, sans être obligés d'engager aucune bataille.

Le généralissime de Wei se présenta sans crainte, ne s'imaginant point un piège caché sous des paroles si conciliantes; après avoir bien bu ensemble, le traître le fit saisir, tomba sur son armée, et la mit en déroute complète; pour obtenir la paix, Hoei-wang fut forcé d'abandonner encore une partie de ses possessions

---

(1) Ma-ling : ce défilé fameux est à 10 li sud-est de Ta-ming fou. (*Petite géogr.*, vol. *2*, p. *52*) — (*Grande*, vol. *16*, p. *7* — vol. *43*, p. *19*).

(2) s'écrit encore *Siu-tch'eng* 薛城, se trouvait à 40 li au sud de la sous préf. actuelle de *T'eng* 滕, laquelle est à 140 li au sud de *Yng-tcheou fou* 兗州府, (grande géographie vol 32, p. 15 in vers).

à l'ouest du fleuve jaune. On voit de nouveau le plan du roi de *Ts'in* 秦; établi chef des vassaux, il attaque ses subordonnés l'un après l'autre, leur enlève peu à peu leurs territoires, pour s'en former un seul et unique empire.

Hoei-wang avait eu jusqu'alors sa capitale à *Ngan-i* 安邑 (1); désormais elle était trop voisine du redoutable suzerain; elle fut transférée à *Ta-leang* 大梁, où *Mong-tse* 孟子 vint débiter ses onctueux discours sur la vertu.

A la 4ème lune, au jour *Kia-yng* 甲寅, ce changement était un fait accompli. Vers cette époque, Hoei-wang établissait prince-héritier son fils *Ho* 赫; la mort lui avait ravi *Kong-chou-ts'ouo* 公叔座, dont nous avons parlé au début de ce règne; *Chen* 申 avait péri à la bataille de *Ma-ling* 馬陵, comme nous l'avons dit plus haut; le troisième, dont il s'agit maintenant, précèdera encore son père dans la tombe. Heureusement Hoei-wang avait assez d'enfants pour remplir les vides causés pas la mort; outre le prince *Tche* 嗣, qui montera sur le trône, l'historien en nomme encore trois autres, à savoir: *Li* 理, frère de Chen, puis *Ming* 鳴 et *Kao* 高.

Cette même année, les armées de *Ts'i* 齊 et de *Tchao* 趙 faisaient invasion sur le territoire de Wei; mais nous ne savons pas autre chose sur cette campagne, sinon que les troupes de Hoei-wang furent vaincues.

En 338, *Hiao-hong* 孝公 roi de *Ts'in* 秦 étant mort, *Wei-yang* 衞鞅, son protégé et son premier-ministre, dut prendre le chemin de l'exil, pour échapper aux nombreux ennemis qu'il avait à la cour. Il offrit de nouveau ses services à Hoei-wang, qui les dédaigna encore une fois; humilié de ce refus, notre génie-lettré se retira à *Chang-yu* 商於 (2), magnifique fief qui lui avait été donné, en récompense de ses mérites éminents; mais un homme de cette trempe ne pouvait vivre dans l'inaction; les quinze villes de son apanage ne suffisaient pas à occuper ses loisirs; il se mit en campagne contre celle de *Tcheng* 鄭 (3), et fut tué par les gens de Ts'in, pendant cette expédition.

En 336, Hoei-wang avait une entrevue amicale avec le roi de *Ts'i* 齊, à *P'ing-ngo* 平阿 (4) ville de Ts'i.

---

(1) Ngan-i : *(voyez notes préliminaires)*.

(2) Chang-yu : sa capitale était un peu à l'ouest de *Nei-hiang hien* 內鄉縣, qui est à 190 li nord-ouest de sa préfecture *Nan-yang fou* 南陽府. Ho-nan. *(Petite géogr., vol. 12, p. 54)* — *(Grande, vol. 51, p. 21)*.

(3) Tcheng : *(voyez notes préliminaires)*,

(4) P'ing-ngo : était à 30 li au nord de *Hoai-yuen hien* 懷遠縣, qui est à 70 li nord-ouest de sa préfecture *Fong-yang fou* 鳳陽府, Ngan-hoei. *(Petite géogr., vol. 6, p. 22)* — *(Grande, vol. 21, p. 9)*.

Voyant le royaume de Ts'in si bien pourvu d'hommes de génie, dans les lettres comme dans l'armée et l'administration, Hoei-
wang se mit en devoir de s'en procurer aussi une collection ; cela
semblait facile, puisque la Chine en est toujours pleine ; il fallait
cependant avoir le coup d'œil pour les découvrir ; car il paraît
qu'alors, comme de nos jours, les vrais talents se tenaient cachés
dans l'ombre ; il eut le bonheur d'en trouver trois, qui sont restés
célèbres ; à savoir : *Tcheou-yen* 鄒衍, *Mong-tse* 孟子 et *Chouen-
yu-k'oen* 淳于髠, que la cour de Ts'i n'avait pas su apprécier à
leur juste valeur, et qui furent très-contents de venir au pays de
Wei. Se-ma-ts'ien donne sa vie chap. 66. et Zottoli vol. IV. p. 241.

Parmi ces marchands de sagesse, le dernier était gendre du
roi de Ts'i ; il était petit de taille, mais beau parleur, grand sophiste, peu rigoureux sur la morale, aimant les festins, le vin, les
femmes, la musique ; il brillait par ses réparties spirituelles en
conversation, et par ses remontrances déguisées sous forme d'apo-
logues ; ayant la langue si bien pendue, il fut souvent envoyé en
ambassade, et il fascinait les cours par sa parole enchanteresse (1).

Le second est trop connu pour que nous soyons obligés d'en
faire l'éloge ; il n'y a que Confucius au-dessus de lui chez les
Chinois ; c'est tout dire en un mot ; comme lui, c'est un «saint»,
dont la doctrine est infaillible, et doit faire éternellement le bonheur des peuples ; précieusement enchâssée dans les « classiques »
elle doit faire l'éducation de tout homme venant en ce monde (2).

Le premier n'a pas reçu des Chinois un piédestal si élevé ;
mais lui ne s'estimait point inférieur à son illustre émule ; comme
lui il se croyait destiné par le ciel à la rénovation du genre humain, par sa doctrine soi-disant profonde (3).

En 335, nouvelle entrevue amicale avec le roi de Ts'i, à *Kiuen*
甄 (4), sur le territoire de *Wei* 衛.

D'après *Se-ma Ts'ien* 司馬遷, Hoei-wang serait mort, cette
même année ; mais *Se-ma Koang* 司馬光, *Tchou-hi* 朱熹, et la
plupart des historiens, lui donnent encore seize ans de vie. Pour
expliquer cette singulière contradiction, ces auteurs disent que

---

(1) Se-ma Ts'ien, chap. 126, mentionne ce sage, ou plutôt ce sophiste : il lui
consacre même une biographie.

(2) Le même historien, chap. 74, parle longuement de Mong-tse, né en 375 ;
voyez pages 1 et suiv.

(3) Le même historien, ibid, donne quelques exemples curieux de cette doctrine.

(4) Kiuen : ou Tchen, était à 20 li à l'est de *Pou tcheou* 濮州, qui est à 120
au nord de sa préfecture *Ts'ao-tcheou fou* 曹州府, Chan-tong. *(Petite géogr.,
vol. 10, p. 18) — (Grande, vol. 34, p. 81)*.

Hoei-wang, par humilité, et par reconnaissance pour les trois sages, qui venaient de le convertir à la « vraie doctrine » au « vrai gouvernement», estima tout son passé comme mal employé, inutile, indigne d'être rapporté dans les annales du royaume ; il voulut que son règne fût censé avoir commencé seulement à cette année, qu'il appela pour cette raison « *la première* » après sa rénovation [Kai-yuen 改元] ; les mêmes auteurs affirment qu'il garda Mong-tse près de soi jusqu'en 319, époque où ce sage est retourné au duché de *Lou* 魯, sa patrie. Nous suivons cette opinion, qu'on peut dire commune.

En 334, Hoei-wang avait encore une entrevue amicale avec le roi de *Ts'i* 齊, dans la ville de *Si* 薛 (1), où se trouvèrent également plusieurs autres princes ; les deux premiers voulaient se faire reconnaître officiellement comme rois, et prendre désormais le titre de *Wang* 王 ; ce n'était pas difficile à obtenir, puisque partout on en faisait autant.

En 333, le fameux sophiste *Sou-ts'in* 蘇秦 parcourait les cours chinoises, pour établir une ligue générale contre leur suzerain, le roi de *Ts'in* 秦 ; nous avons vu comment il réussit à unir, contre ce chef officiel des vassaux, les royaumes de *Yen* 燕, *Tchao* 趙, *Han* 韓, *Wei* 魏, *Ts'i* 齊 et *Tch'ou* 楚 ; vraie ligue de moutons contre un tigre ; avant la fin de l'année, elle commençait déjà à se désagréger, par la mort des princes de Yen et de Ts'i.

En 332, le roi de *Ts'in* 秦 envoyait, à son tour, un ambassadeur plus fin que Sou-ts'in, détruire comme un jeu d'enfants, cette conjuration que l'on croyait si bien ourdie ; ce diplomate, nommé *Kong-suen-yen* 公孫衍, manœuvra si habilement qu'il lança les deux armés de Wei et de Ts'i contre le pays de Tchao.

Cette expédition n'eut d'ailleurs aucun résultat, sinon l'humiliation des envahisseurs ; car le généralissime de Tchao ayant détourné le cours d'une rivière, inonda leur camp, et les força à déguerpir honteusement. Le pauvre utopiste *Sou-ts'in* 蘇秦 perdit aussi la face avec sa dignité de ministre ; le roi de Tchao se repentit d'avoir écouté ses conseils, le rendit responsable des suites malheureuses de la ligue, et le mit à la porte ; il se réfugia à la cour de *Yen* 燕, où il chercha le moyen de punir le roi de *Ts'i* 齊, dont la défection avait entraîné celle des autres conjurés.

Hoei-wang se vit bientôt menacé par l'armée de *Ts'in* 秦, qui venait lui demander raison de la fameuse ligue, à laquelle il avait adhéré ; pour obtenir son pardon, il céda le territoire de *Yng-tsin* 陰晉 (2), à l'ouest du Fleuve Jaune.

---

(1) Si : ou *Siu tcheou* 徐州, était à 40 li au sud de *Teng hien* 滕縣, qui est à 140 li sud-est de sa préfecture *Yen-tcheou fou* 兗州府, Chan-tong. *(Petite géogr.*, vol. *10*, p. *9*) — (*Grande*, vol. *32*, p. *15*).

(2) Yng-tsin : était à 5 li sud-est de *Hoa-yng hien* 華陰縣, qui est à 160 li au sud de sa préfecture *T'ong tcheou fou* 同州府 Chen-si. *(Petite géogr.*, vol. *14*, p. *21*) — (*Grande*, vol. *54*, p *4*).

En 330, cette même armée revenait à la charge ; Hoei-wang lui opposa tout d'abord quarante-cinq mille hommes, sous les ordres du général *Long-kia* 龍賈 ; mais celui-ci fut battu à *Tiao-yng* 雕陰 (1) ; ayant reçu de nombreux renforts, il recommença la lutte, fut fait prisonnier, vit quatre-vingt mille têtes de ses soldats rouler à terre, et le vainqueur assiéger les villes de *Tsiao* 焦 et de *K'iu-wo* 曲沃, situées au sud du Fleuve Jaune. Pour obtenir la paix, Hoei-wang fut encore obligé d'abandonner plusieurs territoires, à l'ouest de ce même Fleuve.

En 329, le terrible suzerain l'appelait à *Yng* 應 (2), soi-disant pour une entrevue amicale ; en réalité, pour lui demander encore de nouvelles contrées ; ne les ayant pas obtenues de bonne grâce, il les enleva de force ; après une grande victoire à *Tsiao* 焦, dont nous venons de parler, il prit les villes de *Fenn-yng* 汾陰 et de *Pi-che* 皮市, au cœur même du pays de Wei ; le pauvre Hoei-wang put alors se convaincre de l'inutilité de la grande muraille, par laquelle il avait cru arrêter les envahissements de son dangereux voisin.

Les autres royaumes n'étaient pas sans inquiétude pour eux-mêmes ; c'est pourquoi le lettré-diplomate *Tch'eng-tchen* 陳軫, de la cour de *Tch'ou* 楚, n'eut pas de peine à persuader aux trois anciens collègues *Wei* 魏 *Han* 韓 et *Tchao* 趙 de faire trève à leurs querelles réciproques, pour s'unir étroitement contre l'ennemi commun, le chef des vassaux.

Tch'eng-tchen voulait faire entrer le roi de *Ts'i* 齊 dans cette nouvelle fédération ; mais celui-ci ne s'y montra pas disposé ; d'abord, il n'était pas en danger immédiat comme les autres ; ensuite, il avait ses visées particulières, surtout sur la principauté de *Song* 宋, qu'il voulait s'annexer ; il refusa donc de faire alliance pour avoir les mains libres ; toutefois il dut renoncer à ses projets de conquête, surtout à cause du roi de Tch'ou, qui convoitait le même pays de Song.

---

(1) *Tiao-yng* : était à 40 li au sud de *Kan-ts'iuen hien* 廿泉縣. qui est à 90 li sud-ouest de sa préfecture *Yen-ngan fou* 延安府, Chen-si. (*Petite géogr.*, vol. *14, p. 47) — (Grande, vol. 57, p. 6).*

*Tsiao* : était à 2 li au sud de *Chen tcheou* 陝州, Ho-nan (*Petite géogr.*, vol. *12, p. 64) — (Grande, vol 48, p. 51).*

*K'iu-wo* : était à 32 li sud-ouest de la même ville (*ibid*).

(2) *Yng* : était à 2 li sud-est de *Tch'ao-i hien* 朝邑縣, qui est à 30 li l'est de sa préfecture *T'ong-tcheou fou.* (*Grande géogr., vol. 54, p. 20).*

*Fenn-yng* : était à 9 li au nord de *Yong-ho hien* 榮河縣, qui est à 120 li au nord de sa préfecture *P'ou-tcheou fou* 蒲州府, Chan-si. (*Petite géogr., vol. 8, p. 31) — (Grande, vol. 41, p. 32).*

*Pi-che* : était à un li à l'ouest de *Ho-tsing hien* 河津縣, qui est à 200 li à l'ouest de *Kiang tcheou* 絳州. Chan-si. (*Petite géogr., vol. 8, p. 44) — (Grande, vol. 41, p. 26).*

Pourquoi Hoei-wang se lança-t-il sur le royaume de Tch'ou, avant la fin de cette année? l'historien ne le dit pas; il note seulement la victoire remportée par les troupes de Wei, au pied de la montagne *Hing-chan* 陘 山 (1); il blâme aussi cette expédition contre un pays plongé dans le deuil national par la mort de son souverain. Nous avons déjà remarqué que tous les états commirent cette même faute, plus ou moins souvent, quand ils y trouvèrent leur avantage.

En 328, apparaît un nouveau «sage», le fameux *Tchang-i* 張 儀, lettré-diplomate, fripon fieffé, futur premier-ministre du roi de *Ts'in* 秦; pour son coup d'essai, nous allons le voir berner le pauvre Hoei-wang d'une belle manière.

Ce rusé demanda à son maître la permission d'aller assiéger la ville de *P'ou-yang* 蒲 陽 (2), sur le territoire de Wei; il s'en empara; puis il conseilla de là rendre, pour montrer à Hoei-wang qu'on voulait vivre en bonne amitié avec lui; bien plus, le roi de Ts'in envoya son fils *You* 繇 comme otage à la cour de Wei, pour enlever tout soupçon de supercherie.

Le rusé diplomate se rendit alors auprès de Hoei-wang, lui persuada de se montrer libéral envers un suzerain si généreux, lui montrant qu'il avait tout à gagner en obtenant la bienveillance d'un roi si puissant; bref, il fut si habile qu'il obtint la cession bénévole de la province de *Chang-kiun* 上 郡 (3), qui ne renfermait pas moins de quinze villes, à l'ouest du Fleuve Jaune. On comprend la joie du roi de Ts'in; en récompense d'un tel service, il nomma Tchang-i premier-ministre, et il eut lieu de s'en applaudir, car celui-ci se montra aussi bon administrateur que fin politique.

En 327, pour amadouer de plus en plus Hoei-wang, on lui rendit encore les villes de Tsiao et de K'iu-wo, qu'on lui avait enlevées trois ans auparavant.

En 325, Hoei-wang gagnait la ville de *Tsouo-che* 左 氏 d'une façon singulière. Le prince de *Wei* 衛 avait un esclave auquel il tenait beaucoup, et qu'il avait attaché à son service personnel; celui-ci s'était enfui, et s'était réfugié à la cour de Hoei-wang; étant habile médecin, il avait guéri la reine, alors gravement malade, et pour cela avait été comblé d'honneurs. Cependant, le prince avait appris où se trouvait son transfuge; il le redemandait avec instance, offrant cinquante onces d'or en dédommagement;

---

(1) Hing-chan : cette montagne est à 30 li au sud de *Sin-tcheng hien* 新 鄭 縣, qui est à 220 li sud-ouest de sa préfecture *K'ai-fong fou* 開 封 府, Ho-nan, *(Petite géogr., vol, 12, p. 5)* — *(Grande, vol. 47, p. 32)*.

(2) P'ou-yang : était un peu au sud de *Hien tcheou* 隰 州, Chan-si. *(Grande géogr., vol. 41, p. 52)*.

(3) Chang-kiun : était tout le pays au nord de *Yen-ngan fou* 庭 安 府, Chen-si. *(Grande géogr., vol. 51, p. 22)* — *(Kiang-yu-pao* 疆 域 表 *vol.* 上, *p. 110)*.

il avait déjà envoyé cinq messages inutiles; c'est alors qu'il céda la ville susdite, en échange de son esclave-medecin (1).

En 324, Tchang-i venait avec une armée, prendre à Hoei-wang la ville de *Chen-tcheou* 陝州; et il avait si bien l'intention de la garder, qu'il en expulsa les habitants, et les remplaça par des gens de *Ts'in* 秦; voilà une des premières suites de cette éternelle amitié qu'il avait soi-disant nouée entre les deux royaumes.

En 323, une armée de *Tch'ou* 楚 envahissait aussi le territoire de Wei, remportait une grande victoire à *Siang-ling* 襄陵 (2), et forçait Hoei-wang à céder huit villes de sa frontière, pour obtenir la paix. Cette même année, Tchang-i présidait, à *Gniè-sang* 齧桑 (3), une assemblée des ministres des divers royaumes.

En 322, Tchang-i simulait un désaccord avec le roi de *Ts'in* 秦, abandonnait la cour, et venait s'offrir à Hoei-wang, qui s'empressa d'en faire son premier-ministre; c'était le loup dans la bergerie, recouvert d'une peau de mouton, pour mieux tromper le vieux berger.

A cette époque, Hoei-wang et son collègue de *Han* 韓 envoyaient leurs princes-héritiers à la cour de *Ts'in* 秦, en visite amicale; Tchang-i en profita pour exhorter son nouveau maître à se mettre sans réserve sous l'obéissance de son suzerain officiel; il insistait de toutes ses forces, affectant de vouloir en cela le plus grand bien du royaume de Wei; son conseil avait d'autant plus de poids, que lui-même n'était plus l'ami de Ts'in; le traître jouait son rôle à merveille. Hoei-wang eut assez de bon sens pour comprendre que ce serait se suicider; il refusa, et ne voulut pas donner aux autres princes un exemple si funeste.

Le roi de *Ts'in* 秦 fut averti en secret de l'échec de son compère; il envoya une armée seconder ses efforts; celle-ci s'empara de *P'ing-tcheou* 平周 et de *K'iu-wo* 曲沃 (du nord) (4), deux

_____

(1) On réduisait souvent à l'esclavage des criminels qui ne méritaient pas la mort; ils portaient des vêtement distinctifs et une corde autour des reins; les dignitaires, et même les rois, avaient de ces sortes de gens à leur service.

(2) Siang-ling: était à 25 li à l'est de *Siang-ling hien* 襄陵縣, qui est à 30 li sud-ouest de sa préfecture *Ping-yang fou* 平陽府 Chan-si. *(Petite géogr., vol. 8, p. 8)* — *(Grande, vol. 41, p. 5)*.

(3) Gniè-sang: était un peu au sud-ouest de *Peï hien* 沛縣, qui est à 140 li nord-ouest de sa préfecture *Siu-tcheou fou* 徐州府, Kiang-sou. *(Petite géogr., vol. 4, p. 29)* — *(Grande, vol. 29, p. 17)*.

(4) P'ing-tcheou: était à 40 li à l'ouest de *Kiai-hiou hien* 介休縣, qui est à 70 li sud-est de sa préfecture *Fenn-tcheou fou* 汾州府, Chan-si. *(Grande géogr., vol. 42, p. 7)*.

K'iu-wo: nous avons vu naguère une autre ville de ce nom, dans le Ho-nan: celle dont il s'agit ici, se trouvait dans la préfecture actuelle de *P'ing-yang fou* 平陽府, Chan-si.

villes qui furent ensuite rendues, quand Hoei-wang se montra
moins rebelle aux suggestions de Tchang-i.

A cette date, le grave *Se-ma Ts'ien* 司 馬 遷 relate sérieuse-
ment un fait extraordinaire, survenu au pays de Wei ; à savoir,
qu'une femme se serait changée en homme.  Un lettré que j'in-
terrogeai sur ce texte, me fit remarquer que cela arrivait rarement;
le lecteur n'aura pas de peine à l'en croire sur parole.

En 321, le roi de *Ts'i* 齊 se préparait à entrer en campagne
contre Hoei-wang ; le vieux prince en fut effrayé ; comme son
ancien maître, le sage *Chouen-yu-k'oen* 淳 于 髠, était retourné
à cette cour, il lui expédia le message suivant : si votre Excellence
peut détourner le coup qui me menace, je lui donnerai deux jades
précieux et huit magnifiques chevaux tachetés.

Le vertueux lettré s'empressa d'exhorter son souverain : «Le
royaume de *Tch'ou* 楚, lui dit-il, est notre ennemi héréditaire :
celui de Wei, au contraire, entretient avec nous des relations amicales depuis des générations ; votre Majesté affaiblira son peuple
en guerroyant contre son ami ; elle deviendra ainsi une proie facile
pour son ennemi ; cette expédition procurera peu d'avantages à
notre pays, et lui causera bien des dangers».  Le beau parleur
présenta si bien sa remontrance, que le projet fut abandonné.

(1) En 319, deux graves évènements ; à savoir, mort de Hoei-
wang et départ de Mong-tse.  Quant au premier, nous n'avons
qu'un détail insignifiant inscrit dans les annales ; il paraît qu'au
moment de l'enterrement, il tomba une telle quantité de neige,
qu'on dut remettre à plus tard cette cérémonie solennelle.

Quant au second, Mong-tse a pris la peine de nous donner la
raison de sa retraite ; elle est bien simple : le prince-héritier *Tche*
嗣 ne tenait pas à lui ; il n'était pas entiché des lettrés, comme
l'avait été son père ; notre «saint» déguise le vrai motif sous une
amplification littéraire de sa façon ; parlant de sa visite au nouveau souverain, il dit : «De loin, je n'ai pas vu en lui l'air majestueux d'un roi ; de près, rien qui inspirât le respect ; il m'a demandé brusquement comment le royaume pourrait retrouver la
tranquillité ; je lui répondis : par l'unité dans le gouvernement :
— qui pourra lui procurer cette unité ? — celui qui n'aimera pas
à faire périr les hommes ; — très-bien ! mais qui voudra se donner à un roi si humain?—tout le monde, sans exception. Prince,
voyez les moissons ; si à la 7ème ou 8ème lune le sol est aride, elles
se dessèchent ; s'il tombe une pluie abondante, elles grandissent
rapidement ; qui donc pourrait les arrêter dans leur croissance ?

_____

(1) Le recueil intitulé *I-che* 繹 史, vol. 109, p. 14, donne des détails sur
l'enterrement : mais ne dit pas où est le tombeau. Nous avons déjà dit que la chronologie et la succession des faits se trouvent un peu en désordre ; qui veut les
éclaircir, peut consulter *Se-ma Koang* 司 馬 光, vol. 3, p. 1 — *Se-ma souo-yng*
司 馬 索 隱, chap. 44, à la mort de Hoei-wang.

A présent, dans tout l'empire, parmi les pasteurs de peuples, il n'en est pas un seul qui n'aime à faire périr les hommes ; si l'un d'eux avait des sentiments contraires, tous les mortels se tourneraient vers lui, et mettraient en lui leur espoir ; les peuples accourraient à lui, aussi naturellement que l'eau descend des vallées ; qui peut arrêter un torrent» ?

Le système étant si simple, pourquoi donc Mong-tse ne l'a-t-il pas mis en pratique? lui, qui pendant si longtemps eut la confiance entière de Hoei-wang! eut-il jamais disciple mieux disposé? n'a-t-il pas gouverné d'après ces principes? Et cependant, aucun peuple n'est accouru vers lui; au contraire, il a perdu une grande partie de son royaume. Avec un voisin comme le roi de *Ts'in* 秦, quel pays pouvait avoir la paix? jalousé par ses collègues, berné par Tchang-i, le vertueux Hoei-wang n'a peut-être pas compris l'inanité de ces utopies; son fils, qui n'avait pas le même fétichisme pour ces lettrés-errants, voulait sans doute se passer de leurs élucubrations; voilà pourquoi Mong-tse s'en alla vendre sa sagesse au roi de *Ts'i* 齊, qui rêvait de devenir empereur de toute la Chine.

Un jour, *Che-Hoang-ti* 始皇帝, roi de *Ts'in* 秦, massacrera les lettrés, brûlera leurs livres, s'emparera du pays situé entre «les quatre mers», et montrera comment il faut s'y prendre pour le gouverner; ce n'est pas lui qui attendra que les peuples accourent comme un torrent descendant des montagnes!

## SIANG-WANG (318-296)

## 襄 王

—=|·🖾·|=—

Le nom posthume ou historique de ce souverain a deux significations élogieuses : *prince toujours auguste, et orné de vertus*
(1) ; nous verrons si celles-ci rendront son règne plus heureux
que celui de son père.

En 318, il débuta par un bel échec : ses troupes, unies à
celles de *Tch'ou* 楚, *Han* 韓, *Tchao* 趙 et *Yen* 燕, s'étaient avan-
cées contre le roi de *Ts'in* 秦, jusqu'au défilé *Han-kou-koan* 函
谷關 ; nous avons raconté comment l'ennemi, sortant de ces
retranchements, dispersa les fédérés comme un troupeau de moutons. L'armée de *Ts'i* 齊 n'avait pas eu le temps d'arriver ; elle
rebroussa chemin, et retourna dans ses foyers ; on avait essayé de
reformer la fameuse ligue établie par *Sou-ts'in* 蘇秦 ; quand on
vit à quelles déceptions elle avait abouti, depuis le début jusqu'à
la fin, on en rejeta la faute sur cet utopiste, et le roi de Ts'i le
fit mettre à mort.

C'est alors que le fripon *Tchang-i* 張儀 conseilla instamment
à son nouveau maître de s'attacher sans réserve au service du suzerain officiel ; il eut quelque peine à obtenir de lui ce suicide
moral ; il y réussit enfin ; Siang-wang fit un traité d'alliance et
d'amitié avec le roi de *Ts'in* 秦, et se sépara de ses collègues.

Tchang-i prétexta ensuite qu'il serait mieux à la cour du suzerain, pour y prendre soin des affaires de Wei ; ainsi il retourna
près de son vrai maître, dont il avait si bien servi les intérêts ; il
y reprit ses fonctions de premier-ministre, et continua ses tours
de diplomate des plus madrés.

En 317, les rois de *Ts'i* 齊 et de *Song* 宋 voulurent punir
Siang-wang de sa défection ; ils battirent d'abord son armée à
*Koan-tche* 觀澤 (2) ; puis celle de *Tchao* 趙, qui était venue à
son secours.

De son côté, le roi de *Ts'in* 秦 infligeait une défaite aux
troupes de *Han* 韓 ; il allait de même se lancer contre celles de
*Ts'i* 齊 ; mais, avant d'en venir aux mains, on entra en pourparlers ; on se fit de mutuelles concessions, et la bataille n'eut pas
lieu.

---

(1) Texte de l'interprétation : 辟地有德曰襄

(2) Koan-tche : ville et lac se trouvaient à 18 li à l'est de *Tsing-fong hien* 清
豐縣, qui est à 90 li sud-est de sa préfecture *Ta-ming fou* 大名府, Tche-li.
*(Petite géogr., vol. 2, p. 53) — (Grande, vol. 16, p. 15).*

En 314, Siang-wang trouvant son servage insupportable, s'en débarrassait ouvertement, dans l'espoir que son suzerain, occupé par diverses expéditions, n'aurait pas le loisir de penser à lui ; il se trompait ; le pays de Ts'in était de taille à mener plusieurs campagnes de front ; une armée envahit le territoire de Wei, s'empara définitivement de K'iu-wo 曲沃 (1), en expulsa la population, et la remplaça par des émigrés de Ts'in. La conquête était si importante, qu'après cela on laissa Siang-wang tranquille, pendant plusieurs années, pour guerroyer contre les royaumes de Tch'ou 楚 et de Ts'i 齊.

En 313, on lui fit seulement comprendre qu'il eût à établir son fils Tchen 政, comme prince-héritier, parceque celui-ci était agréable au suzerain officiel ; et qu'ainsi on assurerait la bonne entente entre les deux pays. Siang-wang s'exécuta-t-il ? nous ne savons ; en tous cas, ce n'est pas ce fils qui montera sur le trône, comme nous le verrons en son temps ; s'il refusa d'obtempérer à ce désir, on ne le pressa pas davantage ; car, dans cette même année, il eut une entrevue amicale avec ce même suzerain, à Ling-tsin hien 臨 晉 縣 (2).

En 312, le roi de Tchou 楚 ayant été affreusement battu par l'armée de Ts'in 晉, les troupes de Wei et de Han en profitèrent pour se jeter aussi sur ce même royaume; elles s'avancèrent jusqu'à la contrée de Teng 鄧 (3), firent de grandes razzias, puis se retirèrent prudemment.

Après ces faciles exploits, Siang-wang attaqua le pays de Ts'i 齊, remporta la victoire, sur les bords de la rivière Pou 濮 (4), et fit prisonnier le seigneur Cheng-tse 聲 子 ; après quoi, il s'en alla, en compagnie des troupes de Ts'in 秦, en campagne contre le pays de Yen 燕.

En 311, il préparait une expédition contre le prince de Wei 衛; mais celui-ci gagna secrètement le grand officier Jou-eul 如 耳, qui démontra si bien à son maître l'inopportunité de ce projet, qu'il l'amena à y renoncer.

---

(1) Kiu-wo : il s'agit de celle de nord, qui avait été prise en 322, puis rendue ensuite. (voyez ci-dessus).

(2) Ling-tsin : ou Yng 應, était à 2 li sud-est de Tch'ao-i hien 朝 邑 縣, qui est à 30 li à l'est de sa préfecture T'ong-tcheou fou 同 州 府, Chen-si. (voyez, année 329) — (Grande géogr., vol. 54, p. 20).

(3) Teng : ou Teng-siang tch'eng 鄧 襄 城, était à 35 li sud-est de Yen-tch'eng hien 偃城縣, qui est à 120 li au sud de Hiu tcheou 許 州, Ho-nan. (Petite géogr., vol. 12, p. 59) — (Grande, vol. 47, p. 47).

(4) La rivière Pou coule à 70 li sud-ouest de Pou tcheou 濮 州, qui est à 120 li au nord de sa préfecture Ts'ao-tcheou fou 曹 州 府. Chan-tong ; on ne connaît pas l'endroit de la bataille. (Grande, géogr., vol. 34, p. 20).

En 310, nouvelle entrevue amicale, dans la même ville de *Ling-tsing* 臨晉, avec *Hoei-wen-wang* 惠文王, roi de *Ts'in* 秦; celui-ci avait alors de grandes guerres avec le pays de *Tch'ou* 楚; il amadouait les autres états, pour les empêcher de faire cause commune avec son rival.

D'ailleurs, lui-même mourut avant la fin de l'année; son fameux premier ministre n'était sans doute pas en bons termes avec le successeur *Ou-wang* 武王, car il s'en vint à la cour de Wei, en compagnie du grand seigneur Wei-tchang, qui rentrait dans sa patrie.

En 309, *Tchang-i* 張儀 mourait en exil, dans ce même pays de Wei auquel il avait fait tant de mal, loin du royaume de *Ts'in* 秦 pour lequel il s'était si fort dépensé; telle fut la récompense finale de toutes ses roueries, et il y eut peu de personnes à plaindre son sort.

En 308, Ou-wang demanda des troupes auxiliaires, pour enlever la ville de *I-yang* 宜陽 (1), sur le territoire de Han; nous avons dit, dans l'histoire de ce pays, quelle importance on attachait à cette conquête, combien de temps dura le siége, comment le roi de Ts'in en personne amena des renforts à son armée découragée, comment enfin la place fut emportée dans un assaut désespéré. Siang-wang fut bien obligé de prendre part à cette expédition contre son collègue, sous peine de se voir attaqué lui-même; Ou-wang l'y avait invité, dans une entrevue amicale, tenue encore à *Ling-tsin* 臨晉 (ou Yng 應).

En 307, malgré cet acte de soumission, malgré une visite officielle, faite par son prince-héritier à la cour de Ts'in 秦, il ne parvint pas à contenter le nouveau suzerain, son parent; car celui-ci fit envahir le territoire de *Pi-che* 皮市 (2); il ne put toutefois s'emparer de cette ville, et bientôt la mort mit fin à cette entreprise.

L'épouse de Ou-wang était une princesse de Wei; n'ayant pas eu d'enfants, elle fut rendue à sa famille; on se débarrassait d'elle pour se permettre plus facilement de nouvelles attaques contre son pays.

En 303, en effet, l'armée de Ts'in prenait à Siang-wang les villes de *P'ou-pan* 蒲版, *Tsin-yang* 晉陽 et *Fong-ling* 封陵 (3).

---

(1) I-yang : était à 14 li nord-est de *I-yang hien* 宜陽縣, qui est à 70 li nord-ouest de sa préfecture *Ho-nan fou* 河南府, Ho-nan. (*Petite géogr.*, vol. 12, p. 36) — (*Grande, vol. 48, p. 35*).

(2) Pi-che : (*voyez à l'année 329, où cette ville fut prise, puis rendue, ou abondonnée*).

(3) P'ou-pan : était à 5 li sud-est de *P'ou-tcheou fou* 蒲州府, Chan-si. Tsin-yang : était au sud-ouest de la même préfecture.
Fong-ling : était à 55 li au sud de la même préfecture. (*Petite géogr.*, vol. 8, p. 30) — (*Grande, vol. 41, p. p. 18, 19, 22*).

Le roi de *Tch'ou* 楚, précédemment chef de la ligue contre l'ennemi commun, le roi de *Ts'in* 秦, venait de faire la paix avec lui, à l'imitation de Siang-wang; celui-ci s'unit pourtant à ses collègues de *Ts'i* 齊 et de *Han* 韓, pour le punir de cette désertion; mais leurs trois armées apprenant l'arrivée des troupes auxiliaires de Ts'in, s'empressèrent de déguerpir.

En 302, Siang-wang avait encore une entrevue amicale, à *Ling-tsin* 臨晉 (ou *Yng-ting* 應亭) avec le nouveau suzerain officiel; celui-ci eut la complaisance de rendre la ville de *P'ou-pan* 蒲阪, qu'il avait prise l'année précédente.

Ce n'était pas une pure gracieuseté; le roi de Ts'in préparait une expédition contre celui de *Tch'ou* 楚, son ami d'hier, devenu son ennemi; il voulait avoir les troupes de Wei, Ts'i et Han, pour triompher plus sûrement; il les obtint, et avec leur secours s'empara d'une dizaine de villes, en l'année 301. En vérité, le chef des vassaux semblait seul intelligent; voulant anéantir peu à peu ses subordonnés, il se servait des uns pour dauber les autres; ceux-ci, par leurs querelles réciproques, facilitaient merveilleusement son jeu.

En 299, Siang-wang avait une entrevue amicale avec le roi de *Ts'i* 齊, dans la capitale même de Han; il s'agissait sans doute de préparer la campagne dont nous allons parler.

En 298, *Mong-tchang-kiun* 孟嘗君, grand seigneur de *Ts'i* 齊, et membre de la famille royale, ayant été premier ministre de Ts'in, pendant un an seulement, avait été forcé de s'enfuir; il était revenu chez lui, et pour se venger, avait excité son souverain à s'unir à ceux de Wei et de Han, pour une lutte à mort contre leur suzerain officiel; lui-même prenait le commandement de leurs troupes, et remportait une brillante victoire. Le roi de Ts'in, pour les apaiser, rendit trois villes situées à l'est du Fleuve Jaune.

En 296, les états de *Tchao* 趙 et de *Song* 宋 ayant adhéré à cette nouvelle ligue, les armées réunies pénétrèrent jusqu'à *Yen-che* 鹽氏 (1); le roi de Ts'in entra encore en pourparlers avec les envahisseurs, et l'on ne poussa pas plus loin. Siang-wang récupéra la ville de *Fong-ling* 封陵, qui lui avait été ravie en 303.

Ce fut son dernier exploit, car il mourut avant la fin de l'année, et son fils *Sou* 遬 lui succéda sur le trône.

_____

(1) Yen-che : *(voyez cette ville, dans l'histoire de Han, même année)*.

# TCHAO-WANG (295-277)

# 昭 王

---·∺·⊩·∺·⊩·---

Le nom posthume ou historique de ce souverain a trois significations élogieuses, comme nous l'avons déjà dit ; à savoir, *prince
d'une prestance majestueuse, et d'une conduite irréprochable* (1).

En 295, une armée de *Ts'in* 秦 guerroyait au pays de Wei,
et envahissait le territoire de *Siang-tch'eng* 襄 城 (2).

En 294, elle revenait à la charge, et remportait une grande
victoire, à *Kiai* 解 (3).

En 293, Tchao-wang voulut prendre une revanche, et pour
cela demanda le secours de Han ; mais le général *Pé-k'i* 白起,
alors au début de sa carrière, la plus brillante qu'on eût jamais
vue en Chine, leur infligea une épouvantable défaite, à *Y-k'iué* 伊
闕 (4) ; deux cent quarante mille têtes furent coupées sur le champ
de bataille.

En 290, Tchao-wang cédait bénévolement au roi de *Ts'in* 秦,
un terrain de quatre cents ly d'étendue en carré, comprenant les
villes de *Ngan-i* 安邑, *Ta-yang* 大陽, *P'ou-pan* 蒲阪 et *Kiai*
解 (5) ; désormais le royaume de Wei n'exista plus que de nom,
et marcha rapidement à sa ruine complète.

Cette même année, le général *Mang-mao* 芒卯, originaire de
Wei, mais attaché au service de Ts'in, commençait à jouer un
rôle considérable ; c'était un homme intelligent et habile, mais
traître et fripon, comme la plupart des grands génies de ce temps.

---

(1) Texte de l'interprétation : *(voyez au royaume de Han, année 358).*

(2) Siang-tch'eng : ou *Fan-tch'eng* 氾城, était un peu au sud de *Siang-
tch'eng hien* 襄城縣, qui est à 90 li sud ouest de *Hiu-tcheou* 許州, Ho-nan. *(Petite
géogr., vol. 12, p. 59) — (Grande, vol. 47, p. 45).*

(3) Kiai : c'est *Kiai tcheou* 解州, Chan-si. *(Petite géogr., vol. 8. p. 41) —
(Grande, vol. 41, p. 28).*

(4) I-K'iué : *(voyez au royaume de Han, même année).*

(5) Ngan-i : *(voyez aux notes préliminaires) —* Kiai *(ci-dessus) —* P'ou-pan
*(à l'année 303).*

Ta-yang : était à 50 li à l'est de *P'ing-lou hien* 平陸縣, qui est à 90 li sud-
est de Kiai tcheou (ci-dessus). *(Petite géogr., vol. 8. p. 42) — (Grande, vol. 41,
p. 34).*

En 289, le roi de *Ts'in* 秦 trouvant insuffisant le cadeau qu'on venait de lui faire, envahissait de nouveau le pays de Wei, pénétrait jusqu'à *Tche* 帜 (1), et s'emparait de soixante villes ou bourgs de toute grandeur.

En 287, il prenait encore *Sin-yuen* 新垣 et *K'iu-yang* 曲陽 (2).

En 286, il envahissait encore la contrée appelée *Ho-nei* 河內 (3), et forçait Tchao-wang à lui abandonner ce qui restait du territoire de *Ngan-i* 安邑 ; la population en fut expulsée, et remplacée par des émigrés de *Ts'in* 秦.

Cette même année, le roi de *Ts'i* 齊 s'annexait le pays de *Song* 宋, dont le dernier souverain, nommé *Yen* 偃 (328-286), se réfugia au royaume de Wei, et mourut à *Wen* 温 (4). Une autre version dit que le prince de Song fut tué dans cette expédition ; que les troupes de *Tch'ou* 楚 et de Wei prirent part à cette campagne ; et que le pays fut divisé entre les trois états vainqueurs.

En 285, le fameux seigneur *Mong-tchang-kiun* 孟嘗君, étant tombé en disgrâce auprès de son parent, le roi *Ming* 湣, de *Ts'i* 齊, s'enfuit à la cour de Wei, où il fut reçu à bras ouverts, et nommé de suite premier-ministre ; pour se venger de ses rivaux, il persuada à Tchao-wang de prendre part aux guerres que le royaume de *Yen* 燕 faisait alors à sa patrie.

En 284, tous les états voisins ayant adhéré à cette ligue, l'armée de Ming fut écrasée dans une effroyable bataille, à l'ouest de la rivière *Ts'i* 濟 ; après quoi, les rois de *Ts'in* 秦, de Wei et de Han eurent une entrevue amicale, dans la capitale même de l'empereur, et sans daigner faire une simple visite à leur hôte, le « fils du ciel » (5).

---

(1) Tche : était à 13 li au sud de *Ts'i-yuen hien* 濟源縣, qui est à 70 li à l'ouest de sa préfecture *Hoai-k'ing fou* 懷慶府, Ho-nan. *(Petite géogr., vol. 12, p. 27)* — *(Grande, vol. 49, p. 7).*

(2) Sin-yuen : était à 15 li nord-ouest de Ts'i-yuen hien (ci-dessus) ; elle s'appelait aussi *Yuen-tch'eng* 源城. K'iu-yang, était à 15 li sud-ouest de la même sous-préfecture *(Petite géogr., vol. 12, p. 27)* — *(Grande, vol. 49, p. 6).*

(3) Ho-nei : nous avons déjà dit que c'est la région située à l'est du Fleuve Jaune, juste au coin formé par sa grande courbe entre les trois provinces Chen-si, Chan-si et Ho-nan.

(4) Wen : était à 30 li sud-ouest de *Wen hien* 温縣, dans la préfecture de *Hoai-k'ing fou* 懷慶府, Ho-nan. *(Grande géogr., vol. 49, p. 15).*

(5) L'endroit exact de la bataille semble avoir été au nord-ouest de *Ts'ao hien* 曹縣, qui est à 120 li sud-est de sa préfecture *Ts'ao-tcheou fou* 曹州府, Chan-tong. *(Petite géogr., vol. 10, p. 17)* — *(Grande, vol. 33, p. 31).*

En 283, l'armée de *Ts'in* 秦 battait les troupes de Wei, près de *Ngan-tch'eng* 安城 (1), et se dirigeait droit sur la capitale *Ta-leang* 大梁 ; on semblait vouloir en finir avec ce royaume ; on s'en retourna cependant, sans avoir accompli ce dessein ; sans doute parcequ'on trouva cette ville trop bien fortifiée. Les années suivantes, le roi de Ts'in, occupé par ses grandes guerres contre les états de *Tchao* 趙 et de *Tch'ou* 楚, laissa tranquilles ceux de Wei et de Han, dont il n'avait rien à craindre.

En 279, *Mong-tchang-kiun* 孟嘗君 étant mort, ses fils se querellaient pour la succession, et ils luttaient entre eux avec une véritable fureur ; le roi de *Ts'i* 齊 profita de l'occasion ; avec le secours des troupes de Wei, il s'empara de *Si* 薛 (2), capitale de leur fief, et extermina toute leur race.

En 277, Tchao-wang rejoignait ses ancêtres dans la tombe, après un règne très-peu glorieux, comme on l'a vu ; son fils *Yu* 圉 lui succédait sur le trône.

---

(1) Ngan-tch'eng : était à 20 li sud-est de *Yuen-ou hien* 原武縣, qui est à 180 li à l'est de sa préfecture Hoai-k'ing fou. *(Petite géogr., vol. 12, p. 29) — (Grande, vol. 47, p. 27)*.

(2) Si : *(voyez à l'année 334)*.

## NGAN-LI-WANG (276-243)

## 安 釐 王

-·÷·|·🜨·|·÷·-

Les deux caractères qui composent le nom historique de ce souverain, ont des significations louangeuses ; Ngan veut dire *pacifique ; Li, caractère droit, capable de recevoir des remontrances, sachant s'arrêter devant des difficultés insurmontables* (1). *Singling-kiun* 信 陵 君, prince *Ou-ki* 無 忌, était son propre frère ; leur sœur était mariée à *P'ing-yuen-kiun* 平 原 君.

Dès la première année de son règne, il perdait deux villes, dont l'historien ne donne pas le nom ; c'est le terrible *Pé-k'i* 白 起 qui lui infligeait cette défaite ; mais quel homme opposer à un pareil capitaine ? on ne trouva personne plus capable que *Ou-ki* 無 忌, seigneur de Sin-ling (Sin-ling-kiun 信 陵 君), et propre frère de Ngan-li-wang ; le choix fut heureux, car celui-ci se montra dans la suite un grand guerrier, releva l'honneur militaire de son pays, et en retarda quelque temps l'anéantissement (2).

En 275, une armée de *Ts'in* 秦 revenant à la charge, Ngan-li-wang invoqua le secours de Han, bien malade lui-même ; en dépit de tous les efforts, on subit encore un grand échec ; quarante mille têtes jonchèrent le champ de bataille, et huit villes furent abandonnées au vainqueur.

C'était insuffisant ; l'armée de Ts'in recommença la campagne, vainquit le général *Mang-mao* 芒 卯, qui se retira à *Pé-tche* 北 宅 (3), puis elle se rendit sous les murs de la capitale *Ta-leang* 大 梁. Cette ville était bien fortifiée ; de plus, l'état de Han envoyait des troupes auxiliaires ; tout cela ne put rassurer Ngan-li-wang ; quand il vit les préparatifs du siége, il se crut perdu, et voulut à tout prix sauver sa couronne ; il céda le territoire de *Wen* 溫 (4), et les assiégeants consentirent à se retirer.

---

(1) Texte de l'interprétation : 好 和 不 爭 曰 安

(2) Ning : était la capitale du fief de Ou-ki ; elle était un peu à l'ouest de *Ning-ling hien* 寧 陵 縣, qui est à 60 li à l'ouest de sa préfecture *Koei-te fou* 歸 德 府, Ho-nan. *(Petite géogr., vol. 12, p. 12)* — *(Grande, vol. 50, p. 7).*

(3) Pé-tche : ou *Tche-yang* 宅 陽. était à 17 li à l'est de *Yong-yang hien* 滎 陽 縣, qui est à 200 li à l'ouest de sa préfecture *K'ai-fong fou* 開 封 府, Ho-nan. *(Petite géogr., vol. 12, p. 8)* — *(Grande, vol. 47, p. 57).*

(4) Wen : *(voyez ci-dessus, année 286).*

En 274, il faisait alliance avec le roi de Ts'i 齊, pour essayer de mettre une borne aux conquêtes de Ts'in ; comme réponse, une armée de l'insatiable suzerain se présenta, battit les troupes de Wei, coupa encore quarante mille têtes, et enleva quatre villes ; les auxiliaires n'avaient sans doute pas eu le temps de se mettre en marche, car il n'en est pas fait mention.

En 273, nouvelle invasion plus désastreuse que les précédentes ; Ngan-li-wang y perdit d'abord les villes de K'iuen 卷, Ts'ai-yang 蔡陽 et Tchang-che 長社 (1) ; à ce moment, des troupes auxiliaires de Han et de Tchao 趙 étant arrivées, le général Mang-mao 芒卯 reprit l'offensive ; il fut affreusement battu, cent-trente milles têtes furent coupées, et le territoire de Nan-yang 南陽 fut abandonné au vainqueur, pour obtenir de lui la paix, ou plutôt une trève ; ce désastre eut lieu à Hoa-yang 華陽 (2).

L'historien nous explique indirectement la cause de tels revers ; Ngan-li-wang avait à sa disposition des lettrés de génie, mais ne sut pas s'en servir. L'un d'eux était Sou-tai 蘇代, frère du fameux utopiste Sou-ts'ing 蘇秦 que le lecteur n'a pas oublié sans doute ; comme son défunt aîné, c'était un fin politique, aux mille stratagèmes ; un sage capable d'élever à l'empire quiconque se serait mis sous sa conduite ; malheureusement, ses flots d'éloquence ne faisaient pas grande impression sur la cour de Wei.

Un autre génie méconnu était le célèbre Fan-tsiu 范雎, fripon insigne, qui s'en alla au pays de Ts'in 秦, et lui rendit les plus grands services, dans ses guerres contre les vassaux.

En 272, le roi de Yen 燕, par ses exploits militaires, excitait la jalousie de Ts'in et de Tch'ou 楚 ; ceux-ci unirent leurs troupes, pour lui faire la guerre, et Ngan-li-wang fut appelé à leur fournir son contingent, lui si affaibli, et qui ne vivait plus que par grâce.

---

(1) K'iuen : était à 7 li nord-ouest de Yuen-ou hien 原武縣, qui est à 180 li à l'est de sa préfecture Hoai-k'ing fou 懷慶府, Ho-nan. (Petite géogr., vol. 12, p. 29) — (Grande, vol. 47, p. 26).

Ts'ai-yang : était à 10 li sud-ouest de Chang-ts'ai hien 上蔡縣, qui est à 70 li au nord de sa préfecture Jou-ning fou 汝寧府, Ho-nan. (Petite géogr., vol. 12, p. 50) — (Grande, vol. 50, p. 23).

Tchang-che : c'est Hiu-tcheou 許州, Ho-nan. (Petite géogr., vol. 12, p. 58) — (Grande, vol. 47, p. 42).

(2) Nan-yang : c'était toute la contrée située au nord de Siou-ou hien 修武縣, qui est à 120 li à l'est de Hoai-k'ing fou 懷慶府, Ho-nan. (Petite géogr., vol. 12, p. 28) — (Grande, vol. 49, p. 10).

Hoa-yang : était à 30 li sud-est de Sin-tch'eng hien 新鄭縣, qui est à 220 li sud-ouest de sa préfecture K'ai-fong fou 開封府, Ho-nan. (Petite géogr., vol. 12, p. 3) — (Grande, vol. 47, p. 32).

En 268, *Fan-tsiu* 范雎 conseilla au roi de Ts'in, son maître, d'envoyer une armée contre le pays de Wei, sa patrie ; le suzerain ne demandait pas mieux ; il y gagna la ville de *Hoai* 懷 (1).

En 267, *Tao-tse* 悼子, prince-héritier de *Ts'in* 秦 mourait à la cour de Wei, où il se trouvait comme otage.

Depuis longtemps, sans doute, le lecteur se demande ce qu'est devenu le fameux *Kong-tse-ou-ki* 公子無忌, dont nous annoncions la glorieuse carrière, au début de ce règne ; il est temps de le faire connaître : C'était un homme qui pratiquait l'humanité, prêchée par *Mong-tse* 孟子 et autres «saints» de ce genre ; les lettrés, sages ou non, étaient en vénération auprès de lui ; ils n'avaient pas besoin d'autres titres, pour avoir part à ses faveurs ; jamais il ne se prévalut de ses richesses ou de ses dignités, pour faire le fier devant eux. Avec une telle réputation, il les vit affluer à lui des quatre vents du ciel ; bientôt il en eut jusqu'à trois mille à sa solde ; aussi pas un souverain n'aurait osé s'attaquer à un homme servi par tant de génies supérieurs ; excepté, bien entendu, le roi de Ts'in, un sauvage.

Un jour, Ou-ki jouait aux échecs avec le roi son frère ; un messager accourut, disant que les signaux de feu annonçaient une invasion de brigands, venus du pays de *Tchao* 趙 ; Ngan-li-wang effrayé voulait immédiatement réunir son conseil, pour examiner ce qu'il y avait à faire ; Ou-ki l'arrêta en disant avec calme : c'est une fausse alerte : c'est le roi de Tchao lui-même qui chasse dans ces parages ; nos gens ont été ainsi induits en erreur ; et il continuait à jouer comme auparavant.

Mais Ngan-li-wang n'était pas tranquille ; bientôt un second messager venait confirmer les paroles de Ou-ki, et expliquer la méprise des gardiens de la frontière. Le roi stupéfait demanda à son frère : comment avez-vous pu deviner si juste ? J'ai, dit-il, des espions qui surveillent tous les actes du roi de Tchao, et m'en donnent des nouvelles ; c'est par eux que je savais cette circonstance.

Ce fut toute une révélation pour le roi. Désormais il eut peur de son frère, dont le talent se montrait si supérieur au sien, et qui était si bien servi par ses lettrés ; il craignait d'être supplanté par lui, et ne l'employa plus dans l'administration du royaume ; voilà pourquoi nous n'avons plus entendu parler de ce prince depuis dix ans ; voilà aussi la raison de tant de désastres ; par jalousie, le roi retenait dans l'ombre le sauveur de son pays.

Voici une petite historiette, racontée avec complaisance par notre auteur : *Heou-yng* 侯嬴, vieillard de 70 ans, gardien de la porte septentrionale de *Ta-leang* 大梁, était un génie ignoré ;

---

(1) Hoai : était à 11 li sud-ouest de *Ou-tche hien* 武陟縣, qui est à 100 li à l'est de sa préfecture Hoai-k'ing fou. *(Petite géogr., vol. 12, p. 28)* — *(Grande, vol. 49, p. 11)*.

Ou-ki en ayant été averti, alla le visiter, et lui offrit de riches présents ; le lettré les refusa en disant : jusqu'ici j'ai pratiqué la perfection ; toutes mes actions sont restées pures, pendant de si longues années ; je ne commencerai pas aujourd'hui à recevoir des cadeaux.

A quelque temps de là, Ou-ki prépara un grand festin, pour une réunion solennelle de tous ses lettrés ; chacun avait son rang marqué, d'après ses mérites ; la place d'honneur seule était vide, ce qui intriguait beaucoup les courtisans. Ou-ki, en personne, monté sur son char, dont il tenait lui-même les rênes, alla chercher Heou-yng ; tout le long de la route, on se demandait quel grand personnage il allait inviter.

Le lettré, vêtu de misérables habits et couvert d'un vieux chapeau, monta sur le char, et prit la première place, sans la moindre hésitation ; puis il dit au prince : je voudrais parler à un de mes amis, un boucher qui demeure sur le marché ; veuillez donc faire un petit détour, et passer par là. Ou-ki s'empressa d'obéir.

Arrivé devant la porte, Heou-yng descendit, appela son ami, se plaça de manière à ne pas perdre de vue son cocher royal, puis se mit à jaser longuement, au milieu d'une foule de spectateurs accourus à ce singulier spectacle.

Pendant ce temps, Ou-ki pensait aux trois mille convives, qui attendaient son retour pour se mettre à table ; sa figure ne trahit pas la moindre impatience ; les curieux, au contraire, s'indignaient du sans-gêne du vieux fou. Enfin, celui-ci remonta sur le char, et l'on se rendit au palais.

Ou-ki conduisit son homme à la place d'honneur, annonçant aux convives qu'il leur amenait un génie transcendant, qui les surpassait tous de cent coudées ; naturellement, on se montra plein de respect pour ce personnage.

Quand on servit le vin, Ou-ki porta un toast flatteur à ce sage éminent ; celui-ci répondit en félicitant le prince, d'avoir montré tant de patience le long de la route : j'ai voulu, disait-il, montrer au peuple à quel degré de vertu vous êtes parvenu, afin de vous procurer l'estime et la gloire que vous méritez.

Après le repas, Heou-yng dit au prince : ce boucher se nomme *Tchou-hai* 朱亥 ; c'est un sage ignoré, qui se cache au public sous cette humble profession ; hâtez-vous de l'attacher à votre service, vous en recevrez de grands avantages. Sur cette recommandation, Ou-ki se rendit auprès du boucher pour l'inviter à venir à la cour ; mais celui-ci ne daigna pas même le regarder.

Encore un Diogène! le prince fut ébahi de cette indifférence ; nous n'y voyons qu'un «stragème», un truc, pour se faire désirer davantage ; le système est vieux comme le monde. Mais nous avons, dans ce récit, une exacte peinture de l'infatuation de messieurs les lettrés ; ceux de nos jours se délectent de semblables contes ; ils y admirent leurs ancêtres, et se flattent de marcher sur leurs pas; se sentant un génie égal au leur, ils s'efforcent d'imiter ces illustres modèles.

Seulement, sur la question des cadeaux, nous les voyons moins rigides; ils les acceptent, ils les convoitent même, à n'importe quelles conditions; leurs antiques devanciers firent sans doute de même; mais pareilles faiblesses ne doivent pas s'écrire; elles feraient tache au tableau de la pure vertu, que l'on prêche dans les livres.

Notre auteur rapporte avec abondance les nombreux «stratagèmes», proposés par les parasites de Ou-ki; tous étaient infaillibles; tous devaient abattre le royaume de Ts'in 秦. et n'importe quel autre ennemi; nous faisons grâce au lecteur, de ces fastidieuses élucubrations; il nous en saura gré.

En 266, une armée de Ts'in prenait à Ngan-li-wang le territoire de *Hing-k'iou* 邢邱 (1); après quoi, il fut tranquille pendant plusieurs années, le terrible suzerain étant occupé à de grandes guerres avec le royaume de *Tchao* 趙.

En 259, le sage lettré *Tse-chouen* 子順 devenait premier ministre de Wei; il était, dit-on, descendant direct de Confucius, à la 6ème génération (2). Un ambassadeur spécial, muni de riches cadeaux en or et en soieries, était allé l'inviter, de la part de Ngan-li-wang; avant de donner son consentement, notre homme posa ses conditions : Si le roi de Wei, dit-il, a confiance en moi et en ma doctrine, il y a encore espoir de remédier aux calamités qui accablent son royaume; et je suis prêt à me dévouer corps et âme à cette entreprise, dussé-je avoir la plus misérable nourriture pour apaiser ma faim, et un peu d'eau pour étancher ma soif; mais s'il veut seulement m'offrir une grande dignité et de magnifiques appointements, sans accepter ma doctrine, je ne lui rendrais pas plus de services que n'importe quel homme ordinaire; alors, à quoi bon m'inviter à sa cour? elle possède assez de serviteurs de ce genre.

L'ambassadeur promit tout; pria, supplia, conjura le lettré de donner sa parole, et finit par l'obtenir. Au jour fixé, Ngan-li-wang lui-même allait à la frontière de son royaume, recevoir le personnage si désiré, et l'amener à la cour; c'était bien le comble de l'honneur, le roi ne pouvait faire davantage.

Le nouveau ministre commença par purger la cour de tous les flatteurs et favoris; à leur place, il établit de vertueux lettrés; il récompensa quiconque avait bien mérité du pays; et pour cela, il employait les revenus donnés auparavant à des paresseux, des inutiles.

_____

(1) Hing-k'iou : ou *P'ing-kao* 平皋, était à 70 li sud-est de *Hoai-k'ing fou* 懷慶府, Ho-nan. *(Petite géogr., vol. 12, p. 26)* — *(Grande. vol. 49, p. 3)*.

(2) Sur ce sage, voir le recueil intitulé *I-che* 繹史, vol. 141, p. 5.

Ces mesures causaient bien des troubles ; on calomniait, on vilipendait le réformateur ; celui-ci s'en consolait, en pensant que la vertu est toujours persécutée ; finalement,il proposa des «stratagèmes» encore plus importants, qui devaient sauver le pays, et abattre tous ses ennemis ; mais le roi n'était pas de taille à les apprécier, encore moins à les mettre à exécution ; aussi, neuf mois à peine après son arrivée,le fameux sage retournait dans sa patrie le duché de *Lou* 魯.

En 258, l'armée de *Ts'in* 秦, qui depuis plusieurs années harcelait le royaume de *Tchao* 趙, avait enfin mis le siége devant la capitale. Pendant les guerres précédentes, le pays s'était défendu avec une tout autre vigueur que ceux de Han et de Wei ; bien des fois, il avait appelé Ngan-li-wang à son secours, celui-ci avait fait la sourde oreille ; mais enfin, le danger était pressant ; *Hantan* 邯 鄲 prise, le royaume allait être anéanti.

*P'ing-yuen-kiun* 平 原 君, oncle du roi, avait pour épouse la sœur aînée de *Ou-ki* 無 忌, et par conséquent la sœur de Ngan-li-wang ; ce prince suppliait ses deux beaux-frères, d'envoyer promptement une armée ; de son côté, le roi de Ts'in les menaçait de sa colère, s'ils osaient le braver.

Pour ne mécontenter personne, Ngan-li-wang leva une armée de cent mille hommes, et la confia au général *Tsin-pi* 晉 鄙 ; mais il ne remit pas à celui-ci son brevet de généralissime ; de plus, il lui enjoignit de rester dans son camp, près de *Yen* 鄴 (1), et d'y attendre des ordres ultérieurs. Aux envoyés de Tchao, on répondait : l'armée est déjà partie ; à ceux de Ts'in : vous n'avez rien à craindre ; nous restons vos parfaits amis. N'était-ce pas un habile «tratagème»?

Cependant les choses prirent une tournure inattendue : le seigneur de *P'ing-yuen* 平 原 ayant de nouveau envoyé un pressant message, Ou-ki s'adressa une dernière fois à Ngan-li-wang et n'en obtint rien ; alors il arma tous ses lettrés-parasites : et, avec les gens de son fief,forma un petit corps d'armée d'environ cent chars ; donc à peu près dix-mille hommes,tous résolus à suivre leur maître jusqu'a la mort.

---

(1) Yen : était à 20 li à l'ouest de *Ling-tchang hien* 臨 漳 縣, qui est à 110 li nord-est de sa préfecture *Tchang-te fou* 彰 德 府, Ho-nan. (*Petite géogr., vol. 12, p. 16*) — (*Grande, vol. 49, p. 33*).

D'autres auteurs prétendent que le camp se trouvait à *T'ang-yng* 湯 陰, un peu au sud-ouest de *T'ang-yng hien* 湯 陰 縣, qui est à 45 li au sud de sa préfecture Tchang-te fou.

Ou-ki s'empara des pièces officielles du généralisime Tsin-pi, à *Wei-Kiang* 魏 絳, ville qui se trouvait un peu au sud-est de T'ang-yng. (*Grande géogr.. vol. 49, p. 40*).

Sortant par la porte du nord, Ou-ki salua son ami, le fameux sage *Heou-yng* 侯嬴, dont nous avons parlé plus haut ; celui-ci lui indiqua un bon moyen de se procurer le brevet du généralissime Tsin-pi, avec l'ordre écrit d'entrer en campagne immédiatement ; ces deux pièces, lui dit-il, sont toutes prêtes ; elles sont dans le tiroir du roi ; *Jou-ki* 如姬, la concubine favorite, vous les transmettra volontiers en secret.

Ou-ki obtint en effet les deux pièces en question, et revint près de son Mentor : si le généralissime, dit-il, se doute de quelque fraude, et refuse de se mettre en marche, que faire? — Mon ami le boucher, répondit le vieux sage, va vous accompagner; si le généralissime refuse de partir, il lui enfoncera un couteau dans le ventre, et vous prendrez le commandement des troupes.

De la part d'un vieux «sage», pour ne pas dire un «saint», voilà des couseils assez singuliers, qui supposent une idée aussi singulière de la «vertu»; c'est ainsi qu'il prétendait reconnaître les faveurs de Ou-ki; toutefois, il fallait prévoir la colère du roi, le jour où il s'apercevrait du tour qu'on lui aurait joué; notre sage avait encore son expédient : quand je serai à peu près sûr de votre arrivée au camp, ajouta-t-il, je me tournerai vers le nord, pour vous saluer de loin, et je me couperai la gorge; le roi, voyant que l'auteur de notre vertueuse supercherie s'est puni lui-même, ne cherchera querelle à personne; et vous pourrez poursuivre votre campagne.

Parvenu au camp, Ou-ki exhiba l'ordre royal; mais le généralissime émit des doutes, et hésita à l'exécuter; le boucher-lettré était là, une barre de fer de quarante livres à la main; il lui en asséna un coup sur la tête et l'assomma. Ou-ki partit aussitôt avec l'armée entière, tomba comme la foudre sur les assiégeants, délivra la capitale, et sauva le royaume.

Mais comment retourner à la cour de Wei, après une conduite pareille? Ou-ki chargea un autre général de rapatrier l'armée; quant à lui, il demeura au pays de *Tchao* 趙, où le roi lui assigna la ville de *Hao* 鄗 comme fief (1).

De son côté, Ngan-li-wang, content que son frère eût infligé une si grande défaite aux troupes de *Ts'in* 晉, ne lui retira pas son fief de *Ning-ling* 寧陵; mais il le laissa en exil, pour ne pas provoquer la colère du terrible suzerain.

Nous voici arrivés à la fin de l'année 257. Ou-ki devait sa nouvelle situation aux conseils du vieux *Heou-yng* 侯嬴, et il n'en avait point regret; pour le prouver, il se mit en quête de lettrés, comme ceux qu'il avait dans sa patrie, afin de se préparer à tout évènement.

---

(1) Hoa : était à 22 li au nord de *Pé-hiang hien* 栢鄉縣, qui est à 70 li au sud de *Tchao tcheou* 趙州, Chan-si. (*Petite géogr.*, vol. 2, p, 67) — (*Grande*, vol. 14, p. 47).

Il apprit bientôt qu'un joueur enragé, nommé *Mao-kong* 毛公, et un garçon marchand de vin, nommé *Si-kong* 薛公, étaient deux génies cachés ; il alla leur faire visite, mais ils refusèrent de le recevoir ; c'était bon signe ; ils avaient donc conscience de leur valeur ; le prince reconnaissait à ce trait la marque de fabrique des vrais lettrés ; il s'arrangea si bien, qu'il put les recontrer, et lier amitié avec eux.

Le prince *Chen* 勝, seigneur de *P'ing-yuen* 平原, qui ne comprenait rien à ce systéme, était peu flatté de voir son beau-frère nouer de telles accointances ; il en parla devant son épouse, et celle-ci avertit son frère : Oui, répondit Ou-ki, je vois que le prince Chen ne veut que des riches et des nobles pour amis ; il ne se soucie pas de trouver des hommes de valeur, fussent-ils de la dernière condition ; étant dans ma patrie, la renommée m'avait appris l'existence de ces deux genies ignorés ; j'ai fini par les découvrir et me les attacher, pour le plus grand avantage du royaume de *Tchao* 趙 ; mais puisque le prince Chen sait si peu apprécier mes services, je ne veux pas rester plus longtemps dans ce pays.

Ayant ainsi parlé, Ou-ki fit ses préparatifs de départ. Désolé de cette nouvelle, son beau-frère vint le trouver, lui fit les plus humbles excuses de son erreur, et le supplia de rester. Ou-ki se laissa fléchir, et recommença ses enquêtes ; l'anecdote fit du bruit ; les lettrés affluèrent comme au pays de Wei, Ou-ki en eut bientôt une légion ; avec eux, son influence alla grandissant de jour en jour.

En 254, les affaires allaient mal au royaume de Wei ; une armée de *Ts'in* 秦 ayant pris la ville de *Ou-tch'eng* 吳城 (1), Ngan-li-wang renonça à son titre de vassal de l'empire, et se déclara feudataire direct du roi de Ts'in ; moralement, le royaume n'existait plus ; son vainqueur attendit encore quelques années avant de se l'annexer définitivement.

En 252, *Hoai-kiun* 懷君 marquis de *Wei* 衛 (282-253), était venu faire une visite amicale à la cour de Wei ; on l'y retint d'abord prisonnier, puis on le mit à mort ; à sa place, on mit sur le trône son propre frère, marié à la sœur de Ngan-li-wang, et qui est connu dans l'histoire sous le nom de *Yuen-kiun* 元君 (253-229).

En 248, Ngan-li-wang faisait une campagne contre le pays de *Yen* 燕 ; nous en parlerons dans l'histoire de *Tchao* 趙, qui vint alors au secours de Wei.

En 247, *Mong-ngao* 蒙驁, général de *Ts'in* 秦, prenait à Ngan-li-wang les villes de *Kao-tou* 高都 et de *K'i* 汲 (2) ; puis

_____

(1) Ou-tch'eng : ou *Yu-tch'eng* 虞城, était à 45 li nord-est de *P'ing-lou hien* 平陸縣, qui est à 90 li sud-est de *Kiai tcheou* 解州, Chan-si. *(Petite géogr., vol. 8, p. 42)* — *(Grande, vol. 41, p. 34)*.

(2) Kao-tou : était à 30 li à l'est de *Tche-tcheou fou* 澤州府, Chan-si. *(Petite géogr., vol. 8, p. 27)* — *(Grande, vol. 43, p. 2)*.

il battait encore ses troupes en plusieurs rencontres ; le pauvre roi se crut à sa dernière heure ; il envoya une ambassade à son frère *Ou-k'i* 吳 起, le suppliant de revenir, et de sauver sa patrie d'une ruine imminente.

Celui-ci craignait un piége, il refusa de retourner à son pays; feignant une grande colère, il publia l'avis suivant : quiconque de mes serviteurs s'abouchera avec l'ambassadeur, sera puni de mort; ainsi personne n'osait lui faire des remontrances au sujet de son erreur. Mao-kong et Si-kong eurent seuls cette audace :.

Votre seigneurie, lui dirent-ils, est estimée et honorée de toutes les cours souveraines, à cause de votre titre de prince de Wei ; or votre patrie est dans la détresse la plus extrême, et vous refusez de la secourir ; si l'armée de Ts'in s'empare de votre capitale, et détruit le temple de vos ancêtres, quelle figure ferez-vous devant l'empire tout entier ?

Ces deux messieurs n'avaient pas encore fini leur exhortation, que déjà la rougeur était montée au front de Ou-ki ; vite, il ordonna d'atteler son char, et partit pour la cour de Wei. A son arrivée, Ngan-li-wang le prit par le bras, et se mit à pleurer ; il le nomma aussitôt son généralissime, le priant d'aviser aux meilleurs moyens de conjurer le péril.

Ou-ki envoya demander secours aux divers souverains ; ceux-ci apprenant son retour, s'empressèrent de fournir des troupes, dont il fit un choix ; ainsi renforcé, il prit l'offensive, battit l'armée de *Ts'in* 秦, la contraignit de repasser le Fleuve Jaune, et la poursuivit jusqu'au défilé *Han-kou-koan* 函谷關, où il lui infligea une dernière défaite.

C'était comme une résurrection. Dès lors, la renommée de Ou-ki se répandit par toute la Chine ; les hommes de talent et de courage accoururent à son service, lui apportant tous les vieux livres qui traitaient de l'art militaire ; il les mit en ordre, et en composa l'ouvrage intitulé *Wei-kong-tse-ping-fa* 魏 公 子 兵 法, c'est-à-dire *l'art militaire d'après (Ou-ki) le prince de Wei* (1).

Notre héros voulut poursuivre la carrière qu'il venait d'inaugurer avec tant d'éclat ; il mit le siége devant la ville de *Koan* 管 (2) ; mais, en dépit de tous ses efforts, il ne put s'en emparer. Furieux de cet échec, Ou-ki manda au vieux seigneur *Chou-kao* 縮 高 d'ordonner à son fils, le commandant de la place, de faire immédiatement sa soumission ; ou de venir lui-même avec des

K'i : était à 25 li sud-ouest de *Wei-hoei fou* 衛輝府, Ho-nan. *(Petite géogr., vol. 12, p. 19)* — *(Grande, vol. 49, p. 18).*

(1) Je n'ai pu savoir si ce recueil existe encore.

(2) Koan : c'est *Tcheng tcheou* 鄭州, à 140 li à l'ouest de sa préfecture *K'ai-fong fou* 開封府, Ho-nan. *(Petite géogr., vol. 12, p. 7)* — *(Grande, vol. 47, p. 54).*

troupes, aider à le réduire.　Le père répondit par un refus res-
pectueux.

Ou-ki s'adressa au seigneur de ce fief, *Ngan-ling-kiun* 安 陵
君 (1), lui demandant d'ordonner à son sujet de se rendre ; et le
menaçant de venir avec ses cent mille hommes, s'il ne donnait pas
cette injonction ; il alla même jusqu'à exiger de ce seigneur, de
lui envoyer enchaînés le commandant et son père. Ou-ki et Ngan-
ling-kiun étaient cousins au 3ème degré ; il se montra donc bien fier.

Il en reçut la réponse suivante : mon ancêtre *Tcheng-heou*
成 侯 a reçu du roi *Siang* 襄 (318-296) ce fief de Ngan-ling, comme
les archives de Wei en font foi ; dans le diplôme d'investiture il
est dit : le sujet qui mettrait à mort son souverain, le fils qui
tuerait son père, seront punis de mort ; et jamais il n'y aura de
pardon pour eux, même dans une amnistie générale ; le commandant qui livrerait une place, le père qui enjoindrait une trahison
à son fils, seront passibles de la même peine. Le commandant
de Koan et son père ne font qu'observer ces règlements ; et votre
seigneurie m'ordonne de les lui livrer captifs ; je préfère mourir,
plutôt que de commettre une pareille infamie. — Ngan-ling-kiun
ne voulut pas se compromettre et perdre son fief.

On pouvait tout craindre de la fureur de Ou-ki ; le vieux
*Chou-kao* 縮 高 imagina une solution tout-à-fait chinoise ; il se
rendit chez le messager du prince, et se coupa la gorge (2). A
cette nouvelle, Ou-ki prit le deuil, et se retira dans une chambre
solitaire, pour y pleurer le défunt, comme s'il eût été son parent ;
puis il adressa au seigneur de Ngan-ling le billet suivant : Je suis
un misérable ; excusez la démence où j'étais tombé dans mon embarras ; j'ai eu tort envers votre seigneurie, et vous en demande
pardon.

Voyons maintenant ce qui se passait à la cour de *Ts'in* 秦 :
*Tseng* 增, prince-héritier de Wei, s'y trouvait en otage ; le roi
voulait le mettre à mort, pour se venger des victoires de Ou-ki ;
un de ses ministres l'en dissuada en disant : le grand seigneur
*Kong-suen-hi* 公 孫 喜 a conseillé au généralissime de nous combattre à outrance, afin de nous exciter à massacrer le prince-héritier ; alors le royaume de Wei se lèvera comme un seul homme

---

(1) Ngan-ling : était à 15 li nord-ouest de *Yen-ling hien* 焉 陵 縣, qui est à
160 li au sud de sa préfecture *K'ai-fong fou* 開 封 府, Ho-nan (*Petite géogr.,*
*vol. 12, p. 4)* — (*Grande, vol. 47, p. 23).*

(2) Voilà une pratique constante, journalière, universelle, dans toute la Chine ;
et souvent pour des querelles de minime inportance ; pour faire tort à son adversaire, on se noie, ou l'on se pend ; ou l'on avale de l'opium cru, et l'on s'en va mourir chez lui ; ce qui est le *nec plus ultra* de la vengeance ; pour se tirer d'affaire, il n'a
plus qu'à en faire autant ; sinon, l'opinion publique l'accuse d'avoir poussé à bout
un pauvre malheureux ; il doit donner vie pour vie (ti-ming 替 命), ou bien ouvrir
sa bourse sans mesure ; même ayant raison, il est ruiné ; ce que voulait l'autre.

contre nous ; ce qui peut devenir dangereux ; que votre Majesté
veuille donc prendre garde à ce piége. Le mieux serait, à mon
avis, de traiter le plus amicalement possible, le prince-héritier et
le roi lui-même ; les états de Ts'i 齊 et de Han commenceraient
à douter de leur allié.

Ce conseil fut suivi ; au lieu des armes, on employa la ruse
pour perdre Ou-ki ; un messager des plus habiles fut envoyé à la
cour de Wei ; il emportait dix-mille livres d'or, à distribuer aux
personnages qui pouvaient faciliter sa mission secrète ; c'est par
l'entremise de ces traîtres, qu'il fit parvenir au roi la remontrance
suivante :

Ou-ki a vécu dix années en dehors de Wei, et s'est concilié
l'affection des divers souverains ; rappelé dans sa patrie, et nommé
géuéralissime, il s'est acquis une gloire incroyable ; dans toute la
Chine, on ne parle que de lui, sans s'occuper du roi son frère ; la
cour de Ts'in 秦 lui a déjà plusieurs fois fait demander quand il
pensait prendre officiellement la couronne, puisqu'il a assumé
toute l'autorité.

La jalousie et l'ambition de plusieurs courtisans, soutenues
par l'or de Ts'in, surent si bien et si souvent présenter cette dis-
crète calomnie, que Ngan-li-wang finit par en être ébranlé ; sans
donner le motif de sa résolution, il retira à son frère son titre de
généralissime ; cette fois, le royaume était sûrement perdu.

Ou-ki comprit le coup qui le frappait, il ne s'en plaignit
point ; il prétexta une maladie, pour ne plus paraître à la cour ;
il s'adonna avec rage au vin et aux femmes ; au bout de quatre
ans, il mourut de ses excès et de son chagrin. Triste fin, pour
un homme qui avait passé sa vie entouré de tant de sages !

Aussitôt que cette lamentable nouvelle eut été répandue, le
roi de Han se rendit à la cour de Wei, pour rendre les honneurs
à l'illustre défunt; Yong-tse 榮子, fils de Ou-ki, demanda au sage
Tse-chouenn 子順, dont nous avons parlé plus haut, comment il
fallait se conduire en pareille occurrence: Refusez cet honneur,
répondit le lettré; car, d'après les «rites», si un souverain vient
offrir ses condoléances, le roi doit lui tenir compagnie, et présider
aux cérémonies; or, votre oncle ne vous a fait aucune communication, il s'abstient; vous n'avez qu'à remercier humblement le
roi de Han, de la peiné qu'il s'est donnée pour vous. Ce conseil
du descendant de Confucius fut accepté et suivi avec un religieux
respect; n'était-ce pas un oracle !

En 245, une armée de Ts'in 秦 envahissait le pauvre pays de
Wei, lui coupait trente mille têtes, et lui prenait la ville de K'iuen
卷 (1); le roi de Tchao 趙 profita de l'occasion, pour lui enlever

_____

(1) K'iuen : prise par Ts'in, en 273, avait donc été rendue ou abandonnée.
(voyez à cette année).

celle de *Fan-yang* 繁 陽(1); il n'en jouit pas longtemps, car il mourait avant la fin de l'année. *Lien-p'ouo* 廉 頗, son fameux général et son protégé, se voyant privé de sa charge par le nouveau souverain, se réfugia auprès de Ngan-li-wang, auquel il venait de faire un si grand tort; mais il n'y reçut pas une dignité en rapport avec ses talents; c'est pourquoi il s'en alla au pays de *Tch'ou* 楚, et y mourut avant d'avoir remporté aucune victoire éclatante.

En 244, Ngan-li-wang commençait des travaux considérables, pour établir une grande voie de communication, entre les deux villes *P'ing-i* 平 邑 et *Tchong-meou* 中 牟 (2); le moment était bien mal choisi pour une telle entreprise; avec un royaume à l'agonie, que pouvait-il espérer? les guerres aussi l'empêchèrent de mener ce travail à bonne fin.

A la 10ème lune de cette même année, les troupes de *Ts'in* 秦, qui souffraient d'une horrible famine dans leur propre pays, envahirent celui de Wei, sous la conduite du général *Mong-ngao* 蒙 驁, et mirent le siége devant *Tch'ang-you-kouei* 陽 有 詭 (3); c'est seulement après trois mois d'efforts, qu'elles purent s'emparer de cette ville; quand elles prirent le chemin du retour, on était en plein hiver de l'année suivante.

En 243, Ngan-li-wang formait le projet d'élever une tour, dont la hauteur dépasserait de beaucoup tout ce que l'on avait vu ou entendu de plus merveilleux en ce genre; il l'avait même nommée d'avance *Tchong-t'ien-tai* 中 天 臺, c'est-à-dire *tour qui atteindra la mi-hauteur du ciel*. On avait essayé des remontrances sur les difficultés, sur l'inopportunité d'une telle entreprise; il avait fini par se fâcher, et menacer de mort quiconque chercherait à le dissuader. Si le fait est vrai, il prouve un jugement affaibli

---

(1) Fan-yang : était à 27 li nord-est de *Nei-Hoanghien* 內 黃 縣, qui est à 110 li à l'est de sa préfecture *Tchang-te fou* 彰 得 府, Ho-nan. (*Petite géogr.*, vol. *12*, p. *18*) — (*Grande*, vol. *16*, p. *17*).

(2) P'ing-i : était à 7 li nord-est de *Nan-lo hien* 南 樂 縣, qui est à 40 li sud-est de sa préfecture *Ta-ming fou* 大 名 府, Tche-li.

Tchong-meou : au pied de la montagne de ce nom, était à 50 li à l'ouest de *T'ang-yng hien* 湯 陰 縣, qui est à 45 li au sud de sa préfecture Tchang-te fou. A cet endroit, la montagne et le Fleuve Jaune rendaient le chemin très-difficile; depuis des siècles on aurait dû penser au travail dont il s'agit; mais les meilleures idées viennent souvent les dernières, et quelque fois trop tard. Tchong-meou avait toujours appartenu au royaume de *Tchao* 趙; en 259, le seigneur *Leou-yuen* 樓 級, s'étant enfui à la cour de Wei, lui avait fait hommage ce fief. (*Se-ma Ts'ien*, chap. *43, 32*) — (*Petite géogr.*, vol. *2*, p. *53* — vol. *12*, p. *17*) — (*Grande*, vol. *16*, p. *12* — vol. *49*, p. *40*).

(3) Tch'ang-you-kouei : est inconnu; on sait seulement que c'était une ville de Wei.

chez le vieux roi ; rien d'étonnant, puisqu'il ne devait pas voir la fin de cette même année.

Quoiqu'il en soit, il se trouva cependant un homme assez habile pour lui faire abandonner ce projet insensé ; c'est *Hiu-koan* 許綰, un sage ignoré qui vivait à la campagne, occupé à la culture de quelques arpents de terre ; son hoyau à la main, il se présenta à la cour, et dit au roi : Majesté, je viens me mettre à votre service. — En quoi pouvez-vous m'être utile ? — C'est vrai, je suis vieux et cassé ; mais je voudrais proposer un simple conseil. — Sur quoi donc ? — Voici la question :

J'ai appris qu'il y a quinze mille ly de distance, entre le ciel et la terre ; votre Majesté veut construire une tour qui atteigne la moitié de cette hauteur ; pour cela, il lui faudra une base de huit mille ly de côté ; notre pays n'ayant pas cette étendue, il faudra prendre les royaumes voisins, puis les territoires des sauvages ; ensuite, il s'agira de trouver encore une place suffisante pour les habitants de tous ces pays, dont votre tour occupera le territoire, et qui, en labourant la terre, vous fourniront l'argent nécessaire pour cette entreprise gigantesque ; enfin, quand on aura la moitié des fonds et des matériaux, on pourra mettre la main à l'œuvre.

Ngan-li-wang demeura bouche béante, devant ce compte de paysan ; il ne fut plus question de la fameuse tour. D'ailleurs, peu de temps après, le souverain avait cessé de vivre, et son fils, le prince-héritier *Tseng* 增, le remplaçait sur son trône chancelant.

# KING-MING-WANG (242-223)

## 景 閔 王

——•᎐ᬅ•᎐᎓᎐᎓•——

Les deux caractères de ce nom historique se contredisent un peu ; King signifie *prince qui, par son esprit de justice, vint à bout de tout* ; Ming se traduit : *prince qui eut beaucoup de deuils* (1) ; assurément c'est le second qui est le plus vrai, comme nous allons le voir.

En 242, le terrible général de *Ts'in* 秦, *Mong-ngao* 蒙驁, prenait vingt villes avec leur territoire, et en formait, pour son maître, la province de l'est (ou Tong-kiun 東郡) (2) ; après ce coup décisif, il ne devait pas rester grand'chose au pauvre King-ming-wang.

En 241, les autres royaumes craignant tous pour leur propre existence, essayèrent encore une fois d'opposer une digue aux envahissements de Ts'in ; le roi de *Tch'ou* 楚 se mit à leur tête ; une armée composée de ses troupes, unies à celles de Han, de Wei, de *Tchao* 趙, et de *Wei* 衛, prit l'offensive et s'empara de *Cheou-ling* 壽陵 (3), ville assez importante ; puis elle se dirigea vers le dangereux défilé *Han-kou-koan* 兩谷關, dont elle voulait se rendre maîtresse. De nouveau, cet endroit fut fatal à la ligue ; les gens de Ts'in s'élancèrent de leur montagne, comme le tigre de son antre, et dispersèrent les fédérés aux quatre vents du ciel ; la coalition avait vécu. Pour punir en particulier le pays de Wei 衛, on lui prit une ville, et King-ming-wang perdit celle de *Tch'ao-ko* 朝歌 (4).

En 240, l'armée de Ts'in lui prenait celle de *Ki* 汲 (5).

---

(1) Textes des interprétations : 由義而濟曰景　在國遭憂曰閔

(2) C'est-à-dire depuis la préfecture actuelle de *Wei-hoei fou* 衛輝府, dans le Ho-nan, jusqu'à celle de Ta-ming fou dans le Tche-li, et celle de *Tong-tchang fou* 東昌府, dans le Chan-tong.

(3) Cheou-ling : endroit exact inconnu.

(4) Tch'ao-ko : dont nous avons tant parlé, à la fin de royaume de *Tsin* 晉, était un peu au nord-est de *Ki hien* 汲縣, qui est à 50 li au nord de sa préfecture Wei-hoei fou. *(Petite géogr., vol. 12, p. 20)* — *(Grande, vol. 49, p. 23)*.

(5) Ki : était à 25 li sud-ouest de Wei-hoei fou.

En 239, King-ming-wang offrait celle de *Yen* 鄢 (1) au roi de *Tchao* 趙, qui avait encore une armée respectable, en dépit de ses nombreuses défaites précédentes, et qui pouvait encore accorder un secours utile.

En 238, les troupes de Ts'in prenaient les villes *Yuen* 垣, *P'ou* 蒲 et *Hien-che* 衍 氏 (2).

En 237, le sage lettré *Wei-leao* 尉 繚, originaire de Wei, se voyant méconnu dans sa patrie, s'en alla offrir ses services au roi de *Ts'in* 秦; entre autres conseils, il lui donna celui-ci : ne ménagez pas vos trésors; alors vous viendrez facilement à bout de toute la Chine. En voilà un qui connaissait bien son monde! Nous avons, dans l'histoire de Ts'in, montré que le souverain comprit à merveille, et sut mettre à profit, cette «doctrine» de son sage-ambulant.

En 231, pour éviter de se les voir enlevés de force, King-ming-wang offrait plusieurs territoires, que l'historien n'indique même pas; c'était inutile sans doute, dans sa pensée; car c'était la fin du royaume; il n'en restait plus guère que la capitale.

En 228, King-ming-wang descendait dans la tombe, laissant à son fils, le prince-héritier *Kia* 假, le triste honneur de clore la liste des rois de Wei.

-------------------------

(1) Yen : était à 20 li à l'ouest de *Ling-tchang hien* 臨 漳 縣, qui est à 110 li nord-est de sa préfecture *Tchang-te fou* 彰 德 府, Ho-nan. *(Petite géogr., vol. 12, p. 16)* — *(Grande, vol. 49, p. 33).*

(2) Yuen : était à 20 li au nord-ouest de *Yuen-k'iu hien* 垣 曲 縣, qui est à 230 li sud-est de *Kiang tcheou* 絳 州, Chan-si. *(Petite géogr., vol. 8, p. 45)* — *(Grande, vol. 41, p. 42).*

P'ou : était à 2 li sud-ouest de *P'ou hien* 蒲 縣, qui est à 110 li au sud de *Che* (si) *tcheou* 隰 州, Chan-si. *(Petite géogr., vol. 8, p. 46)* — *(Grande, vol. 41, p. 14).*

Hien-che : était à 30 li au nord de *T'chen tcheou* 鄭 州, Ho-nan. *(Petite géogr., vol. 12, p. 7)* — *(Grande, vol. 47, p. 54).*

1

# WANG-KIA (227-225)

# 王 假

—·≒|·≅·|≅·—

Dernier roi d'une dynastie éphémère, il n'eut pas sa tablette dans le temple de ses ancêtres ; il n'eut pas de nom posthume, et garda celui qu'il porta pendant ses deux années de règne.

En 225, *Che-hoang-ti* 始皇帝, de *Ts'in* 秦, qui avait déjà anéanti les royaumes de Tchao et de Han, voulut aussi en finir avec celui de Wei ; il envoya son général *Wang-pen* 王賁 assiéger la capitale *Ta-leang* 大梁. Nous savons que cette ville était une des mieux fortifiées ; aussi, après trois mois d'assauts infructueux, le général ennemi se vit réduit à creuser des canaux et des fossés, à diriger des cours d'eau sur les murs de la ville, qui finirent par s'écrouler.

Au milieu d'une si grande inondation, toute résistance était devenue impossible ; les habitants déposèrent les armes, le souverain fut mis à mort, et son royaume annexé à celui de Ts'in.

*Ngan-ling-kiun* 安陵君, petit feudataire de Wei, n'avait pas encore été attaqué ; le roi de Ts'in, qui l'estimait sans doute, préférait le gagner amicalement à sa cause ; il se montra bon sire envers lui ; il lui offrit un territoire de cinq cents li d'étendue, presque un royaume, en échange de son petit fief de Ngan-ling ; mais ce seigneur, qui ne voyait là qu'un piége bien alléchant, fit la belle réponse suivante :

Votre Majesté est vraiment trop généreuse de me proposer un si grand pays ; mais mon petit fief a été donné à mes ancêtres, depuis longtemps, par le roi de Wei ; je veux y vivre et y mourir, sans l'échanger contre n'importe quel territoire (1).

Che-hoang-ti n'insista pas ; il avait bien le temps de s'en emparer, quand il le jugerait opportun. Probablement, ce fief minuscule continua de rester indépendant ; car *Tchao-ti* 昭帝, empereur de la dynastie *Han* 漢, en faisait présent au seigneur *Tchang-ngan* 張安 (années 86-74 avant J.-C.).

A la suite des révolutions qui renversèrent la dynastie impériale *Ts'in* 秦, le royaume de Wei fut rétabli, ainsi que les autres, mais pour un temps très-court ; c'est le prince *Pao* 豹 qui monta sur le trône, avec *P'ing-yang* 平陽 pour capitale (2). cf. 繹史 vol. 1 p. 22.

---

(1) Ngan-ling : *(voyez l'identification, à l'année 247).*

(2) P'ing-yang : c'est *P'ing-yang fou* 平陽府, Chan-si. *(Annales du Chan-si, vol. 8, p. 36)* — *(Se-ma Ts'ien, chap. 90, donne la biographie de ce prince Pao)* — *(voyez encore notre Histoire du royaume de Ts'in* 秦*).*

# ROYAUME DE TCHAO

## NOTES PRÉLIMINAIRES

De même que la précédente, cette famille n'était pas de la maison royale de *Tsin* 晉; mais elle était de haute et antique noblesse, comme on peut le voir dans les annales du Chan-si (vol. 8, pp. 20 et 33); elle descendait du fameux *Pé-i* 伯益, ministre de l'illustre empereur *Chouenn* 舜, vers l'an 2257 avant Jésus-Christ. *Cf. le tableau généalogique* 繹史 vol. 22 *in verso*.

Se-ma Ts'ien dit qu'elle venait des mêmes ancêtres que la maison royale *Ts'in* 秦; et qu'elle était ainsi du clan *Yng* 嬴. Son fondateur vraiment historique est *Tchao-fou* 造父, conducteur du char de l'empereur *Mou-wang* 穆王 (1001-947) de la dynastie *Tcheou* 周; il en reçut le fief *Tchao* 趙 (1), d'où cette famille tira son nom seigneurial.

Ses descendants occupèrent successivement de hautes charges à la cour impériale, jusqu'à l'époque 781-771; alors le seigneur *Chou-tai* 叔帶, voyant l'empereur *Tcheou You-wang* 周幽王 perdu de mœurs, se retira à la cour de *Tsin* 晉, et se mit au service de *Wen-heou* 文侯 (780-746).

Relativement à cette troisième phase de l'histoire de Tchao, c'est-à-dire celle de son incorporation au royaume de *Tsin* 晉, c'est ce seigneur Chou-tai qui est considéré comme son nouveau fondateur. Désormais, elle fournit à son pays d'adoption, une longue série d'hommes éminents, et par eux conquit une grande influence sur la destinée du royaume.

*Tchao-sou* 趙夙 ayant reçu du roi *Hien-kong* 獻公 (676-652) le fief de *Keng* 耿 (2), en récompense de ses grands services, y transporta l'antique capitale.

---

(1) Tchao : sa capitale était à 35 li au sud de *Tchao-tch'eng hien* 趙城縣, qui est à 50 li sud-ouest de *Houo tcheou fou* 霍州府, Chan-si *(Petite géogr., vol. 8, p. 41)* — *(Grande, vol. 41, p. 8)*.

(2) Keng : était à 12 li au sud de *Ho-tsing hien* 河津縣, qui est à 200 il à l'ouest de *Kiang tcheou* 絳州, Chan-si. *(Grande géogr., vol. 41, p. 26)*.

*Tchao-chouei* 趙衰, son frère cadet, reçut à son tour le fief de *Yuen* 原 (1), dont la position était bien préférable; il y transféra la nouvelle capitale.

*Tchao-yang* 趙軮, bien connu du lecteur, la transféra à *Tsin-yang* 晉陽 (2).

*Tchao-wan* 趙浣, fils du seigneur *Tai-lcheng-kiun* 代成君, dont nous aurons à parler, la transporta à *Tchong-meou* 中牟 (3).

Enfin *Sou-heou* 肅侯 (349-326) l'établit définitivement à *Han-tan* 邯鄲 (4), où elle resta jusqu'à l'anéantissement du royaume, en 229.

Le recueil intitulé *Kiang-yu-piao* 疆域表, vol. 上, p. 26, donne brièvement les frontières de l'état de Tchao, ainsi qu'il suit: à *l'ouest*, la montagne *Tchang-chan* 常山 ; *au sud*, le Fleuve Jaune et la rivière *Tchang* 漳河 ; à *l'est*, le fleuve *Tsing-ho* 清河 ; *au nord*, le pays de *Yen* 燕.

Ajoutons seulement quelques mots : Ce royaume ayant une étendue de trois mille li en carré, était environ trois fois plus grand que celui de Han et celui de Wei. Dans la province actuelle du Chan-si, il possédait le territoire de *T'ai-yuen* 太原, par lequel il voisinait le pays de Wei ; en remontant vers le nord il n'avait pour limite que les contrées habitées par les Tartares nomades, auxquels il prenait tout ce qu'il voulait. Dans la province actuelle du Chen-si, il était à peu près dans les mêmes conditions, au nord. Sa capitale Han-tan était dans la préfecture de *Koang-p'ing-fou* 廣平府, province du Tche-li. *Ho-kien-fou* 河間府 et *King-tcheou* 景州, même province ; *Ling-tsing-tcheou* 臨青州 dans le Chan-tong ; tous ces territoires étaient à lui ; et par eux il touchait aux royaumes de *Yen* 燕 et de *Ts'i* 齊. A l'ouest, il avait pour frontière le pays de *Ts'in* 秦, qui finira par l'absorber.

Le lecteur n'a pas oublié la part prépondérante prise par le seigneur *Tchao-ou-siu* 趙無恤 à l'anéantissement de la famille *Tche* 知, en 453 ; dès lors, le royaume de *Tsin* 晉 avait morale-

---

(1) Yuen : était à 15 li nord-ouest de *Ts'i-yuen hien* 濟源縣, qui est à 70 li à l'ouest de sa préfecture *Hoai-k'ing fou* 懷慶府, Ho-nan. *(Grande géogr., vol. 49, p. 6)*.

(2) Tsin-yang : était un peu au sud-ouest de *Ling-tsin hien* 臨晉縣, qui est à 70 li nord-est de sa préfecture *P'ou tcheou fou* 蒲州府, Chan-si. *(Grande géogr., vol. 41, p. 21)*.

(3) Tchong-meou : était à 50 li à l'ouest de *T'ang-yng hien* 湯陰縣, qui est à 45 li au sud de sa préfecture *Tchang-te fou* 彰德府, Ho-nan. *(Petite géogr., vol. 12, p. 17) — (Grande, vol. 49, p. 40)*.

(4) Han-tan : était à 20 li sud-ouest de *Han-tan hien* 邯鄲縣, qui est à 55 li sud-ouest de sa préfecture *Koang-p'ing fou* 廣平府, Tche-li. *(Petite géogr., vol. 2, p. 50) — (Grande, vol. 15, p. 23)*.

ment cessé d'exister ; il eut encore un roi nominal, pendant quelques années ; mais l'autorité était entre les mains des trois maisons spoliatrices, Tchao, Han, et Wei ; toutes les autres étaient abattues.

Tchao-ou-siu mourait en 425 ; son successeur *Tchao-wan* 趙 浣 ou *Tchao-hien-tse* 趙 獻 子, en 409, après avoir été reconnu comme prince de l'empire, mais sans avoir reçu l'investiture officielle.

*Tsi* 籍, fils de ce dernier, est considéré comme le premier roi de Tchao ; il régna de 408 à 400 ; il est connu dans l'histoire sous le nom de *Lié-heou* 烈 侯 ; c'est lui qui reçut l'investiture, avec le titre de marquis [heou 侯], de même que ses collègues de Han et de Wei.

# LIÉ-HÉOU (408-400)

## 烈 侯

—▪❙▪ⱯⱯⱯ ❙▪—

Nous connaissons déjà le sens élogieux de ce nom : *prince guerrier, qui sut procurer la paix à son pays* (1).·

En 403, l'empereur le reconnaissait comme vassal de l'empire, indépendant de son ancien souverain de *Tsin* 晉, et lui donnait l'investiture officielle, avec le titre de marquis (heou 侯); en réalité il était vrai roi; on le nommait ainsi dans les relations officieuses, en attendant que l'un de ses successeurs prît ouvertement la qualification si désirée de *Wang* 王.

Voici une historiette qui nous fera connaître le caractère de ce prince; il demanda, un jour, à son premier ministre *Kong-tchong-lien* 公 仲 連 : puis-je annoblir des hommes que j'aime beaucoup? Le ministre répondit en lettré : il est en votre pouvoir de les enrichir, mais non de les annoblir. — Très-bien, reprit le prince, voilà *Ts'iang* 槍 et *Che* 石, deux musiciens fameux, venus de *Tcheng* 鄭, je veux leur donner à chacun dix mille arpents de terre, avec la population qui s'y trouve; cherchez donc un endroit convenable pour cela. — Bien! répondit le ministre; et il n'en fit rien.

Un mois plus tard, revenant de *Tai* 代, Lié-heou demanda si l'ordre était exécuté. — Pas encore, dit le ministre; je n'ai pu trouver un territoire convenable. Quelque temps après, le prince fit la même interrogation; le ministre laissa voir son déplaisir; puis il prétexta une maladie, et ne parut plus à la cour.

Un sage lettré, gouverneur de *P'an-ou* 番 吾 (2), originaire de *Tai* 代, fit au ministre l'observation suivante : votre Excellence a une bonne idée, et veut corriger son souverain; mais elle ne sait pas s'y prendre; depuis quatre ans qu'elle administre cet état, quel sage et vertueux lettré a-t-elle appelé, pour l'aider dans son difficile office? Peut-être n'en a-t-elle pas trouvé? je lui en propose trois, qui sont vraiment recommandables; à savoir, *Niou-hiu* 牛 蓄, *Siun-hing* 荀 欣 et *Siu-yué* 徐越.

---

(1) Texte de l'interprétation : 有 **功** 安 民 曰 烈

(2) P'an-ou : ou P'ou-ou 蒲 吾, était à 20 li sud-est de *Ping-chan hien* 平 山 縣, qui est à 90 li à l'ouest de sa préfecture *Tcheng-ting fou* 正 定 府. Tche-li, *(Petite géogr., vol. 2, p. 42)* — *(Grande, vol. 14, p. 19)*.

Le premier ministre les accepta, et les présenta lui-même au souverain; celui-ci demanda si enfin son ordre était exécuté. — Pas encore; je n'ai pas trouvé un territoire digne de ces hommes éminents.

Niou-hiu, dans ses entrevues avec Lié-heou, lui enseigna les principes de l'humanité et de la justice; lui montrant que c'était là le premier moyen à mettre en œuvre, pour devenir un grand prince, à l'exemple des anciens «saints». Lié-heou fut ravi de cette doctrine.

Siun-hing lui enseigna, de même, que pour gouverner un peuple, il fallait choisir des hommes éminents, leur confier de hautes dignités, pour faire rayonner partout la bonne doctrine et les bons exemples.

Siu-yué, à son tour, lui recommanda la modération, l'économie dans les dépenses ; le soin d'examiner les vrais mérites, la vertu sincère, de ceux qu'il se propose de récompenser ; de cette manière, il aurait toujours de quoi suffire à tous les besoins.

Lié-heou enchanté de ces instructions, envoya un billet au premier-ministre, lui disant de ne pas donner suite à son projet ; de plus, Niou-hiu devint conseiller intime du prince (che 師) ; Siun-hing fut établi grand-juge de la cour (tchong-wei 中 尉) ; Siu-yué fut gouverneur de la capitale, et grand-archiviste (nei-che 內 史) (1).

Le premier-ministre méritait aussi une récompense ; il reçut deux magnifiques vêtements de gala. Gouverné par de si sages dignitaires, le pays de Tchao prospérait à vue d'œil, et n'avait plus rien à craindre.

En 400, Lié-heou unissant son armée à celles de Han et de Wei, prenait sa part dans l'expédition contre Tch'ou 楚, dont nous avons parlé autrefois. On s'avança jusqu'à Sang-k'iou 桑 邱, puis on se retira avec le butin qu'on avait recueilli dans cette razzia.

A la fin de cette année, Lié-heou n'était plus ; son frère lui succéda, sous le nom de Ou-heou 武 侯. Ainsi disent la plupart des historiens, qui attribuent treize années de règne à ce dernier prince, mais n'en rapportent aucun fait. A sa mort, disent-ils, c'est le prince-héritier Tchang 章, fils de Lié-heou, qui monta sur le trône.

Quelques auteurs nient l'existence de Ou-heou, et ajoutent ces treize années au règne de Lié-heou ; la question n'est pas dirimée.

_____

(1) Naturellement, on ne connaît plus clairement quelles étaient les attributions de ces hauts dignitaires.

# KING-HEOU (386-375)

## 敬 侯

→⚶⁕⚶←

Voici une des significations louangeuses de ce nom : *prince attentif nuit et jour à toutes ses actions* (1).

En 386, le prince *Tchao* 朝, cousin du nouveau souverain, et fils de *Ou-heou* 武 侯, disputait la succession au trône ; après un premier échec, il se réfugia au pays de Wei ; là on lui prêta une armée pour revendiquer ses droits ; il vint mettre le siége devant *Han-lan* 邯 鄲, mais ne put s'emparer de cette ville importante ; après ce nouvel échec, on ne sait ce qu'il devint ; son nom disparaît de l'histoire.

En 385, l'armée de *Ts'i* 齊 ayant envahi le territoire de Tchao, subit une défaite éclatante à *Ling-k'iou* 靈 邱 (2). Se-ma Ts'ien prétend que King-heou transféra alors sa capitale à Han-tan ; mais il semble bien faire erreur ; d'autres historiens mettent ce changement sous le règne de *Sou-heou* 肅 侯 (349-326).

En 384, les troupes de Tchao unies à celles de Wei, remportaient une nouvelle victoire sur celles de Ts'i, à *Ling-k'iou* 廩 丘 (3).

En 383, l'armée de Wei, se tournant contre celle de Tchao, lui infligeait une grande défaite, auprès de la tour du lièvre *(T'ou-tai* 兔 臺) (4).

En 382, King-heou, avait précédemment pris la ville de *Kang-p'ing* 剛 平 (5) au marquis de *Wei* 衛, et s'était empressé de la fortifier ; mais les troupes de *Ts'i* 齊 et de *Wei* 魏 vinrent la lui reprendre, et la rendirent à son maître légitime.

---

(1) Texte de l'interprétation : 夙 夜 警 戒 曰 敬

(2) Ling-k'iou : celle dont il s'agit ici (car il y en a encore une autre) était à 40 li nord-est de *Pouo-p'ing hien* 博 平 縣, qui est à 40 li nord-est de sa préfecture *T'ong-tchang fou* 東 昌 府, Chan-tong. (*Petite géogr.*, vol. *10*, p *21*) — (*Grande*, vol. *34*, p. *5*).

(3) Ling-k'iou : était un peu au sud-est de *Fan hien* 范 縣, qui est à 160 li au nord de sa préfecture *Ts'ao tcheou fou* 曹 州 府, Chan-tong. (*Petite géogr.*, vol. *10*, p. *19*) — (*Grande*, vol. *34*, p. *22*).

(4) T'ou-tai : (*pour cette tour et résidence princière, voyez au royaume de Wei, année 383*).

(5) Kang-p'ing : (*voyez, même année, au royaume de Wei*).

En 381, King-heou, pour se venger, faisait appel au roi de *Tch'ou* 楚, et, avec son secours, enlevait à son collègue de Wei la ville de *Ki-p'ou* 棘蒲 (1).

En 380, les troupes de Tchao, de Han et de Wei, allaient au secours du pays de *Yen* 燕, harcelé par le roi de *Ts'i* 齊 ; elles vainquirent ce dernier, à *Sang-k'iou* 桑邱 (2), et lui arrachèrent ses conquêtes.

En 379, King-heou revenait à la charge contre le marquisat de *Wei* 衛, et le faisait envahir à l'improviste; mais il ne réussit pas dans cette entreprise; il fut plus heureux contre son propre collègue de Wei, auquel il enleva la ville de *Hoang-tch'eng* 黃城 (3).

En 378, nouvelle expédition contre le pays de *Ts'i* 齊 ; quelques historiens disent que c'est une pure erreur de chronologie, et qu'il s'agit de la campagne rapportée 380 ; de fait, on ne raconte ici aucun détail.

En 377, guerre contre la petite principauté de *Tchong-chan* 中山 (ou Sien-yu 鮮虞), dont nous avons souvent parlé dans l'histoire de *Ts'in* 晉 ; la bataille eut lieu à *Fang-tse* 房子 (4), mais sans résultat décisif.

En 376, King-heou, d'accord avec ses deux collègues de Han et de Wei, réduisait son ancien souverain, le roi de *Tsin* 晉, à la condition de simple particulier, lui enlevant les derniers lambeaux de territoire qui lui restaient, lui interdisant les sacrifices à ses ancêtres, et mettant ainsi la dernière main à l'anéantissement du royaume.

Cette même année, King-heou revenait à la charge contre les Tartares de Tchong-chan, et faisait envahir leur territoire; une nouvelle bataille avait lieu à *Tchong-jen* 中人 (5); mais le pays ne fut ni conquis ni annexé, car nous allons voir les successeurs se protéger par une grande muraille, et y recommencer plusieurs fois la guerre. *La victoire décisive ne se rapportera qu'en 295.*

En 375, mort de King-heou, remplacé sur le trône par son fils, le prince héritier *Tchong* 種.

---

(1) Ki-p'ou : *(voyez, même année, l'histoire de Wei).*

(2) Sang-k'iou : *(ibid., même année).*

(3) Hoang-tch'eng : *(voyez, même année, au royaume de Wei).*

(4) Fang-tse : était à 15 li sud-ouest de *Kao-i hien* 高邑縣, qui est à 50 li de *Tchao tcheou fou* 趙州府, Tche-li. *(Petite géogr., vol. 2, p. 68)* — *(Grande, vol 14, p. 50).*

(5) Tchong-jen : dont il n'y a plus qu'un Kiosque commémoratif, était à 13 li nord-ouest de *Tang hien* 唐縣, qui est à 120 li sud-ouest de sa préfecture *Paoting fou* 保定府, Tche-li. *(Petite géogr., vol. 2, p. 23)* — *(Grande, vol. 12, p. 14).*

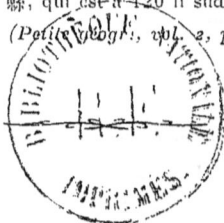

# TCH'ENG-HEOU (376-350)

# 成 侯

Singulier nom historique, pour un souverain qui ne passa presque pas une année sans quelque guerre ; Tch'eng signifie *prince qui, par un bon gouvernement, assura la paix à son peuple* (1).

En 374, il avait à se défendre contre un rival, le prince *Chen* 勝, qui prétendait à la couronne, et qui avait pour lui un parti considérable ; il finit toutefois par se rendre maître de cette rébellion.

En 373, merveille rare, en plein été, on vit tomber de la neige!

En 372, *T'ai-meou-ou* 太戊午, nommé premier-ministre, faisait envahir le marquisat de *Wei* 衞, auquel on prit soixante-treize bourgs ou villages. Ce succès excita la jalousie de l'état de *Wei* 魏, qui se mit en campagne contre Tchao, et remporta une éclatante victoire à *Pé-ling* 北藺 (2).

En 371, l'armée de Tch'eng-heou avait l'insigne honneur de vaincre celle de *Ts'in* 秦, à *Kao-ngan* 高安 (3).

En 370, guerre contre le pays de *Ts'i* 齊, dont on attaqua la ville de *Kien* 甄 (4) ; mais *Wei* 衞, tour-à-tour ami et ennemi, vint au secours de la place assiégée, et battit l'armée de Tchao à *Hoai* 懷 (5). Tch'eng-heou, pour se dédommager de cette défaite, se jetait sur la principauté de *Tcheng* 鄭, s'en emparait, et la cédait à son collègue de Han, en échange du pays de *Tchang-tse* 長子 (6).

---

(1) Texte de l'interprétation : 安民立政曰成

(2) Pé-ling : *(voyez au royaume de Wei, même année)*.

(3) Kao-ngan : est inconnu.

(4) Kien : était à 20 li à l'est de *Pou-tcheou* 濮州, qui est à 120 li au nord de sa préfecture *Ts'ao tcheou fou* 曹州府, Chan-tong. *(Petite géogr., vol. 10, p. 18)* — *(Grande, vol. 34, p. 18)*

(5) Hoei : *(voyez au royaume de Wei, même année)*.

(6) Tchang-tse : était un peu au sud-ouest de *Tchang-tse hien* 長子縣, qui est à 50 li sud-ouest de sa préfecture *Lou-ngan fou* 潞安府, Chan-si. *(Petite géogr., vol. 8, p. 13)* — *(Grande, vol. 42, p. 19)*

En 369, construction d'une grande muraille, pour arrêter les Tartares de Tchong-chan, dont nous avons parlé un peu plus haut; travail énorme, qui suppose une immense quantité de corvées imposées au peuple ; et qui, en définitive, n'empêchait guère les invasions des voisins. Les rois de *Ts'i* 齊 et de Wei ont bâti de semblables remparts, qui n'ont pas arrêté les conquêtes du fameux *Che-hoang-ti* 始皇帝 de *Ts'in* 秦 ; celui-ci, à son tour, a élevé la fameuse muraille de « dix-mille ly » qui existe encore de nos jours ; elle n'a pas empêché ses successeurs de perdre l'empire qu'il leur avait transmis (1). Malgré tout, ces grandes murailles ont rendu des services signalés.

Cette même année, Tch'eng-heou et son collègue de Han s'étant unis contre leur compère de Wei, battirent son armée sur les bords du lac *Tchouo-tche* 濁澤 (2), et mirent le siège devant sa capitale ; il était perdu ; la discorde survenue entre ses deux vainqueurs fut son salut ; car ceux-ci se retirèrent l'un après l'autre.

En 368, une armée de Tchao envahit le pays de *Ts'i* 齊, et s'avança jusqu'à sa grande muraille, dont elle prit une des portes (3); après quoi, s'unissant aux troupes de Han, elle alla vexer l'empereur lui-même. Il y avait un prétexte à cette audacieuse entreprise ; il ne s'agissait pas de conquérir son pauvre petit domaine ; toute la Chine se serait levée contre un tel sacrilège ; on voulait, soit-disant, mettre un peu d'ordre à ses affaires, assez embrouillées par les révolutions intestines.

En 367, nos deux sauveurs imaginèrent un moyen génial de rétablir la paix ; deux empereurs au lieu d'un ! le nouveau eut sa capitale dans la ville de *Kong* 鞏 (4); l'ancien continua de résider

---

(1) Tchong-chan : était à l'ouest de *Pao-ting fou* 保定府 Tche-li. La muraille qui est au nord-ouest de cette préfecture est probablement celle dont il est question ici.

(2) Le lac Tchouo-tche : *(histoire de Wei, même année).*

(3) La grande muraille de Ts'i : avait plus de mille li de long ; elle commençait, à l'ouest, sur le territoire actuel de *P'ing-yng hien* 平陰縣, 190 li nord-ouest de sa préfecture *T'ai-ngan fou* 泰安府, Chan-tong ; elle passait au nord-ouest de la montagne célèbre *T'ai-chan* 泰山, rejoignait à l'est la fameuse ville *Lang-ié* 瑯琊, puis finissait à la mer. Lang-ié était à 140 li sud-est de *Tchou-tch'eng hien* 諸城縣, qui est à 180 li sud-est de sa préfecture *Tsing tcheou fou* 青州府, Chan-tong ; à 70 li au sud de Tchou-tch'eng, il y a encore des restes de la muraille. *(Petite géogr., vol. 10, p. 26)* — *(Grande, vol 31, p. 25 — vol. 33, p. 21 — vol. 35, p. 23).*

(4) Kong : était à 30 li nord-ouest de *Kong hien* 鞏縣, qui est à 130 li à l'est de sa préfecture *Ho-nan fou* 河南府 Ho-nan. *(Petite géogr., vol. 12, p. 34)* — *(Grande, vol. 48, p. 28).*

Lo-yang : était à 20 li nord-est de Ho-nan fou. *(Petite géogr., vol, 12, p. 31)* — *(Grande, vol. 48, p. 9).*

à *Lo-yang* 洛 陽, à quelques cent-trente ly de son rival. Ce bel exploit accompli, les deux sauveurs de l'empire s'en retournèrent contents chez eux ; mais les choses étaient pires qu'auparavant.

En 366, l'armée de Tchao recommençait ses attaques contre son voisin *Ts'i* 齊 ; il y eut bataille à *Ngo-hia* 阿 下 (1), mais sans résultat décisif.

En 365, elle envahissait le marquisat de *Wei* 衛, dont elle prenait enfin la ville de *Kien* 鄄 (2).

En 364, le roi de Wei étant en guerre avec le terrible souverain de *Ts'in* 秦, ses deux collègues Tchao et Han accoururent à son secours ; leurs trois armées furent vaincues à *Che-menn* 石 門 (3), et laissèrent soixante-mille têtes de leurs soldats sur le champ de bataille.

En 363, l'armée de Tchao seule revenait encore au secours de Wei, contre Ts'in ; elle empêcha la prise de *Chao-leang* 少 梁 (4), après avoir conjuré une dangereuse défaite à *Che-ngo* 石 阿 (5).

En 362, pour récompense de si beaux services, *Kong-chou-ts'ouo* 公 孫 座, prince-héritier de Wei, battait l'armée de Tchao, sur les bords de la rivière *Koei* 澮 (6), et enlevait la ville de *Pi-lao* 皮 牢 (7). Comme le collègue Han était venu à son secours, Tch'eng-heou eut une entrevue cordiale avec lui, à *Chang-tang* 上 黨 (8).

En 361, ces deux amis faisaient ensemble la guerre à leur dangereux voisin, le roi de *Ts'in* 秦 ; c'est tout ce qu'on en dit ; ce ne furent sans doute que des escarmouches, sans importance.

En 360, Tch'eng-heou réconcilié avec son collègue de Wei, l'aidait dans une guerre contre le pays de *Ts'i* 齊 ; résultat passé sous silence.

En 359, les trois spoliateurs, Tchao, Han, et Wei, transfèrent à *Toan-che* 端 氏 (9) leur ancien souverain détrôné, comme nous l'avons dit dans les derniers mots de l'histoire de *Tsin* 晉.

En 358, à *Ko-gnié* 葛 孽 (10), rencontre fortuite de Tch'eng-heou avec son collègue de Wei.

En 356, entrevues amicales du même, avec les souverains de

---

(1) Ngo-hia : ou *Tong-ngo* 東 阿, était à 25 li à l'ouest de *Tong-ngo hien* 東 阿 縣, qui est à 210 li nord-ouest de sa préfecture T'ai-ngan fou. *(Petite géogr., vol. 10, p. 14)* — *(Grande, vol. 33, p. 16)*.

(2) (3) (4) (5) (6) (7) (8) *(voyez aux mêmes années, histoire de Wei et de Han)*. Quelques auteurs reculent d'une année la bataille de Koei.

(9) Toan-che : *(voyez à la fin de l'histoire de Tsin)*.

(10) *(voyez à l'histoire de Wei, même année)*.

*Ts'i* 齊 et de *Song* 宋, à *P'ing-lou* 平 陸 (1) ; puis avec celui de *Yen* 燕, à *Ngo* 阿 (2).

En 355, il reçoit un grand cadeau de bois précieux, de son collègue de Wei, pour bâtir sa tour appelée *T'an-tai* 檀 臺 (3).

En 354, l'ami Wei, devenu subitement ennemi, bat l'armée de Tchao, et met le siége devant la capitale Han-tan ; mais le roi de *Tch'ou* 楚 d'abord, puis celui de *Ts'i* 齊, puis celui de *Ts'in* 秦, étant venus au secours de Tch'eng-heou, la lutte devient acharnée ; pendant cela, le siége est levé.

En 353, Wei revient et prend Han-tan ; Ts'in, Ts'i, Han, et peut-être d'autres états encore, l'attaquent à son tour, et veulent le forcer à lâcher sa proie ; il résiste à tout le monde.

En 351, ce n'est qu'après des coups réitérés, qu'il rend la ville, et fait la paix sur les bords de la rivière *Tchang* 漳 (4). Alors, nouvel incident : le roi de *Ts'in* 秦 se fâche contre Tch'eng-heou, et lui prend la ville de *Pé-ling* 北 藺 (5), dont nous avons parlé en 372.

En 350, mort de Tch'eng-heou, remplacé sur le trône par son fils, le prince-héritier *Yu* 語 ; celui-ci voit s'élever contre lui un prétendant, nommé *Sié* 緤 ; mais il en triomphe, et le force à se retirer à la cour de Han.

---

(1) P'ing-lou : ville de Ts'i, mentionnée par *Mong-tse* 孟 子, était un peu au nord de *Wen-chang hien* 汶 上 縣, qui est à 90 li nord-ouest de sa préfecture *Yen tcheou fou* 兗 州 府, Chan-tong. (*Grande géogr.*, vol. 33, p. 14) — (*Couvreur, Mong-tse, p. 389*).

(2) Ngo : ou *Ko-tch'eng* 葛 城, c'est *Ngan tcheou* 安 州, 70 li à l'est de sa préfecture *Pao-ting fou* 保 定 府, Tche-li. (*Petite géogr.*, vol. 2, p. 24) — (*Grande, vol. 12, p. 25*).

(3) (4) (*histoire de Wei, mêmes années*).

(5) Pé-ling : (*voyez plus haut, année 372*) — (*histoire de Wei, même année*).

## SOU-HEOU (349-326)

## 蕭 侯

—≒|·⌒⋅|≒—

*Prince qui, par sa constance, vint à bout de tout* (1); telle est la signification élogieuse du nom posthume ou historique donné au nouveau souverain.

En 349, il trouvait sans doute que son ancien suzerain, le roi détrôné de *Tsin* 晉, était encore trop bien, dans le petit fief de *Toan-che* 端 氏, qu'on lui avait assigné comme résidence; d'accord avec ses deux compères de Han et de Wei, il le transfère à *Touen-liou* 屯 留 (2).

En 348, entrevue de Sou-heou avec son collègue de Wei, à *Ing-tsin* 陰 晉 (3).

En 347, *Kong-tse-fan* 公子范, parent de Sou-heou, prétend lui enlever la couronne, attaque à l'improviste la capitale Han-tan, sans pouvoir la prendre, et y trouve la mort.

En 346, Sou-heou fait une visite à l'empereur; ce qui, à cette époque, était chose rare, et devait causer un certain étonnement.

En 344, l'armée de Tchao fait la guerre au pays de *Ts'i* 齊, et lui prend la ville de *Kao-t'ang* 高唐 (4).

En 343, *Kong-tse-k'o* 公子刻, parent de Sou-heou, conduit une armée contre l'état de Wei, auquel il prend la ville de *Cheou-yuen* 首垣 (5).

Cette même année, le roi de *Ts'in* 秦, qui venait d'être établi officiellement chef des vassaux, les envoyait, sous l'escorte de son armée, faire une visite à l'empereur; acte de déférence calculée,

---

(1) Texte de l'interprétation : 剛 德 克 就 曰 蕭

(2) Touen-liou : d'abord territoire de Wei, appartint ensuite à Han; elle était à 10 li sud-est de *Touen-liou hien* 屯 留 縣, qui est à 50 li nord-ouest de sa préfecture *Lou-ngan fou* 潞 安 府, Chan-si. *(Petite géogr., vol. 8, p. 13)*—*(Grande, vol. 42, p. 21)*.

(3) Ing-tsin : à 5 li sud-est de *Hoa-ing hien* 華 陰 縣, qui est à 160 li au sud de sa préfecture *T'ong tcheou fou* 同 州 府, Chen-si. *(Petite géogr., vol. 14. p. 21)* — *(Grande, vol. 54, p. 4)*.

(4) Kao-t'ang : c'est *Kao-t'ang tcheou* 高 唐 州, qui est à 120 li nord-est de sa préfecture *Tong-tchang fou* 東 昌 府, Chan-tong. *(Petite géogr., vol. 10, p. 22)*—*(Grande, vol. 34, p. 13)*.

(5) Cheou-yuen : *(histoire de Wei, année 343)*.

par lequel il faisait le premier usage de sa nouvelle autorité, pour la mieux proclamer. Sou-heou dut s'exécuter comme les autres, quoique ce fût à grand regret.

En 340, le roi de Ts'in faisant une rude campagne contre le pays de Wei, Sou-heou en profita pour envahir aussi le territoire de son collègue; mais, bien qu'il fût aidé par le souverain de Ts'i, sa campagne fut sans grand résultat.

En 335, Sou-heou fortifiait sa ville de *Cheou-ling* 壽陵 (1).

En 334, il allait se divertir à *Ta-ling* 大陵 (2), où il resta assez longtemps; puis à *Lou-men* 鹿門 (3). Là, l'ancien premier-ministre *T'ai-meou-ou* 太戊午 lui donna une verte leçon; il arrêta le char du prince, et lui dit : au plus fort des travaux des champs, vous vous amusez; vous prenez au peuple un temps précieux; actuellement, le paysan qui chôme une journée pour vous, perd la nourriture de cent jours! On dit que Sou-heou descendit, pour remercier humblement le vieux seigneur de cet avis si salutaire, et retourna à sa capitale.

A cette époque, le roi de *Ts'i* 齊 semblait devenir trop puissant, paraît-il; celui de *Tch'ou* 楚 en était jaloux; il se mit à lui faire la guerre, avec l'aide de Sou-heou.

En 333, celui-ci voulut aussi faire quelques conquêtes sur son collègue de Wei, et assiégea sa ville de *Hoang* 黃, sans pouvoir s'en emparer (4).

C'est à ce moment, que le fameux utopiste *Sou-ts'in* 蘇秦 organisait sa ligue des six vassaux contre leur suzerain officiel, le roi de *Ts'in* 秦; nous savons à quel misérable échec elle aboutit. Sou-heou était aussi égoïste que les autres fédérés; il n'avait pas la vue plus longue que la leur; il voulait se servir de cette machine de guerre, pour son propre avantage, et non pour le bien commun; il s'allia, se sépara, en un mot changea comme le vent.

---

(1) Cheou-ling : on n'en connaît pas l'emplacement exact; elle était près de la montagne *Tchang-chan* 常山, (ou Heng-chan 恒山). qui est à 200 li environ à l'ouest de *Tcheng-ting fou* 正定府, Tche-li.

(2) Ta-ling : ou *P'ing-ling* 平陵, était à 20 li nord-est de *Wen-chouei hien* 文水縣, qui est à 160 li sud-ouest de sa préfecture *T'ai-yuen fou* 太原府, Chan-si. *(Petite géogr.*, vol. *8,* p. *5) — (Grande,* vol. *40,* p. *19).*

(3) Lou-men : probablement résidence royale de chasse, était près de la rivière *Pé-lou hong* 白鹿泓; la montagne *Lou chan* 鹿山, est à l'ouest de *Yu hien* 盂縣, qui est à 100 li sud-ouest de *P'ing-ling tcheou* 平定州, Chan-si. *(Grande géogr.*, vol. *40,* p. *23).*

(4) Hoang : était un peu au sud de *Koan hien* 冠縣, qui est à 100 li sud-ouest de sa préfecture *Tong-tchang fou* 東昌府, Chan-tong. *(Petite géogr.*, vol. *10,* p. *21) — (Grande,* vol. *34,* p. *8).*

Il crut mieux faire, en construisant aussi une grande muraille ; mais moins pour se protéger contre le roi de Ts'in 秦, l'ennemi commun, que contre les Tartares du nord, qui étaient bien moins à craindre (1) ; il harassa donc aussi son peuple à ce travail peu utile en réalité.

En 332, le roi de Ts'in 秦 avait si bien semé la désunion parmi les ligueurs, qu'il lançait une armée de Ts'i 齊 et de Wei contre le pays de Tchao, comme nous l'avons dit dans l'histoire de Wei.

En 328, Tchao-tche 趙 疵, général de Tchao, conduisait ses troupes à l'ouest du Fleuve Jaune, en plein pays de Ts'in ; il était bon guerrier, et ses soldats avaient une juste réputation de bravoure ; il fut cependant vaincu et tué ; l'armée ennemie passa le Fleuve Jaune, à la suite des fuyards, entra sur le territoire de Tchao, et prit les villes de Ling 藺 et de Li-che 離 石 (2).

En 327, Han-kiu 韓 舉, autre général de Tchao, tombait à la bataille de Sang-k'iou 桑 邱 (3), contre Ts'i 齊 et Wei, entre les mains de ses ennemis : ce qui équivalait à une défaite.

En 326, mort de Sou-heou. Son enterrement fut sans pareil; les rois de Ts'in 秦, de Tch'ou 楚, de Yen 燕, de Ts'i 齊 et de Wei y furent présents, chacun avec une escorte de dix-mille hommes.

_____

(1) La grande muraille du roi Sou protégeait tout le nord du royaume, c'est-à-dire le nord-est du Chan-si actuel; elle prenait au nord de Wei tcheou 蔚 州, qui est à 240 li sud-ouest de sa préfecture Siuen-hoa fou 宣 化 府, Tche-li : passait au nord de Ta-t'ong fou 大 同 府, Chan-si, où il y en a encore des restes ; puis elle allait toujours vers l'ouest, jusqu'à Lan tcheou 嵐州, ou K'o-lan tcheou 岢 嵐 州, qui est à 320 nord-ouest de sa préfecture T'ai-yuen fou (ci-dessus). (Se-ma Koang vol. 6, p. 17, à l'année 244, où il parle aussi de celle de Ts'in 秦 et de Yen 燕)—Contre le roi de Ts'in, Sou-heou se croyait assez protégé par les montagnes qui séparaient les deux pays. Le royaume de Tchao avait donc plusieurs grandes murailles.

(2) Ling : était à l'ouest de Yong-ning tcheou 永 寧 州, qui est à 160 li nord-ouest de sa préfecture Fen tcheou fou 汾 州 府, Chan-si.

Li-che : c'est Yong-ning tcheou. (Petite géogr., vol. 8, p. 18) — (Grande, vol. 42, p. 12).

(3) Sang-k'iou était un peu au sud-ouest de Ngan-sou hien 安 肅 縣, qui est à 60 li au nord de sa préfecture Pao-ting fou 保 定 府, Tche-li. (Petite géogr., vol. 2, p. 21) — (Grande, vol. 12, p. 7).

## OU-LING-WANG (325-299)

# 武 靈 王

-·≒|·國·|≒·-

Le nouveau souverain s'appelait *Yong* 雍 ; il était fils du précédent ; son nom posthume ou historique est assez singulier ; le premier caractère, Ou, indique un prince guerrier, *constant dans ses entreprises, et droit dans ses ordonnances ;* le second, Ling, a six explications, plus ou moins réservées, même mauvaises ; en tout cas, opposées aux cinq sens élogieux du premier ; à savoir, *prince qui ne prenait conseil que de lui-même, et voulait pourtant se rendre célèbre* (1).

En 325, les deux collègues de Han et de Wei, chacun avec son prince-héritier, venaient saluer Ou-ling-wang, dans son palais appelé *Sin-kong* 信 宮 (2).

Celui-ci, trop jeune encore pour gouverner seul, choisit trois grands lettrés pour ses conseillers intimes ; de plus, il chargea trois dignitaires de lui servir d'admoniteurs, et de l'avertir de ses fautes ou de ses erreurs ; chaque fois qu'il avait une décision à prendre, pour l'administration, il consultait d'abord le seigneur *Fei-i* 肥 義, conseiller intime du roi précédent ; loin de l'écarter de la cour, il l'avait élevé en dignité.

Dans tout le royaume, les vieillards de quatre-vingts ans et plus étaient divisés en trois classes ; chaque mois, au jour marqué, on leur rendait des honneurs ; et, s'ils en avaient besoin, on leur distribuait des vivres. En un mot, c'était un commencement de règne, d'après le modèle des anciens «saints empereurs», si vantés par les lettrés.

En 324, Ou-ling-wang fortifiait la ville de *Hao* 鄗 (3) parcequ'il y tenait beaucoup et ne voulait plus la perdre.

En 323, il avait une entrevue amicale avec son collègue de Han, à *Kiu-chou* 區 鼠, dont on ne connaît plus l'emplacement exact.

---

(1) Textes des interprétations : 剛 強 眞 理 曰 武　不 勤 成 名 曰 靈

(2) Sin-kong : ce palais de plaisance était un peu au nord-ouest de *Koang-p'ing fou* 廣 平 府, Tche-li. (*Petite géogr., vol. 2, p. 48*) — (*Grande, vol. 15, p. 19*).

(3) Hao : était à 22 li au nord de *Pé-hiang hien* 栢 鄉 縣, qui est à 70 li au sud de *Tchao tcheou* 趙 州, Tche-li. (*Petite géogr., vol. 2, p. 67*) — (*Grande, vol. 14, p. 47*) — (*Histoire de Wei, année 257*).

En 322, il prenait pour son épouse une princesse de Han ; elle fut reine titulaire.

En 318, son armée était mise en fuite, avec celles des autres ligueurs, par les troupes de *Ts'in* 秦, au défilé de *Han-kou-koan* 函 谷 關 (1).

Cette même année, les princes des *Tch'ou* 楚, *Yen* 燕, Han et Wei prenant officiellement le titre de roi (wang 王), lui se contentait humblement d'être appelé seigneur (kiun 君) : je n'ai pas ce qu'il faut pour être un roi, disait-il, et je ne veux pas d'un vain titre.

En 317, les troupes de Tchao prenaient part à la grande bataille de *Siou-yu* 修 魚 (2), avec les armées de Han et de Wei, contre celle de *Ts'in* 秦 ; quatre-vingt mille têtes y furent coupées, comme nous l'avons déjà raconté. Ces boucheries sauvages avaient un double but, jeter la terreur parmi les divers royaumes, et les affaiblir en les privant d'une telle quantité d'hommes valides ; les gens de Ts'in ne réussirent que trop dans leur dessein.

Cette même année, les troupes de Tchao étaient encore vaincues par celles de *Ts'i* 齊, à *Koan-tche* 觀 澤 (3).

En 316, Ou-ling-wang se voyait enlever les deux villes de *Tchong-tou* 中 都 et de *Si-yang* 西 陽 (4), par les bouchers de Ts'in.

En 315, son général *Yng* 英 (d'autres disent Gni 泥) était encore vaincu par eux.

Cette même année, la cour de Yen étant troublée, Ou-ling-wang chercha quelque sûr moyen d'y remettre le bon ordre ; il rappela le prince royal *Tche* 職, en exil au pays de Han, lui donna une armée, pour le conduire à la capitale, et l'aider à monter sur le trône ; mais cette entreprise, confiée au général *Yo-tch'e* 樂 池, n'eut pas de succès ; les grands dignitaires venaient de tout apaiser, en proclamant roi le prince-héritier *P'ing* 平, connu dans l'histoire sous le nom de *Tchao-wang* 昭 王.

En 313, l'armée de *Ts'in* 秦 remportait une nouvelle victoire sur les troupes de Tchao, faisait prisonnier le général *Tchao-tchoang*

_____

(1) Han-kou-koan : ce défilé est à 10 li au sud de *Ling-pao hien* 靈 寶 縣, qui est à 60 li à l'ouest de *Chen tcheou* 陜 州, Ho-nan. *(Petite géogr., vol. 12, p. 65)* — *(Grande, vol. 48, p. 56).*

(2) Siou-yu : était un peu au nord-ouest de *Siou-ou hien* 修 武 縣, qui est à 120 li à l'est de sa préfecture *Hoai-k'ing fou* 懷 慶 府, Ho-nan, *(Grande géogr., vol. 47, p. 27).*

(3) Koan-tche : *(histoire de Wei, même année).*

(4) Tchong-tou : était à 12 à l'ouest de *P'ing-yao hien* 平 遙 縣, qui est à 80 li à l'est de sa préfecture *Fen-tcheou fou* 汾 州 府, Chan-tong. *(Petite géogr., vol. 8, p. 16)* — *(Grande, vol. 42, p. 6).*

Si-yang : ou *Tchong-yang* 中 陽, était un peu au nord-ouest de *Hiao-i hien* 孝 義 縣, qui est à 35 li au sud de Hoai-k'ing-fou. *(Petite et Grande géogr., ibid.).*

趙莊, et reprenait la ville de *Ling* 藺, qui avait été rendue quinze ans auparavant.

Cette même année, les rois de *Tch'ou* 楚 et de Han venaient à la capitale Han-tan, pour une conférence amicale avec Ou-ling-wang ; l'historien n'en donne pas le sujet ; il est facile à deviner; il s'agissait d'arrêter les envahissements du roi de Ts'in ; plusieurs fois on avait en vain tenté l'entreprise, on espérait trouver quelque meilleur moyen.

En 312, *Tchao-ho* 趙何, probablement de la maison royale, opérait une razzia sur le territoire de Wei.

En 310, Ou-ling-wang étant allé s'amuser, dans son château de plaisance appelé *Ta-ling* 大陵, vit en songe une jeune fille qui jouait du luth, et qui chantait les paroles suivantes : *Il est une jeune personne ravissante, et parée de brillants atours ; son visage est plus beau que la fleur Tiao* 苕 ; *hélas, ma pauvre Yng* 嬴, *quel sera ton destin ; puisque personne ne le connaît !* (1)

Quelques jours plus tard, le prince, animé par les joyeuses libations d'un festin, raconta plusieurs fois ce songe ; il semblait en être absorbé. Le seigneur *Ou-koang* 吳廣, descendant du fameux empereur *Chouen* 舜, apprenant ces détails, s'imagina aisément que la mystérieuse personne désignait sa propre fille, nommée *Yng* 嬴, et dont le surnom était *Mong-yao* 孟姚 ; il l'offrit à la reine, et par cette entremise, l'introduisit auprès du prince.

Elle captiva le cœur de Ou-ling-wang, à tel point qu'il en était devenu comme fou; il oubliait son royaume; il était tout entier à cette concubine; il lui donna même le titre de reine (Hoei-heou 惠后).

En 309, il se rendait à la ville de *Kiou-men* 九門 (2), pour y choisir l'emplacement d'une tour et d'une résidence qu'il voulait y bâtir, afin d'y vivre à loisir avec cette concubine, et de là aussi contempler à l'aise la frontière de *Ts'i* 齊 et de *Tchong-chan* 中山, deux pays qu'il convoitait. Cette résidence fut d'abord appelée *Yé-tai* 野臺, la tour solitaire ; puis plus tard *Y-tai* 義臺, tour de la justice (de la vertu?) (3).

---

(1) Tiao : d'après les dictionnaires, signifie *petit pois, vesce ;* sa fleur est d'un rouge cramoisi. presque violet (tse 紫), disent-ils ; de fait, cette plante s'appelle tse-tiao dans ces pays-ci. Les naturalistes en font peut-être une description différente.

(2) Kiou-men : était à 25 li nord-ouest de *Kao-tch'eng hien* 藁城縣, qui est à 60 li sud-est de sa préfecture *Tcheng-ting fou* 正定府, Tche-li. (*Petite géogr.*, *vol. 2, p. 41*) — (*Grande*, vol. *14, p. 15*).

(3) Yé-tai : ou I-tai, qu'on pourrait traduire, à la façon européenne, *Sans-souci, Mon-Repos*, était à 35 li sud-ouest de *Sin-lo hien* 新洛縣, qui est à 90 li nord-est de Tcheng-ting fou. (*Petite géogr.*, vol. 2, p. 43) — (*Grande*, vol. *14*, p. *30*).

En 307, à la 1ᵉʳᵉ lune, Ou-ling-wang tenait un grand conseil de ministres et de hauts dignitaires, dans son palais *Sin-kong* 信宮, dont nous avons parlé plus haut; les conférences ne durèrent pas moins de cinq jours; et le sage *Fei-i* 肥義 eut encore des entretiens particuliers; nous allons voir, dans un moment, quel était le sujet de cette grave consultation (1).

A la 8ᵉᵐᵉ lune, *Ou-wang* 武王, roi de *Ts'in* 秦, étant mort, Ou-ling-wang manda en toute hâte à *Tchao-kou* 趙固, gouverneur de la province de *Tai* 代, d'aller au plus vite saluer le prince-héritier *Tsi* 稷, alors en otage à la cour de *Yen* 燕, de l'accompagner à sa capitale, et d'assister à son intronisation; il voulait, par cet empressement, gagner les bonnes grâces du nouveau suzerain. Celui-ci n'était encore qu'un lionceau; bientôt il donna la mesure de ses forces et de son ambition; ce fut peut-être le plus glorieux souverain de Ts'in; sans lui, le fameux *Che-hoang-ti* 始皇帝, son successeur, n'aurait trouvé ni l'armée ni le pays préparés aux gigantesques entreprises, qui devaient le rendre si célèbre; son nom historique est *Tchao-siang-wang* 昭襄王.

La conclusion de la conférence, dont nous venons de parler, fut une expédition contre la principauté de *Tchong-chan* 中山 : on en prit une partie, jusqu'à la ville de *Fang-tse* 房子 (2); après quoi, Ou-ling-wang traversa la province de *Tai* 代, monta vers le nord, jusqu'au désert, où jamais aucune armée de Tchao n'avait encore pénétré; puis il tourna vers l'ouest, parvint au bord du Fleuve Jaune, et monta sur la montagne *Hoang-hoa-chan* 黃華山, appelée aussi *Long-liu-chan* 隆慮山 (3).

Là, il eut encore une longue conférence avec le sage *Fei-i* 肥義, sur un sujet bien curieux : il voulait adopter, pour son armée, l'uniforme et l'armement des Tartares, qui se montraient cavaliers et archers parfaits, et l'emportaient de beaucoup sur les Chinois.

Les gens bornés, disait-il, vont rire de moi et du changement que je médite; mais les gens sensés en reconnaîtront les avantages et l'approuveront; qu'on rie tant que l'on voudra; pourvu que de cette manière nous devenions les maîtres du pays de Hou (Hou-ti 胡地), et de celui de *Tchong-chan* 中山 (4).

---

(1) Sin-kong : ce palais, nous l'avons dit, était au nord-ouest de *Koang-p'ing fou* 廣平府, Tche-li.

(2) Fang-tse : était à 15 li sud-ouest de *Kao-i hien* 高邑縣, qui est à 50 li sud-ouest de *Tchao tcheou* 趙州, Tche-li. (*Petite géogr.*, vol. 2, p. 68) — (*Grande*, vol. 14, p. 50).

(3) Hoang-hoa-chan : ou Long-liu-chan, est à 25 li nord-ouest de *Ling hien* 林縣, qui est à 120 li à l'ouest de sa préfecture *Tchang-te fou* 彰德府, Ho-nan. (*Petite géogr.*, vol. 12, p. 17) — (*Grande*, vol. 49, p. 41).

(4) La grande géographie, vol. 40, p. 24, dit expressément qu'il s'agit de la contrée située au nord de *T'ai-yuen fou* 太原府, Chan-si.

Lui-même, tout d'abord, s'habilla donc à la tartare, pour donner l'exemple; mais personne ne voulait l'imiter; parmi les grands dignitaires, des princes de sa propre famille, tels que *Tchao-wen* 趙文, *Tchao-ts'ao* 趙造, *Tchao-tsuen* 趙俊, le suppliaient de renoncer à ce projet, si contraire aux anciens usages réputés sacro-saints par toute la nation.

Le seigneur *Tcheou-chao* 周紹 insistait dans le même sens. Ou-ling-wang répondait : les anciens «saints empereurs» ont été si grands, parcequ'ils n'ont pas imité les autres, et ont innové où c'était nécessaire; les dynasties *Hia* 夏 et *Ing* 殷 se sont perdues, pour avoir tenu mordicùs aux antiques usages, et refusé les réformes qui s'imposaient. Ainsi, changer les anciens usages n'est pas nécessairement une faute; les conserver n'est pas toujours vertu; les vêtements doivent être commodes pour l'homme et ses travaux; les rites doivent s'adapter aux circonstances.

Les anciens «saints» examinaient les divers pays, les circonstances, les hommes et les choses; ensuite, ils réglaient la conduite à tenir, la plus conforme aux besoins de leurs peuples; car leur principe était de procurer le bien public et la stabilité du royaume.

Chaque pays a ses mœurs particulières; les anciens «saints» savaient s'y adapter, et ne tenaient pas obstinément à leurs idées; ils ne mesuraient pas tout le monde à la même aune, et ne chaussaient pas tout le monde au même point.

Il faut absolument que nous puissions lutter à armes égales avec nos adversaires; s'ils nous surpassent, il faut adopter leur système; l'instinct de la conservation lui-même nous en impose l'obligation; ainsi en est-il du cas présent; l'amour-propre, un aveugle attachement à nos traditions, ne doivent pas prévaloir sur le bien public, et nous attirer de grands malheurs.

Ayant ainsi parlé, Ou-ling-wang fit cadeau à son oncle d'un uniforme tartare; ce prince, qui avait été le plus opposé à la réforme, fut le premier à l'adopter, après le roi; il avait été vaincu par le raisonnement de son neveu. Bientôt, le changement fut un fait accompli dans tout le royaume de Tchao (1).

En 306, Ou-ling-wang retournait à la charge contre la principauté de *Tchong-chan* 中山, et pénétrait jusqu'à la ville de *Ning-kia* 寧葭 (2); de là il envahissait le pays de *Hou* 胡 jusqu'à

---

(1) Se-ma Ts'ien, chap. 43, p.p. 17 et suiv.., consacre huit pages à raconter cette réforme : le fier lettré laisse bien voir à quel point il en est révolté : selon lui, la Chine, seul point lumineux sur la terre, refuge de quiconque voulait se civiliser, gardienne unique de la saine doctrine, la Chine oublie alors sa haute destinée, elle dégénère, elle devient sauvage : elle reconnaît l'impuissance de sa culture intellectuelle, réputée jusque-là sacro-sainte, infaillible, nécessaire à tous les peuples. Quelle humiliation !

(2) Ning-kia : était au sud-est de *Chen tcheou* 深州, Tche-li. (*Grande géogr.*, vol. *14*, p. *56*).

*Yu-tchong* 榆中, sur les bords du Fleuve Jaune. Le chef de cette dernière contrée employa un bon moyen pour se débarrasser de lui ; sachant son désir d'avoir une cavalerie comme celle des Tartares, il lui fit un présent de magnifiques chevaux (1).

Sur ce, Ou-ling-wang députa plusieurs seigneurs aux cours voisines, pour demander des troupes auxiliaires, afin d'en finir avec la principauté tartare Tchong-chan ; voici les noms de ces ambassadeurs : *Leou-wan* 樓緩 se rendit au pays de *Ts'in* 秦 ; *K'iou-i* 仇液 à celui de *Han* 韓 ; *Wang-pen* 王賁 à celui de *Tch'ou* 楚 ; *Fou-ting* 富丁 à celui de *Wei* 魏 ; le prince *Tchao-tsio* 趙爵 à celui de *Ts'i* 齊 ; le prince *Tchao-kou* 趙固, gouverneur de la province de *Tai* 代, resta au pays des tartares *Hou* 胡, pour y organiser aussi des troupes auxiliaires.

En 305, d'après le contexte, il ne semble pas que les cours voisines aient fourni le moindre contingent ; Ou-ling-wang dut se contenter des subsides venus de Tai et de Hou ; il prit lui-même la direction suprême de la campagne, ayant pour général des subsides le prince *Tchao-hi* 趙希 ; le prince-héritier *Tchang* 章 conduisait le centre de l'armée ; le prince *Tchao-chao* 趙沼, l'aile droite ; le seigneur *Hiu-kiun* 許鈞, l'aile gauche ; le seigneur *Niou-tsien* 牛剪 était l'intendant de la cavalerie et des chars de guerre.

Les différents corps d'armée avaient ordre de se concentrer autour de *K'iu-yang* 曲陽 (2), puis ils se dirigèrent sur le défilé appelé *Tsing-hing* 井陘 (ou simplement Hing 陘) (3).

L'expédition réussit à souhait ; on prit la ville de *Tan-k'iou* 丹邱 ; on occupa la montagne de *Hoa-yang* 華陽 et le défilé *Che* 鴟 ; on s'empara encore de *Hao* 鄗, *Che-i* 石邑, *Fong-long* 封龍 et *Tong-yuen* 東垣 (4) ; pour obtenir la paix, le prince tartare dut offrir encore quatre autres villes, et l'armée se retira ; en réalité, c'était seulement une trève

(1) Hou : peuplades tartares appelées aussi *Ling-hou* 林胡, (Hou des forêts) ; leur capitale était alors sur le territoire de *Chen tcheou* 勝州 ; or, celle-ci se trouvait à 450 li nord-est de la préfecture actuelle *Yu-ling fou* 榆林府, Chen-si. *(Petite géogr., vol. 14, p. 53) — (Grande, vol. 61, p. 12).*

(2) K'iu-yang : était à 4 li à l'ouest de *K'iu-yang hien* 曲陽縣, qui est à 60 li à l'ouest de *Ting tcheou* 定州, Tche-li. *(Petite géogr., vol. 2, p. 71) — (Grande, vol. 14, p. 30).*

(3) Hing : ou Tsing-hing, ce défilé s'appelle maintenant *T'ou-men-koan* 土門關, à 10 li à l'ouest de *Houo-lou hien* 獲鹿縣, qui est à 50 li sud-ouest de sa préfecture *Tcheng-ting fou* 正定府, Tche-li. *(Petite géogr., vol. 2, p. 40) — (Grande, vol. 10, p. 21 — vol. 14, p. 12).*

(4) Tan-k'iou : était au nord-ouest de K'iu-yang hien. *(Grande géogr., vol. 14, p. 31).*

En 303, Ou-ling-wang retournait à la charge contre le même pays ; mais le succès ne fut pas grand, paraît-il, car l'historien n'en dit pas un mot.

En 301, mourait la fameuse concubine dont nous avons parlé plus haut ; si Ou-ling-wang ne devint pas fou de chagrin, nous allons le voir commettre sottises sur sottises, par affection pour son fils, le prince Ho 何, né de cette femme.

En 300, il s'emparait des trois quarts du pays de Tchong-chan 中山 (1), dont le prince tartare se réfugia à la cour de Ts'i 齊. Le territoire annexé s'étendait au nord jusqu'à la province de Tai 代 et au royaume de Yen 燕 ; à l'ouest, jusqu'à Yun-tchong 雲中 et Kiou-yuen 九原 ; c'était donc une magnifique acquisition.

En 299, Ou-ling-wang tenait cour plénière dans son palais appelé Tong-kong 東宮 (ou de l'est), à la 5ème lune, au jour nommé meou-chen 戊申. Dans cette assemblée solennelle de tous les grands du royaume, il déclara son fils-aîné, le prince-héritier Tchang 章, déchu de ses droits ; à sa place, il nommait le prince Ho 何, né de la concubine favorite ; et, pour couper court à toutes les difficultés, il abdiquait en sa faveur, et le faisait reconnaître comme roi par tous les dignitaires présents ; après quoi, on se rendit au temple des ancêtres, leur annoncer cette grande nouvelle, puis on procéda de suite à l'intronisation.

Le nouveau souverain, qui n'avait pas encore dix ans, reçut le nom de Hoei 惠, en souvenir de sa mère, et fut appelé Hoei-wen-wang 惠文王 ; le sage Fei-i 肥義 fut établi son précepteur et son premier-ministre. Ou-ling-wang se contenta du titre de

___

Hoa-yang : ou Heng-chan 恒山, est à 140 li nord-ouest de K'iu-yang hien. (ibid).

Che : ou Hong-chang-koan 鴻上關, est à 110 li nord-ouest de Tang hien 唐縣, qui est à 120 li sud-ouest de sa préfecture Pao-ting fou 保定府, Tche-li. (Petite géogr., vol. 2, p. 23) — (Grande, vol. 12, p. 15).

Hoa : en 324, Ou-ling-wang fortifiait cette ville ; l'avait-il donc rendue ou perdue?

Che-i : était un peu au sud-ouest de Houo-lou hien (ci-dessus). (Petite géogr., vol. 2, p. 40) — (Grande, vol. 14. p. 11).

Fong-long : était à 50 li nord-ouest de Yuen-che hien 元氏縣, qui est à 90 li sud-ouest de sa préfecture Tcheng-ting fou. (ci-dessus) : il y a une montagne du même nom. (Petite géogr., vol. 2, p. 41) — (Grande, vol. 14, p 12).

Tong-yuen : était à 8 li au sud de Tcheng-ting fou. (Petite géogr., vol. 2, p. 39) — (Grande, vol. 14, p. 5).

(1) Yun-tchong : était à plus de 400 li nord-ouest de Ta-t'ong fou 大同府, Chan-si. (Grande géogr., vol. 1, p. 17 — vol. 44, p. 10).

Kiou-yuen : était sur le territoire actuel de Fong-tcheou tch'eng 豐州城, qui est à 700 li au nord de la préfecture Yu-ling fou 榆林府, Chen-si. (Grande géogr., vol. 61, p. 15).

*tchou-fou* 主父 (père du souverain), et se chargea d'enseigner à son fils l'art du gouvernement.

En dépit de toutes les précautions prises pour éviter une révolution, le nouvel état de choses ne durera pas cinq ans ; un soulèvement était inévitable ; il se produira, quand l'heure sera venue ; Ou-ling-wang y perdra la vie. Pour expliquer son obstination à introduire l'uniforme et l'armement des tartares, divers lettrés recourent à la fascination exercée sur lui par cette concubine ; c'est une erreur ; il avait déjà arrêté son plan avant d'avoir même rêvé à cette femme.

# HOEI-WEN-WANG 298(-266)

# 惠 文 王

→§☆§←

Hoei pourrait se traduire *le débonnaire, le bien-aimé* ; car il signifie *prince qui aime son peuple, et lui fait de grandes larges-ses* ; Wen donne tout de suite l'idée de *beauté, bonté, majesté, belle prestance* ; les deux caractères réunis forment donc une louange complète (1).

Comme on s'y attend, Ou-ling-wang restait le vrai maître du pouvoir ; il continuait à régner sous le nom de son fils. Ayant assuré la tranquillité du pays, il partit en guerre contre les tartares *Hou* 胡, ses alliés dans la dernière expédition ; mais sa campagne fut plutôt une course rapide à travers leur territoire. Arrivé à *Yun-tchong* 雲中 et *Kiou-yuen* 九原, il se dirigea vers le sud ; à la frontière de *Ts'in* 秦, il se donna pour un ambassadeur, entra ainsi dans le royaume, et tomba comme la foudre à la capitale, où il se fit donner audience par le roi, sans se faire reconnaître. Son but était d'explorer le pays et ses forces réelles, de juger la valeur du roi et de ses ministres, et il avait parfaitement réussi. Tchao-siang-wang avait cependant été intrigué de l'air majestueux de cet ambassadeur ; il avait fait prendre des informations après son départ ; il avait même envoyé des troupes pour le ramener à la cour ; mais Ou-ling-wang avait fait diligence, et avait déjà repassé la frontière. Quand enfin on eut la certitude sur l'identité du faux ambassadeur, la cour de Ts'in fut dans la stupeur, devant une telle audace et une telle habileté.

Le jeune Hoei-wen-wang avait un frère-cadet, nommé *Chen* 勝 ; à la fin de l'année, celui-ci fut élevé à la dignité de seigneur de P'ing-yuen ¦P'ing-yuen-kiun 平 原 君¦ (2).

---

(1) Textes des interprétations : 柔賀慈民曰惠 愛民好與曰惠

(2) Pourquoi ce titre, puisque le jeune prince n'en avait pas l'apanage ? Son fief avait pour capitale *Tong-ou-tch'eng* 頃武城, actuellement *Tsing-ho hien* 清河縣, à 200 li nord-est de sa préfecture *Koang-p'ing fou* 廣平府. Tche-li. — (P'ing-yuen était à 50 li sud-ouest de *P'ing-yuen hien* 平原縣, qui est à 200 l environ au nord-ouest de la préfecture *Ts'i-nan fou* 濟南府, Chan-tong. (*Petit* *géogr.*, *vol. 2. p. 50* — *vol. 10, p. 6*) — (*Grande, vol. 15, p. 28*).

En 296, Ou-ling-wang s'en allait visiter le pays de *Tchong-chan* 中 山, sa conquête ; de là, il passait à la province de *Tai* 代, puis à *Yun-tchong* 雲中 ; enfin il mandait le chef des Tartares *Leou-fan* 樓 煩 (1) à une entrevue, à l'ouest du Fleuve Jaune, et lui imposait un contingent de troupes auxiliaires, pour les guerres qu'il méditait ; il tenait absolument à avoir de la cavalerie tartare.

En 295, avec le secours des rois de *Ts'i* 齊 et de *Yen* 燕, il mettait la dernière main à l'annexion du pays de *Tchong-chan* 中 山 ; il réussit à prendre le chef, et le relégua à *Fou-che* 膚 施 (2), parmi les Tartares occidentaux. Devenu maître de la capitale *Ling-cheou* 靈 壽 (3), il avait le chemin libre à travers ces pays du nord.

Ou-ling-wang revint à la capitale, publia une amnistie générale, ordonna des festins et des réjouissances qui ne durèrent pas moins de cinq jours ; puis, pour adoucir le chagrin de son fils aîné, le prince *Tchang* 章, il le nomma gouverneur indépendant de la province de *Tai* 代, avec le titre de seigneur de Ngan-yang [Ngan-yang-kiun 安陽君] (4); mais il ne réussit pas à guérir la blessure profonde, creusée dans son cœur par son injuste déchéance; un homme comme Tchang, nature fière et quelque peu mal équilibrée, avait plus de peine à supporter patiemment une telle faute commise par son père.

Ou-ling-wang lui donna pour ministre le grand seigneur *T'ien-pou-li* 田 不 禮 ; choix malheureux, car ce dignitaire, aussi orgueilleux que son maître, était incapable d'apaiser son ressentiment; c'était jeter de l'huile sur le feu.

Le seigneur *Li-touei* 李 兌 apprenant cette nomination, vint trouver le premier ministre *Fei-i* 肥 義, et lui dit: le prince Tchang, caractère altier, nature énergique, a un parti très-nombreux dans le royaume; il ne se contentera pas de sa nouvelle dignité; son ministre T'ien-pou-li, de son côté, n'est pas moins ambitieux, et fait bon marché de la vie d'un homme; tous deux

---

(1) Les Tartares Leou-fan : de la tribu des *Hou* 胡, étaient au sud de *Tsing-lo hien* 靜 樂 縣, qui est à 220 li nord-ouest de sa préfecture *T'ai-yuen fou* 太 原 府, Chan-si. (*Grande géogr.*, vol. *40*, p. *24*).

(2) Fou-che : c'est *Yen-ngan fou* 延 安 府, au nord du Chen-si (*Petite géogr.*, vol. *14*, p. *46*) — (*Grande*, vol. *74*, p. *2*)

(3) Ling-cheou : était un peu à l'est de *Ling-cheou hien* 靈 壽 縣, qui est à 60 li nord-ouest de sa préfecture *Tchen-ting fou* 正 定 府, Tche-li. (*Petite géogr.*, vol. *2*, p. *41*) — (*Grande*, vol. *14*, p. *14*).

(4) Comme on le voit, le prince-héritier déchu était relégué honorablement à la frontière.

Ngan-yang : ou *Tong-ngan-yang* 東 安 陽, était un peu au sud-est de *Ta-t'ong fou* 大 同 府, au nord du Chan-si. (*Grande géogr.*, vol. *44*. p. *4*).

se trouvant si unis par la conformité de leurs sentiments, ne tarderont pas à former des intrigues; n'envisageant que le profit momentané, sans prévoir les suites ultérieures, ils mettront immédiatement la main à l'œuvre, et leur révolte ne saura attendre bien longtemps avant d'éclater au grand jour. C'est sur votre Excellence que tomberont leurs premiers coups; pourquoi ne pas prétexter une maladie, et remettre votre charge au prince *Kong-tse-tcheng* 公子成? vous échapperiez ainsi aux calamités qui vous menacent.

Fei-i répondit: quand le roi confia son fils, notre souverain, à mes soins et à ma loyauté, il ajouta ces paroles: «ne vous ralentissez jamais dans votre zèle pour cet enfant; ne reculez devant aucun péril, dût votre fidélité vous coûter la vie!» Par deux fois, je me suis prosterné jusqu'à terre, protestant que je ne tromperais pas sa confiance, et que j'exécuterais ses ordres sans faillir jamais; je les ai écrits, pour les avoir toujours sous les yeux. Et maintenant, par la seule crainte d'une révolte, de la part de ce T'ien-pou-li, j'oublierais des serments si sacrés! Y pensez-vous? «*Celui à qui j'ai juré fidélité est mort; mais j'agirai de telle sorte que s'il ressuscitait, je puisse lever hautement la tête devant lui*»; vous connaissez ce proverbe; il me dicte la conduite à tenir; j'apprécie votre affection, et je suis touché des craintes qu'elle vous inspire à mon égard; mais ma résolution est prise; je ferai mon devoir, sans me préoccuper de ma sécurité personnelle.

C'est parfait assurément, répliqua Li-touei, et je ne puis qu'applaudir au dévouement héroïque de votre Excellence; mais je vois déjà le malheur fondre sur vous! Ayant ainsi parlé, il se retira en pleurant à chaudes larmes. A peu de temps de là, il rencontrait le prince Kong-tse-tcheng, et le pressait de prendre des précautions pour empêcher une révolution qu'il croyait inévitable.

De son côté, Fei-i s'adressant au seigneur *Sin-hi* 信期 (ou Kao-sin 高信) lui parla ainsi: le prince Tchang et son ministre sont deux hommes vraiment odieux (1); dans leurs rapports avec moi, leurs paroles sont doucereuses; mais elles ne peuvent réussir à cacher leur mauvais cœur; ils pourront peut-être leurrer le père de notre souverain; alors ils se serviront de son nom pour usurper le pouvoir, et, rusés comme ils sont, ils renverseront l'ordre établi par lui. Je prévois ces malheurs; la nuit, je n'en puis dormir; le jour, je n'en puis prendre de la nourriture; il faut aviser aux précautions nécessaires: si quelqu'un désormais demandait une audience au jeune roi, il faut m'avertir; afin que je voie s'il y a quelque piège, quelque danger. — Sin-ki promit d'obéir ponctuellement.

---

(1) Le sage Fei-i n'aurait-il pas dû tenter l'impossible pour empêcher le roi de bouleverser follement l'ordre de la succession? n'aurait-il pas dû se retirer de la cour, au lieu d'y accepter une telle charge? Mais n'oublions pas ce que vaut la «sagesse» païenne!

A quelque temps de là, Ou-ling-wang tenait cour plénière, afin que tous les grands du royaume vinssent renouveler leurs hommages au jeune roi; en réalité, c'était plutôt pour accoutumer tout le monde à lui obéir, comme au souverain légitime, et définitivement établi; c'était du même coup enlever au prince-héritier Tchang tout espoir de monter sur le trône, et à son parti lui-même toute velléité de soulèvement.

A cette assemblée solennelle, Ou-ling-wang se tenait à côté du jeune souverain; il fut touché de l'air triste et de la contenance embarrassée du prince Tchang, mêlé parmi la foule des autres dignitaires; alors seulement il eut regret de l'avoir écarté du trône; il songea au moyen de réparer cette faute, et se proposa de diviser le royaume en deux parties; celle du sud resterait à Hoei-wen-wang; celle du nord, avec *Tai* 代 pour capitale, serait donnée au prince Tchang; mais il voulut réfléchir à son aise, sur un projet si gros de conséquences, et si dangereux pour la tranquillité du peuple; pour le moment il n'en parla à personne.

Peu de temps après cette réunion, Ou-ling-wang conduisait le jeune roi à une de ses résidences d'été, nommée *Chao-k'iou* 沙邱 (1), pour y prendre quelques jours de repos; chacun d'eux habitait un palais séparé, ne pensant à aucun danger de révolte.

C'était pourtant le moment prévu et attendu avec impatience, par le prince Tchang et ses partisans, pour exécuter un coup de main : ils entourèrent secrètement les deux palais; puis ils écrivirent un faux billet, mandant le jeune souverain auprès de son père. Le premier ministre *Fei-i* 肥義 ayant reçu ce message, sortit pour voir ce qu'il en était; il fut aussitôt massacré. Le seigneur *Sin-ki* 信期 donna l'alarme, et conduisit les gardes du roi repousser les assaillants; le prince *Kong-tse-tcheng* 公子成 et le seigneur *Li-touei* 李兌 amenèrent du renfort de la capitale, et les révolutionnaires furent vaincus.

Cependant, le prince-héritier Tchang, cerné par les troupes du roi, allait tomber entre leurs mains, et être massacré; Ou-ling-wang eut pitié de lui, et lui ouvrit la porte de son palais; Kong-tse-tcheng en fit l'assaut, captura le pauvre réfugié, et le mit à mort.

Tout semblait fini; nullement! Kong-tse-tcheng prévoyant l'avenir dit à Li-touei : le vieux roi ne nous pardonnera jamais d'avoir attaqué son palais, et massacré son fils; il faut nous défaire de lui; sinon, nous et nos deux familles, nous sommes perdus!

Sur ce, on continua de cerner le palais; on publia l'avis suivant : quiconque ne s'empressera pas d'en sortir, sera exterminé

---

(1) Chao-k'ou, tour et résidence, était à 20 li nord-est de *P'ing-hiang hien* 平鄉縣, qui est à 80 li sud-est de sa préfecture *Choen-te fou* 順德府, Tche-li. (*Petite géogr., vol. 2, p. 46*) — (*Grande, vol. 15, p. 11*).

avec toute sa parenté. Bientôt le vieux roi se trouva seul ; pour ne pas mourir de faim, il capturait quelques petits oiseaux ; enfin, après trois mois de réclusion absolue, il mourut d'inanition et de chagrin (1). Ajoutons que *Ts'in Che-hoang-ti* 秦始皇帝 mourut en 210 dans ce même palais.

Bien entendu, on se hâta de prendre le deuil selon les rites, et l'on annonça officiellement le décès à toutes les cours souveraines ; les partisans de *Tchang* 章 et de *T'ien-pou-li* 田不禮 furent exterminés jusqu'au dernier.

Quant au jeune roi, il se trouvait à la merci de ses sauveurs ; le prince *Kong-tse-tcheng* 公子成 devint premier ministre tout-puissant, avec le titre de *Ngan-p'ing-hiun* 安平君 (2), ou sauveur de la patrie ; Li-touei fut établi ministre de la justice (se-k'eou 司寇).

En 294, Hoei-wen-wang cédait au roi de *Yen* 燕 les deux villes de *Mou* 鄚 et de *I* 易 (3) ; les historiens n'en indiquent pas le motif ; mais on le devine aisément ; au milieu des troubles que nous venons de raconter, le voisin chercha querelle sans doute ; pour ne pas avoir une guerre avec lui, on lui fit ce cadeau.

En 291, on fortifiait la ville de *Nan-hing-t'ang* 南行唐 (4).

En 290, les troupes réunies de Tchao, de *Wei* 魏 et de *Ts'i* 齊, partaient en guerre contre le pays de *Han* 韓 ; on se livra bataille près du défilé *Lou-yang-koan* 魯陽關 (5).

En 288, le général *Tong-chou* 董叔 ayant aidé le roi de Wei 魏, dans une expédition contre le pays de *Song* 宋, Hoei-wen-wang reçut en récompense la ville de *Ho-yang* 河陽 ; mais pendant ce

---

(1) Le tombeau de Ou-ling-wang est à 20 li sud-est de *Ling-k'iou hien* 靈邱縣, qui en a reçu ce nom ; cette ville est à 270 li sud-est de sa préfecture *Ta-t'ong fou* 大同府, Chan-si *(Annales du Chan-si, vol. 56, p. 28)* — Ling-k'iou signifie *colline (ou tombeau) du roi Ling*.

(2) Voilà encore un exemple d'un titre nobiliaire, indiquant des mérites exceptionnels au service du pays ; non pas un nom tiré du fief de la famille.

(3) Mou : était à 30 li au nord de *Jen-k'iou hien* 任邱縣, qui est à 70 li au nord de sa préfecture *Ho-kien fou* 河間府, Tche-li.. *(Petite géogr., vol. 2, p. 32)* — *(Grande, vol. 13, p. 8)*.

I : c'est *I tcheou* 易州, Tche-li. *(Petite géogr., vol. 2, p. 64)* — *(Grande, vol. 11, p. 20)*.

(4) Nan-hing-t'ang : était un peu au nord de *Hing-t'ang hien* 行唐縣, qui est à 75 li au nord de sa préfecture *Tcheng-ting fou* 正定府, Tche-li. *(Petite géogr., vol. 2, p. 43)* — *(Grande, vol. 14, p. 32)*.

(5) Lou-yang-koan : est à 50 li au nord de *Nan-tchao hien* 南召縣, qui est à 140 li au nord de sa préfecture *Nan-yang fou* 南陽府, Ho-nan. *(Petite géogr., vol. 12, p. 43)* — *(Grande, vol. 51, p. 15)*.

temps les troupes de *Ts'in* 秦 lui enlevaient celle de *Tou-yang* 杜
陽 (1).

En 287, Tchao et Wei guerroyaient contre *Ts'i* 齊, leur allié;
celui-ci les avait leurrés, sans doute, comme c'était la coutume
entre amis.

En 286, *Han-siu* 韓徐, probablement originaire de Han,
mais alors général de Tchao, retournait à la charge contre Ts'i ;
ce ne fut qu'une simple razzia ; car il n'y a pas de détails.

Cette même année, grand deuil à la cour : Hoei-wen-wang
perdait une sœur, fille de la fameuse concubine.

En 285, l'armée de Tchao prêtait son concours, ainsi que
celles de Wei, de Han et de *Ts'in* 秦, au célèbre général de Yen
燕, pour les grandes guerres que celui-ci commençait contre le
pays de *Ts'i* 齊.

Cette même année, à *Tchong-yang* 中陽 (2), entrevue de
Hoei-wen-wang avec le roi de *Ts'in* 秦.

En 284, le roi de Yen 燕 lui-même venait en visite amicale à
la cour de Tchao, demander encore des troupes auxiliaires, pour
continuer la campagne contre *Ts'i* 齊 ; cette fois, les alliés prirent
la capitale *Ling-tche* 臨淄 (3) ; l'armée de Tchao prit pour son
propre compte la ville de *Si-yang* 昔陽 (4).

En 283, les troupes de *Ts'in* 秦 et de Tchao poursuivaient à
outrance la guerre d'extermination commencée contre Ts'i ; ce pays
fut sauvé du péril par le pinceau d'un lettré, le sage *Sou-li* 蘇厲,
frère de l'utopiste *Sou-ts'ing* 蘇秦 bien connu du lecteur. Ce
génie entreprit de retirer Hoei-wen-wang de son alliance avec le
roi de *Ts'in* 秦, et il y réussit du premier coup ; il lui écrivit la
lettre suivante :

---

(1) Ho-yang : était à 30 li sud-ouest de *Mong hien* 孟縣, qui est à 60 li sud-
ouest de sa préfecture *Hoai-k'ing fou* 懷慶府. Ho-nan. *(Petite géogr., vol. 12,
p. 29)* — *(Grande, vol. 49, p. 13)*.

Tou-yang : ou *Keng-yang* 梗陽, c'est *Siu-keou hien* 徐溝縣, à 80 li au sud
de sa préfecture *T'ai-yuen fou* 太原府, Chan-si. *(Petite géogr., vol. 8, p. 5)* —
*(Grande, vol. 40, p. 17)*.

(2) Tchong-yang : était un peu au nord-ouest de *Hiao-i hien* 孝義縣, qui
est à 35 li au sud de sa préfecture *Fen tcheou fou* 汾州府. Chan-si. *(Petite
géogr., vol. 8, p. 16)* — *(Grande, vol. 42, p. 4)*. La ville était au Tchao.

(3) Ling-tche : c'est *Ling-tche hien* 臨淄縣, à 30 li nord-ouest de sa préfecture *Tsing tcheou fou* 青州府, Chan-tong. *(Petite géogr., vol. 10, p 24)* —
*(Grande, vol. 35, p. 6)*.

(4) Si-yang : était un peu au sud-est de *Tsin tcheou* 晉州, qui est à 90 li à
l'est de sa préfecture *Tcheng-ting fou* 正定府, Tche-li. *(Petite géogr., vol. 2,
p. 43)* — *(Grande, vol. 14, p. 41)*.

«Les anciens sages disaient qu'un bon roi reçoit la rosée bienfaisante, la pluie opportune, les récoltes abondantes, la prospérité de son peuple, et l'affection des gens vertueux, parcequ'il mérite ces bénédictions célestes, par la vertu qù'il fait briller sur tout son royaume, par les saines instructions qu'il prodigue à ses sujets, par la sacrifices qu'il offre régulièrement aux Esprits tutélaires. Que votre Majesté médite ces principes, et les applique selon les circonstances.

Ce n'est pas envers le seul roi de *Ts'in* 秦 que votre Majesté s'est montrée généreuse; ce n'est pas pour le seul roi de *Ts'i* 齊 qu'elle réserve sa colère. Le roi de Ts'in simule une amitié intime envers vous, pour obtenir de force des troupes auxiliaires de Han, et faire une guerre acharnée à notre pays. Son amour pour vous est-il sincère? sa haine contre nous est-elle irréconciliable? De tels excès des deux côtés ont des motifs qu'un prince sage doit examiner:

Cet amour et cette haine sont un masque, destiné à cacher le vrai but de Ts'in; ce qu'il veut, c'est s'annexer le pays de Han, prendre les deux capitales de l'empire, et en finir avec l'empereur; craignant d'être empêché par les autres souverains, il leur jette le royaume de *Ts'i* 齊 comme appât; il veut des alliés pour cette guerre simulée contre nous, pour cacher son vrai plan aux yeux des autres états; c'est ainsi qu'il vous a entraînés, vous et le roi de Wei, dans cette campagne; et cela malgré vous; fourbe comme il est, il sentait que vous n'auriez pas confiance en lui sans de sûrs otages; craignant un soulèvement général contre lui, il se procure des alliés; ainsi, trompant les uns, effrayant les autres, il tient tous les princes à sa remorque; mais il se cache en vain; son jeu est démasqué, et sautera aux yeux de tout le monde.

Attention toutefois! pris dans un engrenage, on en sort difficilement! Un corps roulant sur une pente rapide, en entraîne dans sa chute beaucoup d'autres, qui n'avaient pas de connexion avec lui. Vous nous fournissez un exemple récent: vous avez pris le pays de *Tchong-chan* 中山, parceque le roi de *Wei* 魏, occupé à sa guerre contre *Tch'ou* 楚, ne put venir au secours du prince tartare qui l'en suppliait; de même, cette campagne acharnée contre nous, permettra l'anéantissement de *Han* 韓. Le roi de Ts'in promet de partager notre pays entre six souverains; pendant ce temps, il prendra celui de Han pour lui tout seul; après quoi il confisquera de même le territoire de l'empereur, enlèvera les neuf trépieds qui sont le palladium de l'empire, et s'arrogera les vases réservés au seul «fils du ciel» pour les sacrifices solennels. Ainsi, toutes les peines et les fatigues auront été pour vous, le profit pour lui.

Voici maintenant une autre considération: D'après les sages politiques de notre époque, lorsque le roi de *Han* 韓 aura perdu son territoire appelé *San-tchoan* 三川 (1), et le roi de *Wei* 魏 celui de *Ngan-i* 安邑, le malheur s'approchera de Tchao à pas de géant.

Le roi de Ts'in ayant pris le pays de Han, aura tout l'ouest de l'empire; le roi de *Yen* 燕, de son côté, prenant le nord de *Ts'i* 齊, c'est-à-dire la contrée de *Pei-tcheou* 貝州 (2), ces deux alliés, pour se donner la main, n'auront que trois cents li à parcourir, et seront sous les murs de vos villes *Kiu-lou* 鉅鹿 et *Chao-k'iou* 沙邱 (3); vous serez enlacé de deux côtés.

La province appelée *Chang-tang* 上黨, de Han, n'est qu'à cent li de votre capitale *Han-tan* 邯鄲; par là encore, les deux alliés n'auront que trois cents li à franchir, pour arriver au cœur de votre royaume.

La province de *Chang-kiun* 上郡, de *Ts'in* 秦, n'est pas très-éloignée du défilé *Ting-koan* 挺關; de là, le roi n'a que quinze cents li à faire, pour se rendre à votre territoire de *Yu-tchong* 楡中 (4).

Si donc, réunissant les troupes des trois provinces voisines, ce roi envahit votre contrée de *Chang-tang* 上黨, vous perdrez, du même coup, tout ce qui se trouve à l'ouest du défilé *Yang-tchang* 羊腸, et tout ce qui est au sud de la montagne *Keou-tchou* 勾注 (5); partant de là, ce prince insatiable ira s'emparer de votre chaîne de montagnes si importante *Tchang-chan* 常山 (ou Heng-chan 行山); alors il n'aura plus que trois cents li, pour donner la main à son compère de *Yen* 燕.

---

(1) San-tchoan : c'est-à-dire *les trois fleuves*, à savoir, le Fleuve Jaune (Hoang-ho 黃河), le fleuve *Lo-chouei* 洛水, et le fleuve *I-chouei* 伊水, dans le Ho-nan; là se trouvait la fameuse forteresse *I-yang* 宜陽; on appelait aussi San-tchoan la contrée enfermée par ces trois fleuves. (*Grande géogr.*, vol. *48*, p. *16*).

Ngan-i : était à 2 li à l'ouest de *Ngan-i hien* 安邑縣, qui est à 50 li à l'est de *Kiai tcheou* 解州, Chan-si. (*Petite géogr.*, vol. *8*, p. *42*)—(*Grande*, vol. *41*, p. *30*).

(2) Pei tcheou : c'est *Tsing-ho hien* 清河縣, à 200 li nord-est de sa préfecture *Koang-p'ing fou* 廣平府, Tche-li. (*Petite géogr.*, vol. *2*, p. *50*) — (*Grande*, vol. *15*, p. *28*).

(3) Kiu-lou : c'est *P'ing-hiang hien* 平鄉縣, à 80 li sud-est de sa préfecture *Choen-te fou* 順德府, Tche-li. (*Petite géogr.*, vol. *2*, p. *46*)—(*Grande*, vol. *15*, p. *10*).

Chao-k'iou : (*voyez un peu plus haut*).

(4) Ting-koan : ce défilé se trouve dans les montagnes nord-ouest du Chan-si. Yu-tchong : est le pays montagneux du nord de la province du Chan-si.

(5) Yang-tchang : ou «défilé du boyau de chèvre».

Keou-tchou (ou Hing-chan), Sien-yu (ou Yen-men-chan 雁門山), forment une seule chaîne de montagnes, au nord-ouest des territoires de *T'ai-yuen fou* 太原府, et *Tai tcheou* 代州, Chan-si. (*Petite géogr.*, vol. *8*, p. *37*) — (*Grande*, vol. *39*, p. *9* — vol. *40*, p. *41*).

Tchang-chan : ou Heng-chan.

Alors, tous les chemins du nord vous étant fermés, vous ne
pourrez plus tirer de chevaux du pays de *Tai* 代, ni de chiens du
pays de *Hou* 胡, ni de jades précieux de la montagne *Koen-chan*
昆 山. Que de pertes à la fois!

Si votre Majesté continue la guerre contre nous, elle fortifiera
son ennemi le plus redoutable, assurera la ruine de *Han* 韓, et
s'attirera les malheurs que je viens d'indiquer; qu'elle veuille donc
examiner ces quelques considérations que je lui propose.

D'ailleurs, le roi de Ts'in nous harcèle surtout à cause de la
sincère amitié, que nous avons toujours professée envers la maison
de Tchao : En 288, prenant pour soi le titre d'empereur occidental
(si-wang 西 王), il proposait à notre souverain celui d'empereur
oriental (tong-wang 東 王); il essayait d'armer toute la Chine
contre votre royaume, qu'il voulait exterminer; déjà il avait, dans
ce but, fait alliance avec le pays de *Yen* 燕; déjà le jour de l'entrée en campagne était fixé; déjà le partage de vos provinces était
réglé, et le lot de chacun des alliés était déterminé. Au dernier
moment, notre souverain s'opposa résolument à cette entreprise,
et son *veto* vous a sauvé d'une ruine imminente; voilà pourquoi
il supporte maintenant leur vengeance implacable; il subit les calamités dont il vous a délivré à ses risques et périls.

De toutes ses forces, il s'est opposé aux envahissements du roi
de Ts'in; il le força de déposer le titre d'empereur occidental; il
l'obligea de rendre au pays de Wei les villes de *Kao-p'ing* 高 平
et de *Keng-jeou* 根 柔; de vous restituer *Hing-chan* 陘 山 (ou
*Keou-tchou* 勾 注) et *Sien-yu* 先 俞 (1). Notre souverain vous
a donc montré le plus grand dévouement; si vous le récompensez
par la guerre, qui voudra désormais vous rendre service?

Que votre Majesté daigne considérer les faits que je viens de
rappeler; elle n'aura pas de peine à cesser une guerre si funeste.
Alors le cœur de notre souverain et de tout son peuple vous sera
gagné plus que jamais; alors la Chine entière célèbrera votre justice et votre humanité; tous les princes feront cause commune
avec vous, contre le roi de Ts'in; et si celui-ci tentait d'imposer à
l'un d'eux son joug tyrannique, c'est encore vous qui l'en empêche-
riez. Quelle gloire, quelle autorité en reviendrait à votre Majesté!»

Se-ma Ts'ien rapporte avec amour ce « memorandum » du
diplomate, pour montrer de quoi est capable un vrai lettré; il
sauve tout quand il s'en mêle. Quant aux platitudes et aux flat-
teries de la fin, elles étaient la conclusion obligatoire d'un écrit
de ce genre.

----

(1) Kao-p'ing : ou *Hiang* 向, était un peu au sud-ouest de *Ts'i-yuen hien*
清源縣, qui est à 70 li à l'ouest de sa préfecture *Hoai-k'ing fou* 懷慶府, Ho-nan.

Keng-jeou : était assez près de Kao-p'ing. (*Petite géogr.*, vol. *12*, p. *27*) —
(*Grande*, vol. *49*, p. *6*).

· Il paraît que Hoei-wen-wang fut tout-à-fait persuadé par les raisons du lettré ; il quitta l'alliance de Ts'in, cessa la guerre contre Ts'i, et eut une entrevue avec le roi de *Yen* 燕 ; ce qui n'empêcha pas son général *Lien-p'ouo* 廉 頗, de garder la ville de *Si-yang* 昔 陽 qu'il avait prise, et de continuer quelque temps encore une apparence de campagne, pour ménager le roi de Ts'in, et éviter son ressentiment.

En cette même année 283, *Ling-siang-jou* 藺 相 如, sage et courageux lettré originaire de *Tchao-tch'eng* 趙城 (1), se chargeait d'une commission assez curieuse : Hoei-wen-wang avait une pierre précieuse extrêmement remarquable, appelée *Houo-che* 和 石 ; le roi de Ts'in la voulait à tout prix ; il avait même offert quinze villes en échange ; c'était un leurre ; il se proposait sans doute de ne jamais les livrer, ou de les reprendre dans une guerre. Mais comment lui refuser un objet auquel il tenait si fort ? c'était s'exposer à son courroux ! Notre lettré demanda lui-même à être chargé de cette affaire ; il promettait de porter cette pierre précieuse à la cour de Ts'in, de l'offrir à *Tchao-siang-wang* 昭 襄 王, et de la rapporter à son maître, après avoir berné ce sauvage suzerain.

Nous avons raconté, dans l'histoire de Ts'in, comment l'intrépide lettré exécuta son programme : comment il alla jusqu'à menacer de son poignard le roi de Ts'in, s'il ne lui rendait pas le fameux joyau. Les historiens chinois ont fait, sur cette anecdote, un poème épique aussi important que l'expédition de *la toison d'or* chez les Grecs ; actuellement encore on raconte ce fait, pour prouver que tout vrai lettré est un héros né, capable de tout ; si, par hasard, l'un d'eux se montrait lâche, c'est que la sagesse lui commanderait cette façon d'agir ; car une vérité incontestable, c'est que tout vrai lettré ne se guide jamais que par la sagesse.

Quant à notre héros, il était de la maison royale de Han ; son ancêtre *Han-k'ang* 韓 康 avait reçu un fief, dont la capitale s'appelait *Ling* 藺 (2), d'où la famille avait pris ce nom.

En 282, *Yo-i* 樂 毅, le fameux général de *Yen* 燕, aidé des troupes de Tchao, faisait la guerre au pays de *Wei* 魏, et lui

---

(1) Tchao-tch'eng : c'est *Tchao-tch'eng hien* 趙 城 縣, à 50 li sud-ouest de *Houo tcheou* 霍 州, Chan-si. (*Petite géogr.*, vol. 8, p. 41) — (*Grande. vol. 41.* p. 8).

(2) Ling : était un peu à l'ouest de *Yong-ning fou* 永 甯 州, qui est à 160 li nord-ouest de sa préfecture *Fenn tcheou fou* 汾 州 府, Chan-si. (*Petite géogr.* vol. 8, p. 18) — (*Grande. vol. 42, p. 12*).

Le tombeau de Ling-siang-jou est à 80 li au nord de *Yo-yang hien* 岳 陽 縣, qui est à 110 li nord-est de sa préfecture *P'ing-yang fou* 平 陽 府, Chan-si. (*Géogr. impér.*, vol. 99. p. 8).

prenait la ville de *Pé-yang* 伯陽 (1); de son côté, le roi de Ts'in, mécontent de ce que Hoei-wen-wang avait quitté son alliance, lui prenait deux villes qui ne sont pas spécifiées.

En 281, il lui enlevait encore la ville de *Che-tch'eng* 石城 (2). Hoei-wen-wang voulut se dédommager, en prenant quelque chose à son collègue de *Wei* 魏; il se rendit donc à *Tong-yang* 東陽, pour recommencer la guerre contre lui; par suite de grandes pluies, la rivière *Tchang* 漳 coulait à pleins bords; il en dériva le cours et le lança sur le camp de Wei; après quoi, il remporta facilement une éclatante victoire. Ce pays de Tong-yang était d'une grande importance stratégique, ainsi il était très disputé des voisins. Le roi de Tchao y tenait.

Cette même année, le fameux diplomate de Ts'in, nommé *Wei-jan* 魏冉, venait offrir ses services à la cour de Tchao; il était le frère de la reine-douairière *Siuen-t'ai-heou* 宣太后, donc l'oncle maternel de *Tchao-siang-wang* 昭襄王; il était premier ministre; des jalousies et des intrigues le forçaient à s'expatrier momentanément; mais il ne tarda pas à retourner à son poste; en attendant, il eut l'honneur de remplir le même office auprès de Hoei-wen-wang (3).

En 280, l'armée de *Ts'in* 秦 ayant battu celle de Tchao, s'emparait encore de deux villes, dont on ne donne pas le nom. Pour se réconcilier avec son collègue de *Wei* 魏, Hoei-wen-wang lui rendit *Pé-yang* 伯陽, qu'il lui avait enlevée deux ans auparavant; pendant ce temps, son général *Tchao-che* 趙奢 envahissait le pays de *Ts'i* 齊, et lui prenait la ville de *Ma-k'iou* 麥邱 (4).

Cette même année, le terrible *Pé-k'i* 白起 de Ts'in remportait une grande victoire sur l'armée de Tchao, coupait vingt mille têtes, et enlevait la ville de *Kaong-lang-tch'eng* 光狼城 (5) qui, autrefois, avait appartenu au prince de *Tai* 代.

---

(1) Pé-yang: était un peu au nord-ouest de *Ling-tchang hien* 臨漳縣, qui est à 110 li nord-est de sa préfecture *Tchang-te fou* 彰德府, Ho-nan. *(Petite géogr., vol. 12, p. 16)* — *(Grande, vol. 49, p. 35)*.

(2) Che-tch'eng: c'est Yong-ning tcheou (ci-dessus). *(Petite et Grande géogr., ibid.)*.

Tong-yang: autrefois dans le marquisat de Wei 衞, était à 60 li nord-ouest de *Ngen hien* 恩縣, qui est à 180 li nord-est de sa préfecture *Tong-tchang fou* 東昌府, Chan-tong. *(Petite géogr., vol. 10, p. 22)* — *(Grande, vol. 34, p. 15)*.

(3) Wei-jan: s'appelait aussi marquis de Jang [Jang-heou 穰侯]; nous en parlons longuement dans notre histoire de Ts'in.

(4) Ma-k'iou: ville de Ts'i, se trouvait au nord-ouest de *Chang-ho* 商河. Or celle-ci se trouve 90 li au sud-ouest de sa préfecture *Tcheng-ting fou* 正定府. *(Petite géogr., vol. 10, p. 28)*.

(5) Koang-lang-tch'eng: Se-ma-koang écrit que cette ville était dans l'ancienne province de *Tai-koang-lang-tch'eng* 代光狼城; on ne connaît plus son emplacement.

En 279, *Lien-p'ouo* 廉 頗, général de Tchao, retournait encore en campagne contre le pays de *Ts'i* 齊 ; c'est ainsi que l'on
pratiquait l'amitié envers lui, après avoir, en sa considération,
rompu avec le redoutable suzerain de Ts'in.

Voici maintenant une anecdote typique, où les lettrés se
montrent dans tout l'éclat de leur supériorité : *Tchao-siang-wang*
昭 襄 王 tenait, paraît-il, à l'amitié de Hoei-wen-wang ; du moins,
il ne voulait pas l'avoir contre soi, dans ses guerres d'extermination contre Han et Wei ; il lui fit donc proposer une entrevue à
*Ming-tch'e* 澠 池 (1), au sud du Fleuve Jaune ; mais Hoei-wen-
wang, craignant un piége, ne voulait pas s'y rendre ; *Lien-p'ouo*
廉 頗 et *Ling-siang-jou* 藺 相 如 l'exhortaient à y aller ; sinon,
ce serait trahir sa peur et sa faiblesse.

Hoei-wen-wang y consentit enfin ; mais il voulut avoir pour
compagnon ce même Ling-siang-jou, le héros de la pierre précieuse ; il prit encore d'autres précautions minutieuses, comme s'il
allait à la mort ; Lien-p'ouo l'escortant jusqu'à la frontière, il lui
dit : trente jours sont bien suffisants pour le voyage et l'entrevue;
passé ce temps, si je ne suis pas de retour, il faudra déclarer roi
mon fils, le prince-héritier ; de cette manière, si je suis retenu
captif, Tchao-siang-wang n'aura plus, entre les mains, qu'un
simple particulier, duquel il ne pourra rien extorquer de nuisible
au royaume de Tchao.

Tchao-siang-wang ne semble guère avoir médité rien de semblable ; il donna un grand festin en son honneur ; s'y étant enivré,
il s'oublia jusqu'à lui demander de vouloir bien lui jouer du luth.
Hoei-wen-wang condescendit à ce bizarre désir. Les gens de Ts'in
ne comprenant pas cet acte de vertu, s'en moquaient entre eux ;
l'archiviste s'approcha, et se mit à écrire : telle année, tel mois,
tel jour, les deux rois de Ts'in et de Tchao se trouvant à un festin solennel, ce dernier régala sa Majesté de Ts'in d'un air de
guitare.

Ling-siang-jou se leva, prit le vase d'argile, instrument de
musique national au pays de Ts'in ; il le présenta à Tchao-siang-
wang, et lui dit : à votre tour maintenant ! le roi refusant, Siang-
jou le menaça de son poignard ; les courtisans se jetèrent sur lui;

---

— La grande géogr., vol. 43, p. 4, décrit une autre ville du même nom, qui
était à 25 li sud-ouest de *Kao-p'ing hien* 高 平 縣, qui est à 80 li au nord de sa
préfecture *Tche tcheou fou* 澤 州 府, au sud-est du Chan-si. — Il ne peut être
question de cette ville ; car Pé-k'i faisait la guerre dans le nord ; pour donner une
explication quelconque, les commentaires disent que cette ville du sud aurait appartenu au prince tartare de Tai : c'est une pure rêverie.

(1) Ming-tche : était un peu au sud-ouest de *Ming-tche hien* 澠 池 縣, qui est
à 160 li à l'ouest de sa préfecture *Ho-nan fou* 河 南 府, Ho-nan. *(Petite géogr.,
vol. 12, p. 38)* — *(Grande, vol. 48, p. 42)*.

mais il leur lança de tels regards, il poussa des cris si terribles, que ces sauvages en reculèrent épouvantés. Tchao-siang-wang dut s'exécuter, et frapper son pot d'argile. Siang-jou dit à l'archiviste: poursuivez votre narration; écrivez que sa Majesté a régalé son hôte d'un air de .... pot-de-chambre. Ces sauvages ne riaient plus; le triomphe du lettré était complet.

De retour à la capitale de Tchao, on peut imaginer quelle fut la gloire de Siang-jou; il avait sauvé la vie et l'honneur de son roi; il avait humilié le terrible suzerain, et toute sa cour de sauvages! Naturellement, les félicitations et les honneurs tombèrent en avalanche sur l'intrépide lettré; à tel point, que le fameux général Lien-p'ouo finit par en être jaloux; mais notre héros le vainquit encore par son humilité; il lui prouva combien son épée, si glorieuse fût-elle, était inférieure au pinceau d'un vrai lettré; comment un sage, avec ses trois pouces de langue, remportait plus de victoires, sauvait plus de royaumes, que les plus grandes prouesses guerrières. Le fier général reconnut sa faute, lui fit amende honorable, à genoux, le dos dénudé, prêt à recevoir les coups de cravache qu'il avait mérités par son orgueil.

Se-ma Ts'ien, chap. 81, pp. 1 et suiv., raconte cela du ton le plus sérieux, dans la biographie de ces deux hommes illustres; comment le révoquer en doute? Ce n'est donc pas seulement de nos jours, qu'en Chine la toge l'emporte si fort sur la cuirasse!

Cette même année, *Tchao-wang* 昭王, roi de *Yen* 燕, étant mort, son grand capitaine *Yo-i* 樂毅, en butte aux calomnies de ses envieux, se retira de la cour, et vint offrir ses services à Hoei-wen-wang; celui-ci le reçut avec empressement, le combla d'honneurs, et lui attribua le fief de *Koan-tsing* 觀津 (1), avec le titre assez curieux de *Wang-tchou-kiun* 望諸君 ou seigneur de Wang-tchou. Ce dernier nom était celui d'un étang situé au pays de *Ts'i* 齊; Hoei-wen-wang indiquait, par là, qu'il se proposait de conquérir cette région; ce qu'il fit plus tard, en effet.

En 278, Hoei-wen-wang changea le cours de la rivière *Tchang* 漳, et la fit passer à l'ouest de *Ou-p'ing* 武平 (2).

En 277, il y eut une grande peste au pays de Tchao; Hoei-wen-wang craignant d'être emporté par le fléau, voulut assurer la succession au trône, et choisit son fils *Tan* 丹 pour prince-héritier.

En 276, son général *Leou-tchang* 樓昌 guerroyait contre l'état de *Wei* 魏; il avait mis le siége devant la ville de *Ki* 幾 (3),

---

(1) Koan-tsing: était à 33 li au sud-est de *Ou-i hien* 武邑縣, qui est à 50 li nord-est de *Ki tcheou* 冀州, Tche-li. (*Petite géogr.. vol. 2. p. 66*) — (*Grande, vol. 14, p. 39*).

(2) Ou-p'ing: était à 72 li au nord de *Wen-ngan hien* 文安縣, qui est à 340 li sud-est de sa préfecture *Choen-t'ien fou* 順天府, (ou Pé-kin), Tche-li. (*Grande géogr., vol. 11, p. 25*).

(3) Ki: on en ignore l'emplacement.

mais ne parvenait pas à s'en emparer ; le général *Lien-p'ouo* 廉頗 amena du renfort, et la prit enfin à la 12ème lune ; mais l'expédition ne fut pas terminée pour cela ; l'occasion était trop favorable ; le roi de Ts'in semblait vouloir anéantir le royaume de *Wei* ; il lui faisait alors une guerre acharnée ; *Hoei-wen-wang* désirait sa part du gâteau.

En 275, Lien-p'ouo reprenait la ville de *Fang-tse* 房子 (1), qui autrefois faisait partie du royaume de Tchao, la fortifiait, puis enlevait celle de *Ngan-yang* 安陽.

En 274, *Yen-tcheou* 燕周, autre général de Tchao, envahissait le pays de *Ts'i* 齊, et s'emparait, après une vive résistance, de *Tch'ang-tch'eng* 昌城 et de *Kao-t'ang* 高唐 (2).

En 273, une armée de Tchao battait la petite principauté tartare des *Tong-hou* 東胡. Ceux-ci avaient envahi le pays de *Tai* 代, avaient excité la population à la révolte, poussés eux-mêmes, il est probable, par les secrètes manœuvres du roi de *Ts'in* 秦 ; la répression fut prompte et énergique, et la principauté fut annexée au royaume de Tchao (3).

Cet exploit fut suivi d'un désastre ; car les troupes de Hoei-wen-wang étant allées au secours de *Wei* 魏 contre *Han* 韓, celui-ci fut sauvé par l'armée de *Ts'in* 秦 ; il y eut une bataille terrible à *Hoa-yang* 華陽 (4), où les bouchers de Ts'in coupèrent cent-trente mille têtes.

En 272, les précédents travaux de canalisation, au sujet de la rivière *Tchang* 漳 ne rendant pas les services qu'on en attendait, on en fit de nouveaux, pour faire passer cette rivière au sud de

---

(1) Fang-tse : était à 15 li sud-ouest de *Kao-i hien* 高邑縣, qui est à 50 li sud-ouest de *Tchao tcheou* 趙州, Tche-li. (*Petite géogr.*, vol. *2*, p. *68*) — (*Grande.* vol. *14*, p. *50*).

Ngan-yang : était un peu au nord-ouest de *Tchang-te fou* 彰德府, Ho-nan. (*Petite géogr.*, vol. *12*, p. *15*) — (*Grande*, vol *49*, p. *30*).

(2) Tch'ang-tch'eng : était précédemment le fief du fameux général Yo-i (ci-dessus), qui, pour cela, avait le titre de seigneur du (petit) royaume de Tch'ang [Tch'ang-kouo-kiun 昌國君 »; elle était à 35 li nord-est de *Tche tcheou* 淄州, qui est à 230 li à l'est de sa préfecture *Ts'i-nan fou* 濟南府, Chan-tong. (*Petite géogr.*, vol. *10*, p. *3*) — (*Grande*, vol. *31*, p. *11*).

Kao-t'ang : c'est *Kao-t'ang hien* 高唐縣, à 120 li nord-est de sa préfecture *Tong-tch'ang fou* 東昌府, Chan-tong. (*Petite géogr.*, vol. *10*, p. *22*) — (*Grande.* vol. *34*, p *13*).

(3) Tong-hou : peuplade des Huns [Hioung-nou 匈奴, mendiants, esclaves, demeurait, ou plutôt errait dans les plaines sablonneuses au nord du Tche-li ; parmi ces tribus nomades, c'était celle-ci qui était le plus à l'est ; d'où son nom de Hou orientaux. (*Grande géogr.*, vol. *18*, p. *30*).

(4) Hoa-yang : (*voyez les histoires de Wei et de Han, à cette année*).

*Ou-p'ing* 武平. De son côté, le Fleuve Jaune, ce grand dévastateur des provinces du nord, grossi par des pluies considérables, inondait des régions entières, et causait d'immenses désastres.

Cette même année, Hoei-wen-wang élevait à la dignité de *P'ing-yang-kiun* 平陽君 (seigneur de P'ing-yang) son oncle *Tchao-pao* 趙豹, frère de la fameuse concubine *Hoei-heou* 惠后.

En 271, *Ling-siang-jou* 藺相如, l'intrépide lettré, génie universel, conduisait une grande armée contre le pays de Ts'i 齊; ce fut sans doute une pure démonstration militaire ; car on dit seulement qu'il s'avança jusqu'à *P'ing-i* 平邑 (1) ; et qu'à son retour, il acheva les fortifications de *Kiou-men-tch'eng* 九門城; de prouesses et de conquêtes, pas un mot.

A cette même année, *Se-ma Koang* 司馬光 raconte l'anecdote suivante : *P'ing-iuen-kiun* 平原君 (le seigneur de P'ing-iuen, l'oncle du roi), omettait de payer l'impôt, comme il arrive souvent aux grands personnages de Chine ; *Tchao-che* 趙奢, intendant des contributions, fit mettre à mort neuf des employés du prince royal ; celui-ci entra dans une telle fureur, qu'il voulait massacrer le ministre des finances, qui approuvait la conduite de son subalterne ; mais ce grand dignitaire lui dit avec beaucoup de sang-froid:

Les lois sont faites pour tout le monde, et sont le plus ferme soutien du royaume ; votre Altesse doit en protéger l'observation, bien loin de les enfreindre ; elle doit le bon exemple à son peuple; ainsi, grands et petits agissant de concert, cette union rendra l'état inébranlable, et assurera le trône à la famille régnante, dont vous êtes l'un des membres les plus illustres ; votre Altesse elle-même aura donc sa part des avantages d'une bonne administration ; négliger les lois, serait préparer la ruine de ce royaume, l'offrir comme une proie facile au premier attaquant.

Le seigneur fut calmé par cette réponse pleine de bon sens ; il eut même la loyauté de raconter le fait et de louanger la fidélité de *Tchao-che* 趙奢 devant le roi ; en récompense, l'intendant devint ministre des finances ; il remplit son office avec tant de probité, qu'il n'y avait plus de difficultés à recueillir les impôts ; le trésor était toujours en bon état, et le peuple était à l'aise.

Voici maintenant une anecdote d'un tout autre genre : Ce seigneur de P'ing-iuen était un amateur de lettrés, il avait plusieurs milliers de ces parasites à sa solde, et un grand nombre de ces meubles précieux ornaient son propre palais. Un jour, une

---

(1) P'ing-i : celle dont il s'agit ici (car il y en a une autre) était à 7 li nordest de *Nan-lo hien* 南樂縣, qui est à 40 li sud-est de sa préfecture *Ta-ming fou* 大名府, Tche-li. *(Petite géogr., vol. 2, p. 53)* — *(Grande. vol. 16, p. 12).*

Kiou-men-tch'eng : la ville aux 9 portes : était à 25 li nord-ouest de *Kao-tch'eng hien* 藁城縣, qui est à 60 li sud-est de sa préfecture *Tcheng-ting fou* 正定府, Tche-li. *(Petite géogr., vol. 2, p. 41)* — *(Grande. vol. 14, p. 15).*

de ses concubines prenant le frais à l'une des fenêtres de l'étage
supérieur, d'où l'on avait une belle vue sur la campagne, aperçut
un boiteux qui marchait sur le chemin d'une façon assez comique;
elle en rit à gorge déployée ; mal lui en prit :

Le lendemain, l'estropié se présentait à la cour du prince, et
parlait ainsi : On m'a dit que votre Altesse aime les lettrés, et
que ceux-ci franchissent des milliers de li, pour venir se mettre à
votre service, parceque vous les estimez à leur juste valeur ; vous
n'êtes pas passionné pour les femmes, comme le sont malheureusement d'autres princes. Quant à moi, la nature m'a affligé d'une
grande infirmité, comme vous le voyez ; je n'en suis pas moins
un lettré, imbu de la sagesse des anciens ; or, hier, une de vos
misérables concubines a osé rire de moi ; pour réparation, je vous
demande la tête de cette personne.

Le prince répondit en plaisantant ; mais l'autre ne l'entendait
pas ainsi ; n'ayant pas reçu satisfaction, il fit connaître à ses collègues l'humiliation dont il avait été l'objet ; ceux-ci voyant leur
docte caste méprisée, organisèrent une sorte de grève, et se retirèrent les uns après les autres ; au bout d'un an, il n'en restait
plus que la moitié, résolus à en faire autant.

Pour prévenir leur départ, le prince fut obligé d'exécuter sa
concubine ; et d'aller en personne chez le boiteux, lui demander
pardon d'avoir plus aimé une femme qu'un savant lettré (1).

Cette anecdote, que ces messieurs tiennent pour historique,
dépeint très-bien l'incroyable fatuité de ces personnages ; vraie ou
fausse, cette narration leur sert à prouver que leurs priviléges
existent de temps immémorial, et reposent sur des bases inébran-
lables. Mais le lecteur, qui aura avec nous étudié les histoires
des divers royaumes de la Chine, sera convaincu que cette classe
d'hommes a toujours été la plus vile et la plus méprisable, au
milieu de cette grande nation aux qualités éminentes.

En 270, une armée de *Ts'in* 秦 envahissait le territoire de
Tchao, et mettait le siége devant *Ngo-yu* 閼 與 (2). A cette nouvelle, Hoei-wen-wang tint conseil avec son fameux général *Lien-*

---

(1) L'un des plus célèbres, parmi ces parasites, fut *Kong-suen-long* 公孫龍,
dont on a encore quelques ouvrages ; ou plutôt des ouvrages portant son nom, car
ils semblent apocryphes.

Un autre, de quelque renom, est *K'ong-tch'oen* 孔穿. Le recueil intitulé *I-che*
繹 史, vol. 140, pp. 4 et 10, a des spécimens de leurs savants entretiens sur la
«haute diplomatie» de l'époque.

(2) Ngo-yu : était à 20 li nord-ouest de *Ts'in-tcheou* 沁 州, Chan-si, sur le
fameux plateau appelé *Chang-tang* 上黨. Comme il y a trois villes du même nom,
Ngo-yu, les commentaires ne savent pas de laquelle il s'agit ; nous suivons nos recueils géographiques, d'accord sur celle-ci. *(Petite géogr., vol. 8, p. 32)—(Grande,
vol. 43, p. 10)*.

*p'ouo* 廉 頗 et avec *Yo-tcheng* 樂 乘, fils du grand capitaine exilé Yo-i dont nous avons parlé plus haut ; ces deux guerriers firent observer que la route était longue ; qu'elle était dangereuse, à cause des nombreux défilés qu'elle parcourait ; qu'ainsi ce serait difficile d'aller au secours des assiégés.

Hoei-wen-wang interrogea ensuite le seigneur *Tchao-che* 趙 奢, qui lui répondit : en vérité, le chemin est long et périlleux ; dans les défilés, il faut se serrer les uns contre les autres, comme deux rats qui passent ensemble un même trou ; mais, comme toujours, c'est le plus courageux qui l'emportera.

Sur ce, Tchao-che fut chargé de conduire une armée au secours de Ngo-yu. Etant parti de *Han-tan* 邯 鄲, la capitale, il fit trente li la première journée, et ordonna de dresser les tentes, selon les anciens usages ; puis il fit publier l'avis suivant : quiconque critiquera ma manière de faire, sera puni de mort.

A ce moment, une autre armée de Ts'in, jointe aux troupes auxiliaires de Han, arrivait sous les murs de *Ou-ngan* 武 安 (1), située non loin de là ; les tambours, les cris des hommes faisaient un tel vacarme, que les maisons de la ville en tremblaient. Quelqu'un, dans le camp de Tchao, s'écria qu'il fallait d'abord courir au secours de Ou-ngan ; le généralissime lui fit aussitôt couper la tête.

Après quoi, il se contenta d'élever un camp retranché, où il demeura en expectative pendant vingt-huit jours, sans rien faire, sinon hausser et solidifier ses murs de terre. Un espion de Ts'in s'étant hasardé jusqu'à venir dans le camp, fut pris et conduit devant le généralissime, qui ordonna de le régaler et de le relâcher.

Le captif libéré s'empressa de raconter ce qu'il avait vu ; son général en riait de bon cœur : après une journée de marche, disait-il, les gens de Tchao se sont cantonnés. sans oser avancer plus loin ; c'est juste ; Ngo-yu ne leur appartient plus !

Mais Tchao-che, après le départ de l'espion, avait fait plier bagage, puis, au pas de course, pendant un jour et une nuit, avait conduit son armée jusqu'à 50 li seulement de Ngo-yu, il avait passé les lignes ennemies et les défilés sans être aperçu. Aussitôt il choisit son camp et s'y fortifia solidement. Ce n'est qu'après cela que l'armée de Ts'in arriva.

L'officier *Hiu-li* 許 歷 avait demandé un moment d'entretien avec Tchao-che, il lui dit : les troupes de Ts'in seront furieuses de notre arrivée inattendue ; elles vont nous charger avec rage ; veuillez donc serrer et appuyer les rangs, tenir tout prêt pour soutenir leur attaque. Maintenant, punissez-moi de mon audace, pour avoir osé critiquer mon général.

---

(1) Ou-ngan : était à 50 li sud-ouest de *Ou-ngan hien* 武 安 縣, qui est à 120 li au nord de sa préfecture *Tchang-te fou* 彰 德 府, Ho-nan. (*Petite géogr.*, *vol. 12, p. 18*) — (*Grande. vol. 49, p. 44*).

Tchao-che content de sa remarque lui répondit : allez ; nous en reparlerons une autre fois ! Le même officier demanda alors permission d'ajouter un mot : Celui, dit-il, qui le premier aura occupé cette colline au nord, sera vainqueur ; celui qui y arrivera trop tard est perdu !

Le généralissime approuva encore la proposition si raisonnable de son inférieur, et envoya dix-mille hommes occuper le point stratégique le plus important. Ce fut à peine fait que l'armée de Ts'in voulut s'en emparer : vains efforts ! elle fut battue. Tchao-che lança alors ses gens sur elle et la mit en grande déroute ; par cette victoire il obtint encore le retrait des troupes qui assiégeaient la ville de Ngo-yu, et rentra ainsi triomphalement à la capitale Han-tan. Il avait fait une campagne que les meilleurs généraux avaient jugée impossible.

En récompense, il fut élevé à la dignité de *Ma-fou-kiun* 馬 服君 (seigneur de Ma-fou) (1), et fut sur le même rang que *Lien-p'ouo* 廉 頗 et *Ling-siang-jou* 藺 相 如 ; quant à l'officier Hiu-li, il monta au grade de *Kouo-wei* 國 尉, haute dignité militaire dont on ne connaît plus les attributions.

En 269, une nouvelle armée de *Ts'in* 秦 revenait à la charge contre cette importante ville de Ngo-yu, sans pouvoir s'en emparer. Hoei-wen-wang, fier de ses succès, pensait à tourner ses armes contre le pays de *Yen* 燕, dont il se promettait un facile triomphe. En effet, deux années auparavant, le roi avait été massacré dans une révolution de palais ; l'ordre y était à peine rétabli, on pouvait espérer pêcher en eau trouble. Mais le fameux lettré-diplomate *Sou-tai* 蘇 代, secrètement vendu au roi de Yen, empêcha, dit-on, cette campagne par la fable suivante :

«Votre serviteur passant la rivière *I-chouei* 易 水 (2), remarqua un coquillage, tout grand ouvert, se chauffant sur le sable au soleil ; un martin-pêcheur s'élança pour le happer ; mais le coquillage se refermant enserra le bec de l'oiseau ; celui-ci lui disait : s'il ne pleut aujourd'hui ni demain, tu seras mort ; l'autre répondait : si je n'ouvre aujourd'hui ni demain, tu seras mort ; tous

---

(1) La montagne Ma-fou : appelée aussi *Tse-chan* 紫 山 : est à 30 li nord-ouest de *Han-tan hien* 邯 鄲 縣, qui est à 55 li sud-ouest de sa préfecture *Koang-p'ing fou* 廣 平 府, Tche-li. Le général Tchao-che reçut cette contrée en fief, avec le titre nobiliaire ; son tombeau est encore maintenant sur cette montagne. (*Grande géogr.*, vol. *15*, p. *26*).

(2) I-chouei : cette rivière coule à 30 li au sud de *I tcheou* 易 州, préfecture du Tche-li. (*Petite géogr.*, vol. *2*, p. *64*) — (*Grande*. vol. *10*, p. *15*).

Sou-tai, soit-disant fin diplomate, homme aux mille stratagèmes, parmi lesquels se trouvait celui de recevoir secrètement de l'argent, était frère du fameux utopiste *Sou-ts'in* 蘇 秦 que le lecteur oubliera difficilement ; c'était donc une famille «de grands hommes» !

deux s'obstinaient ainsi ; survint un pêcheur, qui, enchanté de sa bonne fortune, emporta l'un et l'autre. Si vous faites la guerre au roi de Yen, surviendra celui de *Ts'in* 秦, qui dirimera la querelle en prenant les deux royaumes.

En 266, mourait Hoei-wen-wang ; le prince-héritier *Tan* 丹 lui succédait sur le trône.

## HIAO-TCH'ENG-WANG (265-245)

## 孝 成 王

—→⊱ ⁎⊰⊱⁎ ⊰←—

Le caractère Hiao a cinq significations, toutes bonnes; en voici une : *Prince aimable et bienfaisant pour toute sa famille.* Tch'eng peut se traduire ainsi : *Prince qui, par un bon gouvernement, sut assurer la paix à son peuple* (1); nous verrons si ce beau nom posthume a été mérité.

Le seigneur de *Ping-yuen-kiun* 平原君, oncle du nouveau roi, fut nommé premier ministre; mais comme le souverain était encore trop jeune pour gouverner, c'est sa mère, la reine douairière qui régna de fait à sa place, pendant quelques années.

En 265, une armée de *Ts'in* 秦 prit trois villes, dont on ne donne pas le nom; ce n'était pas chose bien extraordinaire; toutefois la cour de Tchao en parut terrifiée; la reine-mère dépêcha une ambassade au roi de *Ts'i* 齊, lui demandant du secours; celui-ci répondit : envoyez-moi le jeune prince, seigneur de *Tchang-ngan-kiun* 長安君, en otage; et mon armée se met en marche.

La reine-mère refusant absolument, les grands dignitaires l'exhortaient avec instance, lui montrant combien cette demande du roi de Ts'i était raisonnable et modérée; elle finit par se fâcher, et fit publier à la cour l'avis suivant : si quelqu'un vient encore me parler de cette affaire, je lui cracherai à la figure.

Malgré cette défense, un bon vieux conseiller, nommé *Tch'ou-tche* 觸聾, se présenta et obtint gain de cause, comme nous allons le voir, la conversation est un peu longue; mais elle est si gentiment chinoise qu'on a plaisir à la suivre; le grave Se-ma Ts'ien l'a jugée digne d'être consignée en entier dans son histoire; après lui, tous les auteurs ont eu garde de l'omettre; elle est connue et récitée par tout le monde des lettrés, comme un des morceaux de la plus fine habileté (2).

---

(1) Texte de l'interprétation : 慈 惡 愛 親 曰 孝　安 民 立 政 曰 成

(2) Cette pièce littéraire est traduite dans Zottoli, IV, p. 189. — Quiconque a vécu en Chine, sait la coutume de ses habitants; ils vous parleront pendant deux heures, du soleil, de la lune, des étoiles, et de toutes sortes de choses; finalement, comme par hasard, ils aborderont le sujet qui les amène; interrogés sur le but de leur visite, ils répondront qu'ils viennent vous saluer

Le bon vieux demanda audience ; la reine-mère l'accorda d'assez mauvaise grâce ; enfin le digne homme entra dans la salle, marchant avec grande difficulté : Votre serviteur, dit-il, souffre des jambes ; ainsi il m'est impossible de marcher plus lestement ; depuis long-temps, j'ai même été empêché de venir saluer votre Majesté ; jusqu'ici j'ai pu patienter ; enfin, aujourd'hui, j'ai voulu absolument m'assurer de l'état de votre santé.

Je me porte bien, répond la reine ; Mais j'ai sur vous l'avan-tage de me servir de ma voiture, et ne suis pas obligée de marcher.

Votre appétit est-il bon ? n'en manquez-vous pas quelquefois ? Je me contente d'un peu de riz liquide.

Votre serviteur est absolument privé d'appétit ; en me forçant, je puis marcher encore trois à quatre li ; alors je me sens un peu mieux, et éprouve un peu le besoin de manger.

A mon âge, dit la reine peu-à-peu radoucie, je ne pourrais en faire autant.

Votre serviteur a un fils, nommé *Chou-k'i* 舒祺, bien peu capable ; mais je suis vieux, j'ai pitié de lui ; je voudrais lui assu-rer une position honorable à la cour, parmi les gardes du palais royal ; demander une pareille faveur, est une grande audace de ma part, je le sais.

Je vous accorde volontiers cette grâce ; quel âge a votre fils ?

Il n'a que quinze ans ; c'est bien jeune sans doute ; mais je tiens à lui assurer une carrière, avant de descendre dans la tombe qui est déjà entr'ouverte pour moi.

C'est bien ; mais je m'étonne qu'un homme ait une si tendre affection pour ses enfants.

C'est que les hommes aiment leurs enfants plus tendrement que les femmes.

Jamais je ne vous concéderai cette parole ! les femmes sur-passent tout le monde en affection pour leurs enfants.

J'avoue m'être imaginé que votre Majesté a un faible, pour sa fille, la reine de *Yen* 燕 ; mais qu'elle n'aime guère son fils, le prince *Tchang-ngan* 長安君.

Vraiment vous vous êtes trompé ; il n'y a même pas de com-paraison pour l'affection que je lui porte.

Mais les parents qui aiment vraiment leurs enfants, prévoient et assurent leur avenir. Ainsi avez-vous fait envers votre fille, la reine de Yen : A son mariage, vous l'avez reconduite un bout de chemin ; à votre séparation, vous avez versé de chaudes larmes ; la pensée qu'elle s'en allait si loin, et que de longtemps vous ne la verriez plus, vous serrait le cœur. Mais une fois partie, vous pensiez encore à elle ; vous faisiez des vœux et vous offriez des sacrifices, pour qu'elle ne revînt pas, qu'elle ne fût pas renvoyée ; vous demandiez pour elle un avenir heureux dans sa nouvelle patrie, des fils, des petits-fils, en ligne ininterrompue sur le trône royal.

Oui, vous avez bien deviné mon cœur ; il en fut ainsi.

Or, je vous demande, parmi les princes qui reçurent un fief, il y a trois générations, y en a-t-il qui aient, en ce moment, de la descendance directe ?

Non, il n'y en a pas en ce royaume de Tchao.

Dans les autres pays, y en a-t-il ?

Je n'en ai pas connaissance.

En effet ; ou bien ces princes eux-mêmes, ou bien leurs fils, ou leurs petits-fils, sont atteints par le malheur ; un peu plus tôt, un peu plus tard, c'en est fait d'eux ; la destinée les emporte. Cependant, on ne peut pas dire qu'il n'y ait aucun homme capable parmi eux. Où donc en est la raison ? je vais vous le dire : c'est que ces princes ont bien une haute position, mais ne font rien pour s'en rendre dignes ; leurs revenus sont considérables, mais ils ne font rien pour les mériter ; ils se contentent de vivre dans l'opulence et le luxe ; voilà toute leur occupation.

Quant à votre jeune fils, c'est bien la même chose : il a reçu le fief de *Tchang-ngan* 長安 (1) ; ses terres sont les meilleures du royaume ; il possède en abondance des trésors, des vêtements, des meubles, etc, sans avoir jamais rien fait pour le bien public. Si, par malheur, votre Majesté venait à disparaître, quel appui solide ce jeune prince aurait-il dans le royaume, pour se conserver? Voilà pourquoi j'ai dit que votre Majesté ne sait ni prévoir ni assurer l'avenir de ce jeune prince ; qu'enfin elle ne l'aime pas autant que sa fille, la reine de Yen.

C'est très-bien, répondit la reine-douairière, je comprends votre pensée ; je remets mon fils entre vos mains ; disposez-en comme vous le jugerez le mieux.

Une escorte de cent chars conduisit le jeune prince à la cour de *Ts'i* 齊 ; l'armée arriva aussitôt, et repoussa l'invasion ; le bon vieux conseiller avait abouti, là où tous les autres avaient échoué ; il avait su toucher le cœur de la mère, en prenant une voie détournée.

Quant le sage *Tse-i* 子義 apprit ces détails, il remarqua : même les princes du sang ne peuvent se soutenir dans leurs hautes dignités, sans des mérites personnels ; il leur est impossible de jouir tranquillement de leur opulente oisiveté ; à plus forte raison en sera-t-il ainsi des gens ordinaires.

Cette même année, *T'ien-lan* 田單, seigneur de *Ngan-p'ing* 安平君 et général de *Ts'i* 齊, conduisait une armée unie aux troupes de Tchao, contre le pays de Yen 燕, auquel il prit la ville de *Tchong-yang* 中陽 (ou Tchong-jen 中人) (2) ; après quoi il

---

(1) La capitale de son fief était *Jao-yang* 饒 , qui était à 20 li nord-est de *Jao-yang hien* 饒陽縣; celle-ci est à 60 li nord-est de *Chen tcheou* 深州, Tche-li. (*Petite géogr.*, vol. 2, p. 69)—(*Grande*, vol. 14, p. 42)—(*voir ci-après, année 239*).

(2) Tchong-yang : ou Tchong-jen : était à 13 li nord-ouest de *T'ang hien* 唐縣, qui est à 13 li sud-ouest de sa préfecture *Pao-ting fou* 保定府, Tche-li. (*Petite géogr.*, vol. 2, p. 23) — (*Grande*, vol. 12, p. 14).

marcha contre l'état de Han, auquel il enleva la ville de *Tchou jen*
注 人 (1). A la fin de l'année, le roi de Ts‘i étant mort, et la
reine-mère gouvernant au nom de son jeune fils, ce général en fut
mécontent ; il se retira donc à la cour de Tchao, où il devint plus
tard premier-ministre.

En 264, mourait la reine-douairière, mère de Hiao-tch‘eng-
wang.

En 262, celui-ci eut un songe extraordinaire : il s'était vu
habillé d'une tunique dont les deux moitiés, ayant couture le long
du dos, étaient de deux couleurs différentes ; dans cet accoutre-
ment, il était monté sur un char traîné par des dragons, qui
prirent leur vol vers le ciel ; mais bientôt il était tombé des nues,
auprès d'un monceau d'or et de jades.

Naturellement, il fallait trouver l'explication de ces bizarre-
ries ; car, pour les païens, un songe est une affaire importante ;
ils ne sont tranquilles que si le diseur de bonne aventure a le bon
esprit de les rassurer.

Dans le cas présent, voici la réponse donné par le devin : la
grotesque tunique présage des malheurs ; le vol vers le ciel et la
chute indiquent un leurre d'une belle apparence, mais dépourvu
de réalité ; la montagne d'or et de jades annonce de grands chagrins.

Peut-être ce rêve est-il historique (2) ; peut-être n'est-ce qu'un
procédé littéraire pour amener la narration des évènements qui
suivent ; nous n'en serions point étonnés, les lettrés-historiens
ayant la manie de prévoir l'avenir, n'importe de quelle manière.
Ici, l'auteur écrivant longtemps après-coup, savait parfaitement
que l'offrande d'une partie de la province de *Chang-tang* 上黨,
avait été pour le royaume de Tchao une tentation bien alléchante ;
et que son acceptation avait été le principe de grandes guerres
avec le roi de *Ts‘in* 秦 ; celui-ci voulait s'emparer de Tchao, comme de Han et de Wei ; il n'attendait que le moment favorable
pour commencer ses campagnes d'extermination ; il ne craignait
plus guère les deux autres états, qui ne vivaient plus que par
grâce. Tchao va lui coûter plus d'efforts ; mais il parviendra enfin
à son but ; et le prétexte des hostilités sera la reprise d'un territoire qu'on aurait dû refuser, et qu'il convoitait.

---

(1) Tchou-jen : était à 45 li à l'ouest de *Jou tcheou* 汝 州, Ho-nan (*Petite
géogr.*, vol. *12*, p. *62*) — (*Grande*, vol. *51*, p. *35*).

(2) Dieu, dans sa providence paternelle, peut employer le moyen des songes,
pour faire connaître sa volonté, ou pour faire connaître un malheur qui menace ;
l'histoire de l'Église, dans l'ancien Testament et dans le nouveau, en offre des
exemples frappants. Dieu peut en même temps donner la claire et certaine interprétation de ces songes providentiels, à l'un de ses serviteurs, prophète ou voyant.
Il ne répugne pas à la bonté de Dieu d'employer ce moyen à l'égard des païens,
plus rarement sans doute. Mais le démon, singe de Dieu, a aussi ses songeurs et
ses «devins».

Quoi qu'il en soit du songe, révélateur ou non, voici la suite des évènements : Trois jours après ce rêve mystérieux, arrivaient des ambassadeurs, envoyés par le seigneur *Fong-ling* 馮亭, offrant, de sa part, la partie de *Chang-lang* 上黨 qui dépendait du roi de *Han* 韓, et que celui-ci ne pouvait plus sauver des griffes de Ts'in.

*Tchao-pao* 趙豹, seigneur de P'ing-yang et premier ministre, ne voulait à aucun prix recevoir un cadeau si dangereux ; il craignait, avec raison, la rage du roi de Ts'in, à qui l'on arracherait le fruit de ses dernières victoires : Ce serait, disait-il, un affront aussi fort, que si nous allions lui couper le blé qu'il aurait ensemencé de ses propres mains ; de plus, il lui est très-facile de nous harceler sans trêve dans cette contrée, dont les voies fluviales communiquent avec son royaume ; enfin, il a déjà promis d'insignes récompenses à ses troupes, dès qu'il se sera rendu maître de ce pays, dont la population si belliqueuse augmentera grandement l'effectif de ses armées. Ainsi, concluait-il, le roi et ses soldats sont absolument décidés à s'emparer de Chang-tang.

Hiao-tch'eng-wang fut mécontent de ces remarques ; ayant déjà une portion de cette contrée, il était trop dur pour lui de refuser l'autre, qui s'offrait d'elle-même ; il demanda donc l'avis de son oncle *Chen* 勝, seigneur de *P'ing-yuen* 平原君 ; et encore l'avis du haut dignitaire *Tchao-yu* 趙禹 ; ceux-ci lui répondirent, selon son désir, qu'il ne fallait pas perdre une occasion unique ; et le territoire fut accepté. L'hameçon avalé, le poisson ne le rend pas ; il faut lui arracher les entrailles pour l'en retirer ; tel est le cas de Tchao ; il se fera exterminer plutôt que de lâcher sa proie.

Hiao-tch'eng-wang chargea le seigneur de P'ing-yuen d'aller, avec une armée, prendre possession officielle de la nouvelle contrée. Pour s'attacher les dignitaires et le peuple, on assigna les récompenses suivantes :

Au gouverneur *Fong-ling* 馮亭 (1), un fief de trois villes, d'une population de dix-mille familles chacune ; mais, désintéressement bien rare pour le pays et surtout pour l'époque, ce seigneur refusa absolument ce cadeau, pour ne pas paraître avoir vendu sa province, quand il avait seulement voulu la sauver.

Aux autres grands officiers, un fief de trois villes de mille familles chacune, avec le titre de marquis [heou 侯], transmissible de père en fils à perpétuité.

Aux officiers inférieurs employés dans l'administration, un avancement de trois degrés dans la hiérarchie, avec appointements en conséquence.

Aux habitants, six onces d'or à chacun.

---

(1) Le tombeau du gouverneur Fong-ting est un peu à l'ouest de *Lou-ngan fou* 潞安府, Chan-si. (*Annales du Chan-si, vol. 56, p. 28*).

En 260, le roi de Ts'in commençait la revendication ; nous l'avons racontée en détail, dans l'histoire de ce pays ; ici nous en donnerons seulement le résumé : Le général *Wang-he* 王齕 envahit la province en litige, dont la population s'enfuit sur le territoire de Tchao ; le général *Lien-p'ouo* 廉頗 fut battu à plusieurs reprises ; après quoi, il se cantonna dans un camp retranché, magnifiquement fortifié, à *Tchang-p'ing* 長平 (1), dans le dessein de lasser l'ennemi qu'il n'avait pu vaincre en bataille rangée.

Les choses en étant à ce point, *Fan-tsiu* 范雎, le rusé ministre de Ts'in, trouva moyen de brouiller Hiao-tch'eng-wang et son brave général ; Lien-p'ouo fut remplacé par un homme incapable, *Tchao-kouo* 趙括, fils du fameux général Tchao-che.

Contre ce nouveau-venu, le roi de Ts'in envoya son terrible capitaine *Pé-k'i* 白起 ; dès lors, l'issue n'était plus douteuse. Tchao-kouo fut attiré dans une impasse ; son armée, battue, divisée en deux tronçons, cernée de toutes parts, appela à son secours les troupes de *Ts'i* 齊, qui ne vinrent pas ; n'ayant plus de vivres, elle alla jusqu'à se nourrir de chair humaine ; pendant quarante-six jours, elle montra un courage surhumain ; elle livra plusieurs batailles, sans pouvoir rompre le cercle de fer qui l'entourait ; finalement, Tchao-kouo, son généralissime, étant mort percé d'une flèche, cette héroïque armée se rendit à son vainqueur. Celui-ci déshonora ce succès éclatant par une sauvagerie sans nom ; il fit couper la tête aux quatre-cent-cinquante mille hommes qui s'étaient confiés à sa parole ; il réserva seulement deux-cent-quarante jeunes gens chargés d'aller partout répandre la nouvelle de ce désastre ; il n'avait qu'à poursuivre cette campagne, et le royaume de Tchao était perdu. Pé-k'i massacra ces hommes, parcequ'il craignait que relâchés ils recommenceraient la guerre.

En 259, Pé-k'i divisa ses troupes en trois corps : l'un, sous les ordres du général *Wang-he* 王齕 continua la guerre au cœur même du pays, et prit les villes de *Ou-ngan* 武安 et de *P'i-lao*

---

(1) Tchang-p'ing : Pé-k'i vainquit d'abord l'armée de Tchao près de cette ville, qui se trouvait à 21 li nord-ouest de *Kao-p'ing hien* 高平縣; celle-ci est à 83 li au nord de sa préfecture *Tche-tcheou fou* 澤州府, Chan-si. — Les troupes de Tchao s'étant retirées vers le nord, Pé-k'i les poursuivit et les accula dans l'impasse et le défilé appelés *Tchang-p'ing-koan* 長平關, à 40 li au sud de *Tchang-tse hien* 長子縣, qui est à 50 li sud-ouest de sa préfecture Lou-ngan fou (ci-dessus). Les annales de Tche-tcheou fou, vol. 51, pp. 6 et suiv., disent que l'endroit du massacre est entouré de hautes murailles, de quatre côtés; au sud il y a seulement un défilé, où deux chars ne peuvent aller de front; on y bâtit une pagode appelée *K'ou-leou-miao* 骷髏廟, ou *pagode des ossements desséchés;* la vallée s'appelle *Sin-yuen-kou* 省冤谷, ou *mémorial de la trahison. (Petite géogr.,* vol. 8, p. 13 et 27) — (Grande, vol. 42, p. 20 — vol. 43, p. 4).

18

皮 牢 (1) ; l'autre, commandé par *Se-ma Keng* 司馬梗, opéra
dans le nord, et fut chargé d'établir une administration régulière
dans la province de *Chang-tang* 上黨 qu'on venait d'enlever ; le
troisième enfin, conduit par Pé-k'i, allait mettre le siège devant la
capitale Han-tan ; avec un tel plan et un tel homme, les derniers
jours de Tchao étaient comptés ; il va au contraire être sauvé.

Les succès et la gloire de Pé-k'i avaient excité la jalousie du
premier-ministre *Fan-tsiu* 范睢 ; pour lui faire échec, il persuada
au roi d'accorder la paix au royaume de Tchao, moyennant la cession de six autres villes, et Pé-k'i fut rappelé. C'était un coup
de foudre ; le général comprit très bien d'où il venait ; sa haine
pour le ministre fut irréconciliable ; mais son épée se brisera contre le pinceau de l'astucieux lettré ; en Chine plus qu'à Rome se
vérifiait l'adage « *cedant arma togæ* ».

Après le départ de l'armée de *Ts'in* 秦, les fortes têtes diplomatiques de Tchao tinrent conseil pour trouver un moyen de ne
pas livrer les six villes promises (2). Le ministre *Yu-k'ing* 虞卿,
fameux lettré-errant, qui avait enfin trouvé une place digne de son
génie, demanda au roi : votre Majesté a envoyé le seigneur *Tchoa-
ho* 趙郝 signer le traité de paix ; mais enfin, qu'en pense-t-elle?
l'armée de Ts'in s'est-elle retirée par affection pour vous? ou parce qu'elle était harassée? — C'est qu'elle ne pouvait plus tenir
campagne, répondit le prince. — Alors votre Majesté juge les troupes de Ts'in incapables de continuer la guerre; et, malgré cela,
elle accorde bénévolement les villes demandées? c'est se démolir
soi-même, pour fortifier son ennemi; si l'an prochain, l'armée
revient à la charge, que ferez-vous pour vous en débarrasser?

Hiao-tch'eng-wang ne savait quoi répondre, et il restait per-
plexe. Sur ces entrefaites, arrivait à la cour de Tchao le diplomate
*Leou-yuen* 樓緩, qui, pendant deux ans (297-295), avait été
premier ministre au pays de Ts'in ; le roi lui demanda son avis ;
celui-ci lui répondit :

Yu-k'ing ne considère qu'un côté de la question ; vous savez
que tous les princes de la Chine sont contents de vous voir aux
prises avec le pays de Ts'in, et vous affaiblir réciproquement; ils
se rangeront du côté vainqueur ; ainsi vous n'avez rien de mieux
à faire, que de conclure la paix à tout prix; vous déjouerez par là
les plans de vos envieux, et vous gagnerez l'amitié de Ts'in ; autrement, tous ces princes vont faire cause commune avec lui, et

---

(1) *Ou-ngan : (voir ci-dessus).* P'i-lao : était un peu au nord-est de *I-tch'eng
hien* 翼城縣, qui est à 130 li sud-est de *P'ing-yang fou* 平陽府, Chan-si. *(Petite
géogr., vol. 8, p. 10)* — *(Grande, vol. 41, p. 13).*

(2) Je ne sais s'il y a jamais eu un pays où ce genre de politique ait été plus
en honneur ; on signe un traité, puis on cherche les moyens de ne pas le mettre à
exécution ; ainsi jadis, ainsi aujourd'hui.

tomber sur vous, pour se partager votre royaume; comment alors songer à prendre une revanche de vos dernières défaites ?

Yu-k'ing, mortifié de n'avoir pas l'approbation du seigneur Leou-yuen, retourna près du roi, et lui parla ainsi: le conseil qu'on vient de donner à votre Majesté est des plus dangereux; étonnées de notre manière d'agir, les diverses cours nous mépriseront davantage, à cause de notre faiblesse; et nous n'aurons pas même l'amitié de Ts'in; nous nous serions montrés incapables de lui tenir tête. Ce n'est pas que je tienne à ces six villes, et veuille à tout prix les garder; mon avis est qu'il vaut mieux les offrir au roi de *Ts'i* 齊; elles deviendront un brandon de discorde entre ces deux puissants royaumes; et vous aurez gagné l'amitié de l'un en lui donnant ce que vous deviez payer à l'autre; on saura que nous ne sommes pas si bas qu'on le croyait; et qu'ainsi il faut encore compter avec nous; publiez cela sur les toits, et personne n'osera conduire une armée contre votre frontière; bien mieux, vous allez voir arriver les ambassadeurs de Ts'in, demandant humblement la paix; les autres princes, surtout ceux de *Han* 韓 et de *Wei* 魏 viendront aussitôt rechercher votre alliance; d'un seul coup, vous aurez gagné l'amitié de trois royaumes, pour le moins; et vous ferez une tout autre figure devant celui de Ts'in.

Hiao-tch'eng-wang, enchanté de ce conseil, envoya Yu-k'ing lui-même conclure un traité d'alliance avec le roi de *Ts'i* 齊, qui s'empressa d'accepter; l'heureux ministre n'était pas encore de retour, que déjà les ambassadeurs de Ts'in arrivaient à la cour, selon ses prévisions, et accordaient la paix sans réclamer les six villes.

Leou-yuen fut tellement humilié de son peu de perspicacité, qu'il s'en alla de suite auprès du roi de *Wei* 魏, auquel il offrit son fief de *Tchong-meou* 中牟 (1). Yu-k'ing, au contraire, reçut en récompense le fief de *Yu-hiang* 虞鄉 (2).

C'était un triomphe en politique; il fut de courte durée. La cour de Ts'in était servie par d'aussi fins diplomates que d'habiles capitaines; elle cédait pour un moment, afin d'avoir le temps de semer la discorde parmi les alliés de fraîche date, et empêcher une nouvelle ligue de se former; elle leurra si bien le roi de Wei, en particulier, qu'il ne voulut à aucun prix accepter l'alliance de Tchao, malgré les instances de ses ministres, qui l'en conjuraient.

Cette même cour ne dédaignait donc pas d'employer la fourberie, quand elle jugeait ce moyen opportun; témoin l'anecdote suivante: Le roi de Ts'in envoya au seigneur de *P'ing-yuen*

---

(1) Tchong-meou : (*voyez à l'histoire de Wei, année 244*).

(2) Yu-hiang : Ce sont les commentaires qui donnent ce détail; les recueils géographiques n'en parlent pas. Cette ville, c'est *Yu-hiang hien* 虞鄉縣, à 60 li sud-est de sa préfecture *P'ou-tcheou fou* 蒲州府, Chan-si. (*Grande géogr., vol. 41, p. 21*).

平原君, c'est-à-dire le prince *Chen* 勝, oncle de Hiao-tch'eng-wang, un message ainsi conçu: Moi, homme de peu de valeur, je désire ardemment lier amitié avec votre seigneurie; je serais très heureux si elle daignait venir ici passer quelques dizaines de jours; nous boirions ensemble le vin de la réjouissance.

Le prince n'était guère flatté de cette invitation; il craignait un piège, et il ne se trompait pas; il partit cependant, pour éviter des complications politiques. Une fois dans la cage aux lions, le roi de Ts'in lui fit un savant discours, agrémenté d'allusions antiques: Dans les anciens temps, dit-il, le fameux empereur, *Tcheou-wen-wang* 周文王 (1130-1122) eut la bonne fortune de posséder un ministre fidèle, *Liu-chang* 呂尚; dans le pays de *Ts'i* 齊, le roi si célèbre *Hoan-kong* 桓公 (684-643) eut son grand ministre *Koan-tchong* 管仲; moi, j'ai le bonheur d'avoir *Fan-tsiu* 范睢 pour compagnon de mes travaux. Or, un de ses ennemis, nommé *Wei-ts'i* 魏齊, se trouve dans la maison de votre seigneurie; veuillez donc envoyer quelqu'un chercher la tête de cet homme, et me l'apporter; tant qu'on ne m'aura pas donné cette satisfaction, je me verrai obligé de vous retenir ici prisonnier.

Le prince répondit en lettré: les nobles sont le soutien des roturiers; les riches, le soutien des pauvres; je me suis fait le protecteur de Wei-ts'i; fût-il dans ma maison, je ne pourrais à aucun prix le livrer à ses ennemis; mais actuellement il n'est pas chez moi; ainsi je n'ai rien à faire dans cette querelle.

Naturellement, la dernière affirmation était fausse; mais le menteur rendait au fourbe la monnaie de sa pièce. Dans notre histoire de Ts'in, nous avons raconté comment Wei-ts'i, alors premier ministre de *Wei* 魏, avait fait rouer de coups le jeune fripon Fan-tsiu, jusqu'à lui enfoncer des côtes, et casser des dents; celui-ci, devenu premier ministre du plus puissant des souverains, voulait laver cet affront dans le sang de son ennemi; car la vengeance est une des béatitudes des lettrés. Attirer Wei-ts'i à la cour de Ts'in était impossible; il se serait trop bien douté du sort qui l'y attendait; il fallait donc s'emparer d'un des plus hauts dignitaires de Tchao, et proposer un échange. Voilà le secret de l'invitation amicale adressée au prince.

Nouvelle difficulté: le seigneur de P'ing-yuen ne voulant plus entendre parler de cette affaire, on avertit officiellement Hiao-tch'eng-wang, que son oncle ne serait mis en liberté qu'après avoir reçu la tête de Wei-ts'i.

Celui-ci s'empressa de déguerpir du palais seigneurial de P'ing-yuen, et se réfugia chez le ministre *Yu-k'ing* 虞卿; mais il n'y était guère en sûreté; le roi pouvait le faire enlever de force, et l'envoyer à la cour de Ts'in, pour obtenir la délivrance de son oncle. Yu-k'ing estimant son protégé à sa juste valeur, s'enfuit avec lui à la cour de Wei; dans l'espoir que le prince *Ou-ki* 無忌 les aiderait à se réfugier à la cour de *Tch'ou* 楚. Mais ce dernier eut tellement peur de déplaire au roi de Ts'in et à son farouche ministre, qu'il ne voulut pas même accorder une audience aux deux fuyards.

Wei-ts'i ne put supporter un tel affront; de rage, il se suicida, et sa tête fut envoyée à Fan-tsiu, qui relâcha son prisonnier (1).

A la fin de cette même année 259, grâce aux agissements diplomatiques de Ts'in, le royaume de Tchao se trouvait de nouveau isolé; c'est alors que le terrible suzerain va chercher à l'anéantir; mais son grand capitaine Pé-k'i 白起 était malade, le général Wang-ling 王陵 fut donc chargé de cette campagne; à la 9ᵐᵉ lune il se mettait en marche, avec ordre de prendre la capitale Han-tan 邯鄲.

En 258, les choses n'allaient pas si bien qu'on l'avait espéré : Wang-ling était au-dessous de sa tâche; il perdait beaucoup d'hommes, et même de hauts officiers; Pé-k'i revenu à la santé, refusait absolument de travailler pour la gloire de son mortel ennemi Fan-tsiu 范睢; on remplaça Wang-ling par Wang-he 王紇, qui ne fut pas plus heureux, et mit en vain le siège devant la capitale.

Hiao-tch'eng-wang, de son côté, n'était pas resté oisif ; à l'annonce de la campagne, l'année précédente, il avait envoyé son oncle, le seigneur de P'ing-yuen, à la cour de Tch'ou 楚, demander une armée de secours ; pour l'obtenir, il avait offert la ville de Ling-k'iou 靈邱 (2) en cadeau au tout puissant premier ministre, le seigneur de Tch'ouen-chen 春申君.

Les troupes demandées arrivèrent enfin sous les murs de la capitale, et rendirent du moins un service moral par leur présence; car c'est surtout le prince Ou-ki 吳起 de Wei 魏 qui, tombant à l'improviste sur les assiégeants, les mit en complète déroute, et les força ensuite à s'en retourner au pays de Ts'in ; on était alors à l'année 257.

---

(1) Yu-k'ing : sa biographie se trouve dans Se-ma Ts'ien, chap. 76, pp. 4 et suiv.

Wei-ts'i : le récit que nous venons de donner en résumé, est dramatiquement rapporté dans Se-ma Koang, vol. 5, p. 32 ; je ne puis en croire tous les détails; cela ressemble trop à une amplification littéraire; la démission du ministre Yu-k'ing, sa fuite avec son précieux protégé, le fier suicide de ce dernier: tout cela paraît écrit pour la glorification de la gent lettrée, et doit être suspect. La tête de Wei-tsi a pu être tranchée bien plus prosaïquement.

(2) Ling-k'iou : celle dont il s'agit ici (car il y en a d'autres) était à 10 li à l'est de Ling-k'iou hien 靈邱縣, qui est à 270 li sud-est de sa préfecture Ta-t'ong fou 大同府, Chan-si. (Grande géogr., vol. 44. p. 50 ; là seulement est ce détail).

En 256. d'une part, l'armée de *Yen* 燕 prenait à Hiao-tch'eng-wang la ville de *Tch'ang-tchoang* 昌壯 (1), à la 5ème lune ; d'autre part, celle de Ts'in revenait à la charge, sous les ordres du général *Sin-leang* 信梁 ; l'empereur lui-même, paraît-il, exhorta les rois de *Han* 韓, *Wei* 魏 et *Tch'ou* 楚, à porter secours. au pays de Tchao ; aidés de ce puissant renfort, les deux généraux *Yo-tcheng* 樂乘 et *K'ing-ché* 慶舍 repoussèrent victorieusement les troupes de Ts'in.

Le roi entra en fureur ; il lança son armée sur le territoire impérial, prit ou reçut trente-six villes, moyennant quoi il fit la paix ; le vieil empereur *Nan-wang* 赧王 (314-256) en mourut de chagrin.

Comme c'était à cause de Tchao, que le « fils du ciel » s'était attiré ce désastre, Hiao-tch'eng-wang envoya son général *Ki* 祺 lui porter secours ; l'armée de *Han* 韓 s'unit à lui pour cette bonne œuvre ; mais les gens de Ts'in remportèrent une éclatante victoire, coupèrent quatre-vingt-dix mille têtes, firent un grand nombre de prisonniers, finalement accordèrent la paix moyennant la cession de vingt villes de Tchao, qui ne sont pas spécifiées.

Voilà ce qui est raconté par Se-ma Koang vol. 5 p. 32 ; ces détails sont croyables, assurément ; d'autant plus que l'armée de Ts'in avait à venger son honneur, compromis par ses récents échecs, elle, l'invincible ! Toutefois, ils sont ignorés de Se-ma Ts'ien, malgré leur grande importance ; cela suffit pour qu'on hésite à y ajouter une foi pleine et entière.

En 255, Hiao-tch'eng-wang fortifiait *Yuen-che* 元氏 ; de plus, *Chang-yuen* 上原 devenait une ville et un centre d'administration (2).

En 254 ; l'historien mentionne un incendie survenu dans la capitale *Han-tan* 邯鄲 ; il dut être considérable, pour mériter cet honneur d'être inscrit dans les archives.

En 252, mourait le prince *Chen* 勝, seigneur de *P'ing-yuen* 平原君, oncle du roi ; quelques auteurs cependant reculent ce décès à l'année suivante ; son fils lui succéda dans ses dignités ; mais à l'anéantissement du royaume, sa famille sera exterminée avec celle du souverain.

En 251, le fameux général *Lien-p'ouo* 廉頗 devenait premier

---

(1) Tch'ang-tchoang : ou *Tch'ang-tch'eng* 長城 : était un peu au nord-ouest de *Ki-tcheou* 冀州, Tche-li. (*Ce détail est confirmé par la Grande géogr., vol. 14, p. 35*).

(2) Yuen-che : était à 25 li nord-ouest de *Yuen-che hien* 元氏縣, qui est à 90 li sud-ouest de sa préfecture *Tcheng-ting fou* 正定府, Tche-li. (*Petite géogr., vol. 2, p. 40*) — (*Grande, vol 14, p. 12*).

Chang-yuen : se trouvait à l'ouest de la même sous-préf. ibid. p. 12 in verso.

ministre, et recevait le titre de *Sin-p'ing-kiun* 信平君 avec le fief de *Wei-wen* 尉文 (1).

Cette même année, le roi de *Yen* 燕 envoyait *Li-fou* 栗腹 son premier ministre, examiner l'état de la cour de Tchao, sous prétexte de lier amitié ; à titre de cadeau, l'ambassadeur offrit à Hiao-tch'eng-wang cinq-cents onces d'or ; puis, de retour auprès de son maître, il lui présenta le rapport suivant : tous les hommes valides ont été tués à Tchang-p'ing ; les jeunes gens actuels sont incapables de porter les armes ; c'est le moment d'attaquer le pays.

Pour plus de sûreté, le roi de Yen interrogea *Yo-kien* 樂間, fils du fameux général *Yo-i* 樂毅, qui n'avait pas suivi son père en exil, et avait fini par être élevé à la dignité de *Tch'ang-kouo-kiun* 昌國君 ou seigneur de Tch'ang-kouo. Celui-ci répondit : le royaume de Tchao a toujours eu des voisins à combattre ; il est donc extrêmement aguerri ; on ne peut pas y toucher sans danger.

Mais, dit le roi, si je lève une armée deux fois plus nombreuse que la sienne, cela sera bien suffisant.

Pas encore, répondit le seigneur.

Si j'en lève une cinq fois plus nombreuse, est-ce assez ?

Pas encore.

Le roi se fâcha ; tous les autres officiers étant de son avis, il forma deux corps d'armée de mille chars chacun ; le 1er, commandé par *Li-fou* 栗服 devait attaquer la ville de *Hao* 鄗 (2) ; le second, commandé par *K'ing-ts'ing* 卿秦, devait envahir la province de *Tai* 代. Le haut dignitaire *Tsiang-kiu* 將渠 fit observer combien cette campagne était odieuse, après les protestations d'amitié prodiguées si peu de temps auparavant ; on ne l'écouta pas. Bien mieux, le roi était si persuadé de ses futurs succès, qu'il voulut faire partie de l'expédition, afin d'en recueillir l'honneur.

L'armée commandée par *Li-fou* 栗服 était déjà arrivée à *Song-tse* 宋子 (3), quand *Lien-p'ouo* 廉頗 se porta à sa rencontre ; il la mit en pleine déroute, et tua le généralissime ; puis il marcha rapidement vers la province de Tai, vainquit la seconde armée, fit prisonniers les deux généraux *K'ing-ts'ing* 卿秦 et *Yo-kien* 樂間, suivit les fuyards sur leur territoire, et mit le siège devant leur capitale (la ville actuelle de Pé-kin).

---

(1) Sin-p'ing-kiun : c'est-à-dire *seigneur fidèle (à son roi) et pacificateur (du royaume)* ; quant à son fief, les uns disent que c'est *Wei-tcheou* 尉邑, dans le Tche-li ; d'autres disent que c'étaient des terres possédées autrefois par un certain seigneur *Wei-wen* 尉文.

(2) Hao : était à 22 li au nord de *Pé-hiang hien* 柏鄉縣, qui est à 70 li au sud de *Tchao-tcheou* 趙州, Tche-li. (*Petite géogr., vol. 3, p. 67*) — (*Grande, vol. 14, p. 47*).

(3) Song-tse : était à 25 li nord-est de Tchao-tcheou. (*Petite géogr., ibid.*) — (*Grande, ibid, p. 46*).

Humilié, écrasé, le roi de *Yen* 燕 demanda en grâce à faire la paix ; Hiao-tch'eng-wang s'y refusa tout d'abord ; ensuite il y consentit ; à condition que le seigneur Tsiang-kiu (1) fût l'entremetteur et le garant du traité. C'était déjà un grand hommage rendu à la sagesse de ce haut dignitaire ; le roi de Yen y mit le comble en le nommant premier ministre.

Cette guerre ne fut terminée qu'en 250. Quant au général prisonnier *Yo-kien* 樂間, il se trouva si bien au pays de Tchao, qu'il ne voulut plus en revenir ; son père y était mort ; son frère *Yo-tcheng* 樂乘 y était en grande faveur, et avait reçu le titre honorifique de *Ou-siang-kiun* 武襄君, c'est-à-dire *guerrier du plus haut mérite ;* tout engageait le captif à se fixer aussi dans cette nouvelle patrie de sa famille, il y resta (2).

En 249, ce même Ou-siang-kiun, se trouvant premier ministre par interim, conduisit une armée contre la capitale de *Yen* 燕 : c'était une pure vengeance de famille, d'autant plus inexcusable qu'on venait de faire la paix ; le roi dut faire amende honorable aux deux frères, ses anciens sujets ; la cour de Tchao, qui avait autorisé cette campagne, n'y avait d'autre avantage, que de voir un rival humilié.

En 248, le roi de *Wei* 魏 voulut à son tour frapper sur ce même pays de Yen ; pour être plus sûr de son coup, il demanda des troupes auxiliaires à Hiao-tch'eng-wang ; celui-ci, naturellement, s'empressa de les fournir, malgré son dernier traité de paix ; car, en Chine, semblables conventions ne lient que ceux qui sont assez sots pour se croire engagés d'honneur ; Lien-p'ouo et son adjudant, le seigneur *Kiun* 鈞, furent chargés de cette regrettable campagne (3).

Hiao-tch'eng-wang avait espéré sans doute de grands profits ; ce fut au contraire un désastre ; le roi de *Ts'in* 秦 lui prit, pendant ce temps, jusqu'à trente-sept villes ; parmi lesquelles se trouvaient *Yu-tse* 榆次 et *Lang-mong* 狼孟 (4) ; alors la ruine s'avança à grands pas.

---

(1) Ce même seigneur est encore appelé, par d'autres historiens, *Ts'in-kiu* 秦鳩 et *Yuen-ts'in* 爰秦 ; on ne sait comment expliquer ces noms ; les uns disent : ce sont ses noms propres ; les autres, ce sont des titres de dignités.

(2) Nous avons vu plus haut que Yo-kien était seigneur de Tch'ang-kouo, dans son pays. Son père Yo-i 樂毅 ayant pris cette ville au royaume de Ts'i 齊, en avait, en récompense, reçu le titre nobiliaire ; à son départ pour l'exil, ce titre lui avait été retiré ; le roi de Yen s'étant réconcilié avec la famille Yo, le lui rendit. *(Petite géogr., vol. 10, p. 3.)* — *(Grande, vol. 31, p. 10)*

(3) Le général Kiun : était originaire de Yen-ling 延陵, ville qui se trouvait un peu au nord de *Ta-t'ong fou* 大同府, Chan-si. *(Grande géogr., vol. 44, p. 9.)*

(4) Yu-tse : était un peu au nord-ouest de *Yu-tse hien* 榆次縣, qui est à 60 li sud-est de sa préfecture *T'ai-yuen fou* 太原府, Chan-si. *(Petite géogr., vol. 8, p. 3)* — *(Grande, vol. 40, p. 12).*

En 247, on reconcluait la paix avec le royaume de *Yen* 燕, moyennant un simple échange de territoires : Hiao-tch'eng-wang cédait *Long-louei* 龍兌, *Fen-men* 汾門 et *Ling-lo* 臨樂 ; il recevait *Ko* 葛, *Ou-yang* 武陽 et *P'ing-chou* 平舒 (1).

En 246, la ville de *Tsin-yang* 晉陽 (2) cédée naguère par le pays de Tchao, voyant que son nouveau maître, le roi de Ts'in 秦, était mort, avait essayé de secouer le joug ; mais le jeune *Che-hoang-ti* 秦始皇 venait de monter sur le trône ; il envoya une armée assiéger et soumettre cette ville rebelle, ce qui fut vite fait.

En 245, mort de Hiao-tch'eng-wang, remplacé sur le trône par son fils, le prince-héritier *Yen* 偃, homme incapable de résister à son jeune suzerain le roi de Ts'in, le futur conquérant de la Chine entière.

A ce moment, le fameux général *Lien-p'ouo* 廉頗 guerroyait au pays de *Wei* 魏, auquel il venait de prendre la ville de *Fan-yang* 繁陽 (3) ; des envieux le discréditèrent auprès du prince-héritier, obtinrent son rappel, et son remplacement par *Yo-tcheng* 樂乘 ; le vieux soldat, indigné d'une telle ingratitude, eut la faiblesse de résister à main armée, et son successeur se retira. Toutefois, Lien-p'ouo comprit sa faute, et sentit la fausseté de sa

---

Lang-mong : était à 70 li au nord de *T'ai-yuen fou*. (*Petite géogr.*, *ibid*, p. *2*) — (*Grande*, *ibid*, p. *5*).

(1) Long-touei : ou *Long-tsi* 龍迹 : la montagne et le pays de ce nom se trouvent à 30 li sud-ouest de *I-tcheou* 易州, Tche-li. (*Petite géogr.*, vol. *2*, p. *64*) — (*Grande*, vol. *12*, p. *31*).

Fen-men : était une porte dans la grande muraille de Yen ; le territoire adjacent en portait le nom ; il était au nord-est de *Ngan-sou hien* 安肅縣, qui est à 60 li nord de sa préfecture *Pao-ting fou* 保定府, Tche-li. (*Petite géogr.*, vol. *2*, p. *21*) — (*Grande*, vol. *12*, p. *8*).

Ling-lo : ou *Ling-hiang* 臨鄉 : était à environ 27 li sud-est de *Kou-ngan hien* 固安縣, qui est à 120 li sud-ouest de *Choen-t'ien fou* 順天府 (Pé-kin), sa préfecture. (*Grande géogr.*, vol. *11*, p. *13*).

Ko : c'est *Ngan-tcheou* 安州, 70 li à l'est de sa préfecture Pao-ting fou. (*Grande géogr.*, vol. *12*, p. *26*).

Ou-yang : était à 27 li sud-est de I-tcheou (ci-dessus). (*Grande géogr.*, vol. *12*, p. *30*).

P'ing-chou : était un peu au nord de *Ling-k'iou hien* 靈邱縣, qui est à 270 li sud-est de sa préfecture *Ta-t'ong fou* (ci-dessus). (*Petite géogr.*, vol. *8*, p. *23*) — (*Grande*, vol. *44*, p. *50*).

(2) Tsin-yang : était à 40 li sud-ouest de *T'ai-yuen fou* (ci-dessus). (*Petite géogr.*, vol. *8*, p. *3*) — (*Grande*, vol. *40*, p. *7*).

(3) Fan-yang : était à 27 li nord-est de *Nei-hoang hien* 內黃縣, qui est à 110 li à l'est de sa préfecture *Tchang-té fou* 彰德府, Ho-nan. (*Petite géogr.*, vol. *12*, p. *18*) — (*Grande*, vol. *16*, p. *17*).

position ; il quitta son poste, et se rendit auprès du roi de Wei auquel il venait de faire la guerre ; celui-ci le reçut honorablement ; mais le voyant si âgé, il ne lui donna pas un emploi digne de son mérite ; le vaillant guerrier en fut grandement humilié.

# TAO-SIANG-WANG (244-236)

# 悼 襄 王

—≒⫶≒—

Le nom posthume et historique de ce roi est assez curieux ; le premier caractère portant une idée de blâme ; le second, de louange. Tao a trois significations défavorables ; entre lesquelles celle-ci : *prince qui offril beaucoup de sacrifices aux Esprits, sans se préoccuper de pratiquer la vertu.* Siang a deux sens assez bons ; par exemple : *prince qui endossait la cuirasse, et se montrait brave à la guerre* (1).

En 244, il fit exécuter de grandes manœuvres militaires, et des préparatifs de guerre considérables, pour être prêt à toute éventualité.

Nous avons dit que le brave général *Lien-p'ouo* 廉頗 se voyait délaissé par le roi de *Wei* 魏 ; il aurait bien voulu rentrer dans sa patrie, à laquelle il avait rendu tant de services ; le nouveau roi, de son côté, regrettait vivement d'avoir perdu un tel guerrier ; il envoya donc un messager examiner s'il pourrait encore, malgré son âge, conduire quelque campagne.

Mais le seigneur *Kouo-k'ai* 郭開, ennemi juré de Lien-p'ouo, gagna à force d'argent l'envoyé peu scrupuleux ; et obtint de lui, qu'il donnerait des renseignements défavorables. Le vieux général, pour montrer sa vigueur, avait, dans un seul repas, mangé une mesure bien considérable de riz et dix livres de viande ; naturellement, il en avait eu une indigestion ; étant ensuite monté à cheval, il dut en descendre trois fois. Le messager communiqua seulement ce dernier détail ; Tao-siang-wang conclut que le vieux général était désormais inutile, et le laissa dans son exil ; quant à ses mérites passés, ils étaient déjà bien loin.

Lien-p'ouo invité par le roi de *Tch'ou* 楚, s'empressa de se rendre à la cour ; bientôt chargé d'une expédition, il y fut malheureux, et l'on se repentit de la lui avoir confiée ; finalement, il mourut abandonné et sans honneurs à *Cheou-tch'oen* 壽春 (2).

---

(1) Textes des interprétations : 肆行勞祀曰悼 甲胄有勞曰襄

(2) Cheou-tch'oen : c'est *Cheou-tch'cou* 壽州, à 180 li à l'ouest de sa préfecture *Fong-yang fou* 鳳陽府, Ngan-hoei. *(Petite géogr., vol. 6, p. 24)* — *(Grande, vol. 21, p. 20).*

Pendant ce temps, on l'avait remplacé, comme généralissime, par *Li-meou* 李 牧, qui avait guerroyé de longues années avec succès contre les Huns (hioung-nou 匈 奴) ; celui-ci avait été envoyé contre le pays de *Yen* 燕, auquel il avait pris les deux villes *Ou-soei* 武 逐 et *Fang-tch'eng* 方 城 (1).

Li-meou est donné comme un vrai modèle : il choisissait ses officiers avec grand soin ; ne se laissant jamais influencer, ni par l'amitié, ni par les recommandations, ni par les cadeaux ; il faisait consciencieusement rentrer les impôts en argent et en nature ; les gardait en bon état dans des magasins très-bien administrés ; aussi son armée était-elle toujours bien pourvue de vivres et de munitions ; ses soldats recevaient de la viande fraîche chaque jour; mais ils devaient de même être assidûment exercés à la manœuvre; il en obtenait de bons cavaliers et de bons archers.

Son «bureau des renseignements», comme on dirait de nos jours, était parfaitement organisé ; il avait ses espions, ses éclaireurs, ses gardes, ses veilleurs, qui lui annonçaient les moindres mouvements des tribus nomades, ses voisines ; signaux de jour par la fumée ; signaux de nuit par le feu ; signaux pour demander secours en cas d'attaque ; tout marchait à merveille. A la première alerte, gens et troupeaux de la campagne devaient se réfugier dans les villes fortifiées ; les soldats dispersés devaient se concentrer aux endroits désignés ; mort à quiconque se mettait à la poursuite des envahisseurs. Il connaissait bien les ruses de l'ennemi ; ces sauvages, hardis et habiles cavaliers, ne pouvant rien contre une armée en rangs de bataille bien serrés, cherchaient à obtenir la débandade, pour foncer avec rapidité sur les soldats ainsi éparpillés. Sans livrer de combats, et uniquement grâce à sa bonne tactique de défense, il tenait ces sauvages en respect ; pendant plusieurs années ils ne purent faire ni invasions ni razzias ; ils le craignaient personnellement, pour sa bravoure, et redoutaient ses troupes si bien disciplinées ; celles-ci, à leur tour, avaient la plus entière soumission à un chef de cette valeur.

Tout d'abord, ce régime déplut à certains officiers-supérieurs de son armée; ils le dénigrèrent auprès du roi, et celui-ci en fit des reproches à Li-meou ; lui, fort de sa conscience, qui lui montrait, dans ce système, le seul moyen de garder efficacement la frontière qui lui avait été confiée, continua sa tactique sans se troubler. Le roi finit par se fâcher, et lui retira son commandement. Les successeurs ayant relâché la discipline, et ne connaissant pas les ruses des sauvages, n'eurent plus que des défaites et des razzias à enregistrer ; on ne pouvait plus cultiver la terre, ni élever de bestiaux ; tout devenait la proie des Huns.

---

(1) Fang-tch'eng : celle dont il s'agit ici était à 17 li sud-est de Kou-ngan hien (dont nous venons de parler). *(Petite géogr., vol. 2, p. 3)* — *(Grande, vol. 11, p. 13)*.

Alors le roi comprit sa faute, et ordonna à Li-meou d'aller reprendre son poste. Celui-ci refusa, sous prétexte de maladie; finalement, ayant reçu carte blanche pour son administration, il retourna à la frontière, et recommença son système avec le même succès qu'auparavant; il remporta d'éclatantes victoires sur les sauvages, et leur enleva plusieurs de leurs provinces. Tel était Li-meou, quand un ordre royal l'appela soudainement à la cour, pour remplacer Lien-p'ouo.

En 243, un prince de *Ts'in* 秦, qui se trouvait en otage à la cour de Tchao, étant rentré dans sa patrie, le prince-héritier de Tchao, otage à la cour de Ts'in, demanda aussi à retourner dans son pays; c'était très-juste; mais le jeune suzerain était *Che-hoang-li* 始皇帝, et son premier ministre était *Liu-pou-wei* 呂不韋, marquis de Wen-sin (Wen-sin-heou 文信侯), deux hommes peu accessibles à la tendresse; ils avaient attiré ce prince, nommé *Tch'oen-p'ing-hiun* 春平君 (ou seigneur de Tch'oen-p'ing), et l'avaient retenu prisonnier; ils ne voulaient point le lâcher.

Le seigneur *Sié-hiun* 泄鈞, de Ts'in, osa pourtant parler en faveur du jeune captif; s'adressant au ministre, il lui dit: le prince-héritier est chéri de son père, mais peu agréable aux grands dignitaires; ce sont eux qui l'ont fait envoyer à notre cour, dans l'espoir qu'on l'y retiendrait; vous faites donc le jeu de ces envieux, et vous excitez la haine du roi; il serait mieux de lui rendre la liberté, et de vous contenter du prince *P'ing-tou-kiun* 平都君 (seigneur de P'ing-tou); vous gagneriez du même coup l'affection du père et du fils; pour obtenir ensuite la délivrance du nouvel otage, le roi vous donnera toute satisfaction. Liu-pou-wei approuva ce conseil, et consentit à l'échange.

Cette même année, Tao-siang-wang fortifiait sa ville de *Han-kao* 韓皋.

En 242, *P'ang-hiuen* 龐煖, général de Tchao, battait affreusement l'armée de *Yen* 燕 et lui tuait son général nommé *Ki-sin* 劇辛; celui-ci, d'abord au service de Tchao, avait été grand ami de P'ang-hiuen; s'étant ensuite rendu au pays de Yen, il était devenu son adversaire; interrogé par le roi, son nouveau maître, il avait assuré que son ancien ami était un homme incapable, facile à vaincre; il avait, en conséquence, été chargé de la campagne, où il perdit la vie et vingt mille prisonniers; sa forfanterie était chèrement punie.

En 241, avait lieu la dernière tentative de ligue contre le roi de *Ts'in* 秦, formée par le rois de *Tch'ou* 楚, *Tchao* 趙, *Han* 韓, *Wei* 魏 et *Wei* 衛; nous avons vu comment, après avoir pris la ville de *Chou-ling* 壽陵 (1), les troupes fédérées furent mises en

_____

(1) Cheou-ling : Han-kou-koan : *(voyez même année, à l'histoire de Wei et de Han)*.

déroute, comme un troupeau de moutons, devant le défilé *Han-kou-koan* 函谷關. — Le roi de *Ts'i* 齊 avait refusé de prendre part à cette expédition; pour l'en punir, l'armée de Tchao entra sur son territoire, et lui enleva la ville de *Jao-ngan* 繞安 (1).

En 240, dans la crainte d'une revanche de la part de Ts'i, trois corps d'armée furent placés en vedette, pour le recevoir; l'un était à *P'ing-i* 平邑, avec le général *Fou-li* 傅抵; l'autre, à *Tong-yang* 東陽 (2), avec le général *K'ing-ché* 慶舍; le troisième gardait le pont de bateaux établi sur le Fleuve Jaune; là se trouvait peut-être le généralissime *Li-meou* 李牧, car le nom du commandant est sous-entendu par l'historien.

En 239, l'oncle du roi, prince seigneur de *Tchang-ngan-kiun* 長安君, dont il n'a plus été question depuis l'année 265, reparaît ici à l'improviste; mais on n'en dit pas autre chose, sinon qu'il reçoit la ville de *Jao* 饒 ou *Jao-yang* 饒陽 (3) c'est-à-dire une augmentation considérable de son fief.

Cette même année, le roi de *Wei* 魏, harcelé à mort par le terrible suzerain *Che-hoang-ti* 始皇帝, demandait secours à Tao-siang-wang, et lui cédait par avance la ville de *Yen* 鄴 (4); c'était un malade aidant un moribond; les trois royaumes, épaves de *Tsin* 晉, vont disparaître presque simultanément.

En 237, Tao-siang-wang, accompagné du roi de *Ts'i* 齊, faisait visite à Che-hoang-ti, essayant de gagner ses bonnes grâces; deux moutons caressant un jeune tigre, pour ne pas en être dévorés.

En 236, une armée de Tchao prenait au roi de *Yen* 燕 la ville de *Li-yang* 貍陽, ou plutôt *Yu-yang* 漁陽 (5); car on croit à une erreur de copiste.

Pendant ce temps, trois armées de *Ts'in* 秦 envahissaient son propre pays; l'une, commandée par *Wang-tsien* 王翦, attaquait les villes de *Ngo-yu* 閼與 et de *Leao-yang* 繚陽; l'autre, commandée par *Hoan-hi* 桓齮, prenait *Yen* 鄴 dont nous venons de parler, et *Ngan-yang* 安陽; la troisième, commandée par *Yang-toan-houo* 楊端和, prenait neuf villes non spécifiées, mais peu éloignées de Yen (6).

---

(1) Jao-ngan : était à 70 li nord-est de *Ts'ang-tcheou* 滄州, qui est à 180 li au sud de sa préfecture *T'ien-tsing fou* 天津府, Tche-li. *(Grande géogr., vol. 13, p. 26).*

(2) P'ing-i : celle dont il s'agit ici était à 7 li nord-est de *Nan-lo-hien* 南樂縣, Tche-li. *(voir année 271).*

Tong-yang : *(voir année 281).*

(3) Jao : ou Jao-yang : *(voir année 265, note sur la capitale du fief de ce prince).*

(4) Yen : *(voir royaume de Wei, même année).*

(5) Yu-yang : c'est *Ki-tcheou* 薊州, à 200 li à l'est de sa préfecture *Choen-t'ien fou* 順天府 (Pé-kin). *(Petite géogr., vol. 2, p. 10)—(Grande, vol. 11, p. 48).*

(6) Ngo-yu : *(voir année 270).*

A la fin de l'année, mourait Tao-siang-wang. S'étant amou-
raché d'une concubine, il avait écarté son fils-aîné, le prince-héritier *Kia* 嘉, et l'avait remplacé par *Ts'ien* 遷, fils né de cette
femme ; celui-ci, de mœurs dépravées, comme sa mère, était détesté
de tout le royaume ; c'est cependant lui que nous allons voir sur
le trône ; ce sera la fin.

---

Leao-yang : c'est *Leao-tcheou* 遼 州, Chan-si. *(Petite géogr., vol. 8, p. 33)*
— *(Grande, vol. 43, p. 14).*

Ngan-yang : *(voir année 275).*

## YEOU-MOU-WANG (235-228)

# 幽 繆 王

—❖·❋·❖—

C'est le dernier roi de Tchao. Comment a-t-il l'honneur d'un nom posthume ou historique ? les auteurs sont embarrassés d'en donner la raison ; en tout cas, ce nom existe dans Se-ma Ts'ien. Cela supposerait qu'à l'anéantissement du royaume, le fils du souverain actuel put déposer la tablette de son père dans le temple des ancêtres, et y offrir des sacrifices ; chose peu croyable ; le terrible Che-hoang-ti ne faisait pas les choses à demi ; un état détruit et annexé devenait une simple province de son empire ; et il y établissait un homme de confiance comme gouverneur ; lui-même faisait de longs voyages, pour s'assurer que l'administration s'exerçait d'après ses ordres. Dire que le pays de Tchao étant plus éloigné, le peuple plus revêche qu'ailleurs, le suzerain dut fermer les yeux sur quelques contraventions ; c'est une explication de quelques auteurs, d'après lesquels le roi défunt aurait reçu ce nom de ses partisans ; nous la donnons pour ce qu'elle vaut.

Les deux caractères ont des significations défavorables, qui reviennent à peu près à celle-ci : *prince incapable et dépravé* (1) ; c'est peu flatteur.

En 235, le nouveau roi fortifiait la ville de *Pé-jen* 柏人 (2).

En 234, une armée de *Ts'in* 秦 envahissait le territoire de Tchao, remportait une grande victoire auprès de *P'ing-yang* 平陽 (3), tuait le général *Ou-tche* 扈輒, et coupait la tête à cent mille hommes. Dans cette extrémité, Yeou-mou-wang ordonna à son généralissime *Li-meou* 李牧 de conduire toutes les troupes qui restaient, à l'attaque de l'armée de Ts'in. Ce brave capitaine se montra digne de cette confiance ; il prit l'offensive, vainquit son

---

(1) Textes des interprétations : 壅遏不通曰幽, 名與實爽曰繆

(2) Pé-jen : était à 12 li à l'ouest de *Tang-chan hien* 唐山縣, qui est à 90 li nord-est de sa préfecture *Choen-te fou* 順德府, Tche-li. (*Petite géogr., vol. 2, p. 46*) — (*Grande, vol. 15, p. 9*).

(3) P'ing-yang : était à 25 li à l'ouest de *Ling-tchang hien* 臨漳縣, qui est à 110 li nord-est de sa préfecture *Tchang-te fou* 彰德府, Ho-nan. (*Petite géogr., vol. 12, p. 16*) — (*Grande, vol. 49, p. 35*).

adversaire *Hoan-ki* 桓齮 à *I-ngan* 宜安 (1) et à *Fei-hia* 肥下 (2); finalement il le força de s'enfuir hors la frontière. Après un tel fait d'armes, Li-meou fut élevé à la dignité de *Ou-ngan-kiun* 武安君, c'est-à-dire grand guerrier qui procure la paix à sa patrie.

En 233, Hoan-ki venait prendre sa revanche ; après avoir battu l'armée de Tchao, il enlevait les trois villes I-ngan, P'ing-yang, et *Ou-tch'eng* 武城 (3).

En 232, Che-hoang-ti voulant frapper un coup décisif, leva une armée formidable et l'envoya envahir le pays de Tchao par trois endroits différents, afin de contraindre les troupes ennemies à se fractionner en autant de tronçons, très-éloignés les uns des autres, et ne pouvant se porter mutuellement secours. Le généralissime *Li-meou* 李牧 ne se laissa pas prendre à ce piége ; gardant toutes ses forces réunies autour de lui, il attaqua les corps d'armée l'un après l'autre, les vainquit, et les refoula au pays de Ts'in ; seules, les deux villes de *Lang-mong* 狼孟 et de *P'an-ou* 番吾 (4) étaient tombées au pouvoir des envahisseurs ; encore durent-ils les abandonner. Li-meou était vraiment le sauveur de sa patrie.

En 231, un horrible tremblement de terre dévastait la province de *Tai* 代 ; depuis la ville de *Yo-siu* 樂徐 jusqu'à *P'ing-yng* 平陰 (5), tours, maisons, murs, tout fut renversé ou disloqué ; un gouffre s'entr'ouvrit, long de cent-trente pas, de l'est à l'ouest. Quel mauvais augure pour le royaume ! tout le monde y voyait le présage de sa ruine prochaine.

En 230, pour surcroît de malheur, le pays de Tchao fut en proie à une grande famine ; c'est alors que se forma, parmi le peuple, ce dicton réprobateur des mœurs du souverain :

---

(1) I-ngan : était à 25 li sud-ouest de *K'ao-tch'eng hien* 藁城縣, qui est à 60 li sud-est de sa préfecture *Tcheng-ting fou* 正定府, Tche-li *(Petite géogr., vol. 2, p. 41)* — *(Grande, vol. 14, p. 15).*

(2) Fei-hia : se trouvait 7 li au sud-ouest de la même sous-préfecture. ib. p. 16.

(3) Ou-tcheng : celle dont il s'agit ici (car il y en a beaucoup d'autres) c'est *Tsing-ho hien* 清河縣. à 200 li nord-est de sa préfecture *Koang-p'ing fou* 廣平府, Tche-li. *(Petite géogr. vol. 2. p. 56)* — *(Grande. vol. 15. p. 28).*

(4) P'an-ou : appelée aussi *P'ou-ou* 蒲吾, était à 20 li sud-est de *P'ing-chan hien* 平山縣, qui est à 90 li à l'ouest de sa préfecture *Tcheng-ting fou* 正定府, Tche-li. *(Petite géogr., vol. 2. p. 42)* — *(Grande, vol. 14, p. 19).*

(5) Yo-siu : était un peu au sud-est de *Koang-tch'ang hien* 廣昌縣, qui est à 180 li à l'ouest de *I tcheou* 易州, Tche-li. *(Petite géogr., vol. 2, p. 65)* — *(Grande, vol. 44. p. 49).*

P'ing-yng : était un peu au nord-ouest de *Ling-k'iou hien* 靈邱縣, qui est à 270 li sud-est de sa préfecture *Ta-t'ong fou* 大同府, Chan-si. *(Petite géogr., vol. 8, p. 23)* — *(Grande, vol. 44. p. 50).*

*Le roi de Tchao tonne avec rigueur ;*
*Celui de Ts'in en rit d'un air moqueur ;*
*Après des actions si noires, la terre est stérile, pour notre*
*grand malheur.*

En 229, une armée de *Ts'in* 秦, commandée par *Wang-tsien* 王 翦, partit de la province appelée *Chang-ti* 上 地 (1), envahit le nord-ouest de Tchao, et s'empara du fameux défilé de *Tsing-hing* 井 陘, qui ouvrait le chemin vers la capitale.

Une autre armée, sous les ordres de *Yang-toan-houo* 楊 端 和, envahissait le sud du royaume. Mais *Li-meou* 李 牧 était prêt ; secondé par *Se-ma Chang* 司 馬 尚, il attaqua les gens de Ts'in, et les vainquit à plusieurs reprises, les contraignant à rebrousser chemin ; il avait même tué le général *Hoan-hi* 桓 齮 ; tout faisait espérer encore une fois le salut du pays ; c'était cependant son agonie.

Wang-tsien désespérant de vaincre Li-meou, trouva le moyen de s'en débarrasser : Le lecteur n'a pas oublié un certain seigneur, nommé *Kouo-k'ai* 郭 開, grand favori du roi actuel, comme du précédent ; c'était vraiment le mauvais génie du royaume ; il avait déjà causé la perte du fameux général *Lien-p'ouo* 廉 頗 ; il va causer encore celle du vaillant Li-meou, et celle du pays.

Ayant secrètement reçu une forte somme d'argent, de la part de Wang-tsien, ce traître accusa Li-meou et Se-ma Chang d'un complot de révolte ; et il fit si bien, que le roi en demeura convaincu ; celui-ci envoya aussitôt *Tchao-ts'ong* 趙 蔥 et *Yen-tsiu* 顏 聚 remplacer les deux accusés, à la tête des troupes.

Li-meou, frappé comme d'un coup de foudre, essaya de temporiser, pour détromper le roi ; car il voyait le pays perdu par sa démission, exigée au plus fort de la campagne ; ce fut en vain ; il dut enfin se retirer ; mais, de rage, il se suicida. C'est ainsi qu'il faut entendre les textes, où il est dit que le roi le fit mettre à mort. Quant à Se-ma Chang, il s'était enfui.

En 228, Wang-tsien avait beau jeu avec les deux nouveaux venus ; dans une bataille décisive, il remporta la victoire et tua le généralissime Tchao-ts'ong, dont le collègue s'enfuit hors du royaume ; il n'y avait plus qu'à marcher sur la capitale ; elle fut prise sans grande difficulté, et le roi emmené captif ; c'était la fin du royaume de Tchao, à la 10ème lune de cette année.

---

(1) Chang-ti : c'était le territoire actuel de *Soei-te tcheou* 綏 德 州, au nord du Chen-si. *(Petite géogr., vol. 14, p. 64)* — *(Grande, vol. 47, p 19)*.

Tsing-Hing : maintenant *T'ou-men koan* 土 門 關, est à 10 li à l'ouest de *Hou-lou hien* 獲 鹿 縣, qui est à 50 li sud-ouest de sa préfecture Tcheng-ting fou. *(Petite géogr., vol. 2, p. 40)* — *(Grande, vol. 10, p. 21 — vol. 14, p. 12)*.

*Che-hoang-ti* 始皇帝 se rendit à la capitale *Han-tan* 邯鄲, où il avait vécu en otage, et d'où sa mère était originaire ; il voulait assouvir sa vengeance dans le sang de ses ennemis.

*Kia* 嘉, le prince-héritier de Tchao, qui avait été écarté du trône, comme nous l'avons dit, avait réussi à s'échapper avec sa maison, composée de plusieurs centaines de personnes ; il se retira dans la province montagneuse de *Tai* 代, et s'y déclara roi ; il y fut rejoint par un grand nombre de fuyards ou d'exilés, qui formèrent un groupe d'hommes de valeur. Il réclama l'alliance du roi de *Yen* 燕, afin de se protéger mutuellement contre le suzerain de *Ts'in* 秦 ; leurs armées stationnèrent sur la défensive, dans la vallée de *Chang-kou* 上谷, pendant six années environ (1).

En 222, les deux amis, vaincus dans une grande bataille, furent emmenés captifs à la cour de *Ts'in* 秦, à la 5ème lune ; après quoi, Che-hoang-ti, âgé alors de trente-huit ans, célébra une grandissime solennité, pour se réjouir de l'unification de toute la Chine, sous son sceptre seul et sans pareil.

Les annales du Chan-si, vol. 8, p. 38, montrent que la descendance du prince Kia ne fut pas exterminée ; car un de ses fils, nommé *Kong-fou* 公輔, avait été placé comme gouverneur des Tartares *Si-jong* 西戎 ; et il en fut si aimé qu'ils ne l'appelaient pas autrement que roi de Tchao.

Un autre prince, nommé *Tchao-hié* 趙歇, avait aussi échappé à la ruine générale du royaume ; en 209, il fut rétabli sur le trône de Tchao ressuscité ; trois ans plus tard, il n'était déjà plus roi que du pays de *Tai* 代王 ; enfin, en 204, il disparut avec son petit état ; il n'en fut plus mention dans l'histoire de la Chine (2).

_____

(1) Chang-kou : cette vallée est au nord de *Yen-k'ing tcheou* 延慶州, qui est à 200 li sud-est de sa préfecture *Siuen-hoa fou* 宣化府, Tche-li. (*Petite géogr.*, vol. *2, p. 61*) — (*Grande, vol. 17, p. 27*).

(2) Nous ne pouvons omettre un mot à la mémoire du vaillant général *Li-meou* 李牧. Son tombeau est à 13 li nord-est de *T'ai-p'ing hien* 太平縣, qui est à 90 li sud-ouest de sa préfecture *P'ing-yang fou* 平陽府, Chan-si. — Son petit-fils, nommé *Li-tsouo-kiu* 李左車, seigneur de *Koang-ou* 廣武君, devint un fameux général, sous la dynastie impériale *Han* 漢. (*Annales du Chan-si, vol. 8, p. 36 — vol. 56, p. 29*).

# APPENDICE I.

---oჿ≫≪oჿ---

## SUR LES TARTARES

### ET AUTRES PEUPLADES

QUE LES CHINOIS TROUVÈRENT EN CHINE, ET AVEC LESQUELS ILS EURENT

DE LONGUES GUERRES. 疆 域 表 上 p. 31.

皇 清 經 解 vol. 8-106 p. 36.

卐 卐 卐 卐 卐 卐 卐

A l'époque du « *Tch'oen-ts'iou* 春 秋 », c'est-à-dire vers l'an
722 avant Jésus-Christ, les Tartares sont très-puissants, et peuvent
tenir tête à n'importe quel état chinois ; très-souvent ils ne se
contentent pas de se tenir sur la défensive ; mais deviennent
agresseurs, et envahissent les territoires de leurs voisins civilisés.

Parmi eux, on compte dix-neuf Etats réputés sauvages, ou
barbares ; dont les plus puissants étaient :

1°) les *Tche-li* 赤 狄, ou Tartares rouges ; (1)

2°) les *Pé-li* 白 狄, ou Tartares blancs ;

3°) les *Tchang-li* 長 狄, ou Tartares géants. Ceux-ci étaient
les moins nombreux ; mais les plus redoutés, à cause de leur
cruauté ; ils habitaient le territoire situé au nord de la préfecture
actuelle *Ts'i-nan-fou* 濟 南 府, dans la province du Chan-tong.
Leur contrée s'appelait *Cheou-man* 鄋 瞞; leurs princes (ou chefs)
étaient du clan *Ts'i* 漆, et descendaient de *Fang-fong-che* 防 風
氏. En 594, le royaume de *Ts'in* 晉 s'annexa leur pays.

Les Tartares rouges et les blancs étaient de beaucoup les plus
nombreux ; c'est pourquoi on comprenait souvent n'importe quelle
tribu sous ce nom commun.

Les rouges se subdivisaient en six tribus (ou peuplades) :

1°) les *K'ao-lou-che* 皋 落 氏, qui habitaient les montagnes
orientales (tong-chan 東 山) du Chan-si.

---

(1) *(Grande géogr , vol. 1, p. 19).*

2°) les *Tsiang-hao-jou* 牆咎如, qui habitaient le territoire actuel de *T'ai-yuen-fou* 太原府, dans la province du Chan-si ; leurs princes étaient du clan *Koei* 隗 (1).

3°) les *Lou-che* 潞氏, qui demeuraient sur le territoire actuel de *Lou-ngan-fou* 潞安府, Chan-si ; ils furent aussi annexés en 594, par le royaume de Tsin ; leurs chefs avaient le titre de vicomte (tse 子).

4°) les *Kia-che* 甲氏, qui demeuraient dans les montagnes orientales du Chan-si ; ils furent annexés en 593 au même royaume de Tsin.

5°) les *Liou-hiu* 留吁, voisins des précédents, subirent le même sort, et en même temps (2).

6°) les *To-tcheng* 鐸辰, item. Ces trois dernières peuplades étaient peu considérables et peu puissantes.

**Les blancs** se subdivisaient en trois tribus, ou peuplades :

1°) les *Sien-yu* 鮮虞, qui demeuraient dans les montagnes nord-ouest de la préfecture actuelle *Tcheng-ting-fou* 正定府, Tche-ly ; ils furent soumis seulement vers l'an 290, par le roi de Tchao ; leurs chefs étaient du clan (impérial) *Ki* 姬.

2°) les *Fei* 肥, qui demeuraient sur le territoire actuel de *P'ing-ting-tcheou* 平定州 ; ils furent annexés au royaume de Tsin, en 530 ; leurs chefs avaient le titre de vicomte (3).

3°) les *Kou* 鼓, qui demeuraient sur le territoire actuel de *Tsin-tcheou* 晉州, dans la province du Tche-ly ; le roi de Tsin les soumit en 520 ; (4) leur chef était vicomte, et du clan *K'i* 祁.

Tous les Tartares ci-dessus énumérés sont souvent compris sous le nom général *Ti* 狄. Vers l'an 660 avant Jésus-Christ, ils étaient à l'apogée de leur puissance ; toutes leurs tribus, ou peuplades, étaient sous l'obéissance du chef des Tartares rouges ; elles occupaient les montagnes du Chan-si et du Chan-tong, sur une étendue de plus de mille li ; elles voisinaient les royaumes de *Tsin* 晉, de *Wei* 衞, de *Lou* 魯, de *Ts'i* 齊, de *Song* 宋, de *Hing* 邢 et de *Tcheng* 鄭 ; pendant cent quarante-quatre ans, elles furent redoutables, par leurs incursions dans ces divers pays ; pendant trente ans environ, elles parurent même devenir les maîtresses de

---

(1) Leur capitale était à 40 li nord-est de *Lou-tch'eng hien* 潞城縣, qui est à 40 li nord-est de sa préfecture *Lou-ngan fou* 潞安府, Chan-si. (*Petite géogr., vol. 8, p. 14*) — (*Grande, vol. 42, p. 23*).

(2) La capitale des Liou-hiu, était à 10 li sud-est de *T'oen-liou hien* 屯留縣, qui est à 55 li nord-ouest de sa préfecture *Lou-ngan fou* 潞安府, Chan-si. (*Petite géogr., vol. 8, p. 13*) — (*Grande, vol. 42, p. 21*).

(3) La capitale des Fei, appelée *Si-yang* 昔陽, était à 50 li à l'est de *P'ing-ting tcheou* 平定州, Chan si. (*Petite géogr., vol. 8, p. 35*) — (*Grande, vol 40, p. 33*).

(4) La capitale des Kou, était un peu au sud-est de *Tsin tcheou* 晉州.

la Chine ; s'attaquant sans crainte à leurs plus forts voisins, *Tsin* 晉 et Ts'i ; et même envahissant le territoire sacro-saint de l'empereur.

Vers l'an 628, la jalousie commença son œuvre de division ; dès lors on fit bande à part, avec une dénomination particulière ; dès lors aussi les chroniques chinoises enregistrent des victoires sur les «sauvages» ; sans se donner la peine de dire où, ni quand, ni comment, ni contre quel chef a eu lieu l'expédition ; c'est inutile, puisqu'il s'agit d'une race amoindrie.

Comme on le voit, les diverses peuplades sont simplement des branches séparées de la grande tribu initiale, les Tartares rouges (tche-ti 赤 狄) : c'est pourquoi ceux-ci, même après les divisions et dispersions, conservèrent toujours une certaine prédominance sur tous les autres. Les Tartares blancs résidèrent d'abord au nord de la province du Chen-si, à l'ouest du Fleuve Jaune.

**Les Tartares Jong** 戎 habitaient les montagnes du Ho-nan actuel, et se subdivisaient comme il suit :

1°) les *Lou-hoen-jong* 陸渾戎, qui voisinaient le royaume de *Tch'ou* 楚, et habitaient le territoire actuel de *Song-hien* 崧縣, dans la préfecture de *Ho-nan-fou* 河南府 ; le roi de *Tsin* 晉 les soumit en 525 ; mais leur chef, un vicomte, du clan *Yun* 允, s'enfuit à la cour de Tch'ou.

2°) les *Kiang-jong* 姜戎, qui habitèrent d'abord la contrée appelée *Koua-tcheou* 瓜州, dans la province du *Kan-sou* 甘肅 ; ils furent ensuite transférés à *Y-tchoan* 伊川, ville qui s'appela aussi *Lou-hoen* 陸渾.

3°) les *Yng-jong* 陰戎, qui formaient quasi une seule tribu avec les *Kiou-tcheou-tche-jong* 九州之戎, et subsistèrent jusqu'en 491.

(1) Les Tartares Jong de *Yang-kiu* 楊拒, *Ts'iuen-kao* 泉皐 et *Y-lo* 伊洛 furent les premiers à entrer sur les territoires chinois ; les Lou-hoen y vinrent ensuite, mais transférés par les rois de *Tsin* 晉 et de *Ts'in* 秦 ; les Kiang-jong y reçurent leurs lieux de résidence de la main du roi de *Tsin* 晉. Tant que celui-ci fut puissant, tous les Jong, en général, restèrent ses alliés ; et c'est, en bonne partie, grâce à leur concours qu'il se maintint si longtemps à la tête des vassaux.

Les Lou-hoen étant d'abord voisins de Tch'ou, comme nous l'avons dit, faisaient volontiers cause commune avec lui ; le roi de *Tsin* 晉 n'eut pas de repos, avant de les avoir soumis, et de les avoir transplantés ailleurs.

Les Kiang-jong se montrèrent toujours de meilleure composition à son égard ; c'est grâce à eux que *Siang-kong* 襄公 remporta,

---

(1) *Voir à l'année 649, où nous parlons d'eux ; ils demeuraient entre les deux rivières I* 伊 *et Lo* 洛, *dans la province du Ho-nan, au sud du Fleuve Jaune*

en 627, la grande victoire de Hiao 孝, sur les troupes de *Ts'in* 秦 ;
ils habitaient les contrées méridionales de *Tsin* 晉.

*Tch'eng-hong* 成公 (606-600) s'empara du territoire des
rouges [tche Ti 赤狄].

*King-hong* 景公 (599-581) avait les blancs (pé Ti 白狄) pour
alliés, dans sa guerre contre le même royaume de *Ts'in* 秦.

*Tao-hong* 悼公 (572-558) se servit des *Ou-tchong* 無終, dont
nous parlerons bientôt ; par leur entremise, il fit, en 569, un traité
d'alliance avec tous les Tartares du nord ; ce qui affermit grandement son autorité sur les vassaux ; on redoutait ces auxiliaires.

*P'ing-hong* 平公 (557-532) se servit surtout des *Yng-jong*
陰戎.

4°) les *Jong-man* 戎蠻 demeuraient au sud-ouest de *Jou-
tcheou* 汝州, dans la province du Ho-nan ; leur chef avait le titre
de vicomte. C'étaient des voisins inquiétants pour l'empereur ;
c'est pourquoi ce «fils du ciel» les amadouait de son mieux, les
traitait en apparence comme des Chinois, et exerçait sur eux une
suzeraineté nominale qui ne les gênait guère. Ces barbares furent
exploités par les Chinois ; peu-à-peu ils se trouvèrent mêlés au
reste de la population, et disparurent de l'histoire ; leur nation ou
tribu s'était évanouie.

5°) les *Mao-jong* 茅戎, appelés aussi *Siu-ou-che* 徐吾氏,
demeuraient près de la ville actuelle de *Chen-tcheou* 陝州, dans
le Ho-nan, au sud du Fleuve Jaune ; mais ils passaient volontiers
sur la rive septentrionale ; le gué appelé *Mao-tsing* 茅津 a gardé
leur nom jusqu'à nos jours ; sur cette même rive, ils eurent une
ville appelée *Mao-tch'eng* 茅城 ; il n'en reste que le souvenir,
perpétué par un Kiosque (1).

6°) les *Liu-jong* 盧戎, appelés encore *Nan-man* 南蠻, dont
le chef était aussi un vicomte, furent incorporés au royaume de
*Tch'ou* 楚 ; ils habitaient au nord-est de la ville actuelle de *Nan-
tchang hien* 南漳縣, dans la préfecture de *Siang-yang fou* 襄陽
府, province du *Hou-pé* 湖北.

7°) les *Li-jong* 驪戎, dont le chef était un baron (nan 男),
du clan impérial *Ki* 姬, furent annexés au pays de *Tsin* 晉 en 672 ;
ils demeuraient près de *Ling-tong hien* 臨潼縣, dans la préfecture
de *Si-ngan fou* 西安府, province du *Chen-si* 陝西.

8°) Les *Si-jong* 西戎 (ou occidentaux), appelés aussi *K'iuen-
jong* 犬戎 (les chiens) et *Kiang-jong* 羌戎 (les têtus), demeuraient
au nord de la préfecture actuelle *Fong-siang fou* 鳳翔府, dans
la même province du Chen-si.

9° les *Chan-jong* 山戎 (ou montagnards), appelés encore *Pé-
jong* 北戎 (les septentrionaux) et *Ou-tchong* 無終, habitaient le

_____

(1) C'est au sud-est de *P'ing-lou hien* 平陸縣, qui dépend de *Kiai tcheou*
解州, Chan-si. *(Grande géogr., vol. 41, p. 34).*

territoire actuel de *Yong-p'ing fou* 永平府, dans la province du *Tche-li* 直隸.

. Il y eut encore d'autres peuplades Tartares; mais elles étaient moins importantes, et, en général, se rattachaient à quelqu'une de celles dont nous venons de faire l'énumération.

## Les sauvages I 夷.

Parmi eux, les orientaux (tong I 東夷) surtout eurent maille à partir avec les Chinois. D'abord, ceux qui demeuraient sur les bords de la rivière *Hoai* 淮, et qui pour cela s'appelaient les *Hoai-i* 淮夷; puis les *Siu-i* 徐夷, qui habitaient sur le territoire actuel de *Siu-tcheou fou* 徐州府, au nord de la province du *Kiang-sou* 江蘇; ceux-ci furent les plus connus et les plus puissants; vers l'an 826, l'empereur se débattait contre eux, sans trop réussir à s'en débarrasser; c'est moins par la guerre que par leur civilisation supérieure, que les Chinois finirent par se les incorporer.

## Les sauvages Man 蠻.

On appelait ainsi tous les aborigènes situés au sud, hors des pays vraiment chinois, c'est-à-dire hors la frontière de la province actuelle du Ho-nan. Les royaumes de *Ou* 吳, de *Tch'ou* 楚 et de *Yué* 越, dont nous avons retracé l'histoire, étaient compris sous cette dénomination injurieuse; le lecteur peut se rappeler quels désastres ces trois états, soit-disant sauvages, infligèrent aux pays plus civilisés. Si *Che-hoang-ti* 始皇帝, roi de *Ts'in* 秦, un demi-sauvage, réunit sous son sceptre toutes les contrées de la Chine, c'est un roi de Tch'ou, aussi un demi-sauvage, qui refit cette conquête, fonda la dynastie impériale *Han* 漢, et constitua le vrai «empire» chinois qui a persévéré jusqu'à nos jours.

### Terminons ces quelques notes par un extrait du «livre des Rites»:

«*Les Chinois, les Jong, les I, et tous les autres peuples, avaient chacun leur caractère particulier, qu'il était impossible de changer. Les habitants de l'Est, appelés I, ne liaient pas leurs cheveux, mais les coupaient: ils avaient le corps orné de peintures; certains, parmi eux, ne cuisaient pas leurs aliments. Les habitants du Midi, appelée Man, se tatouaient le front; ils prenaient ensemble leur repos, les pieds tournés en sens contraire et croisés, comme on le fait encore maintenant en bien des endroits; certaines de leurs tribus ne mangeaient pas d'aliments cuits. Les habitants de l'Ouest, appelés Jong, portaient les cheveux courts, et ne les liaient pas; ils étaient vêtus de peaux; certaines de leurs tribus ne mangeaient pas de grains. Les habitants du Nord, appelés Ti, portaient des vêtements tissus de duvet et de laine; ils demeuraient dans des cavernes, et certains d'entre eux ne mangeaient pas de grains.*»

«*Tous ces peuples différaient de langage, et n'avaient pas les
mêmes goûts, ni les mêmes désirs. Ils se communiquaient entre
eux leurs pensées et leurs sentiments, par le moyen d'intermédiai-
res; ceux-ci, à l'Est, s'appelaient messagers; au Sud, imitateurs;
à l'Ouest, indicateurs; au Nord, interprètes*».

    (*Li-hi* 禮記, *Couvreur, vol. 1, p. 295*).

# APPENDICE II.

## QUELQUES MOTS

### SUR LES DIGNITÉS DU ROYAUME

### DE TSIN

**En principe**, il y avait :

1° Les six ministres d'Etat, ou *lou-tcheng* 六正 ; c'est-à-dire, en temps de guerre, les trois généraux des trois corps d'armée, et leurs aides-de-camp.

2°) Sous eux, il y avait cinq grands dignitaires, appelés *ou-li* 五吏 ; à savoir :

a) le *Se-ma* 司馬, intendant des armements, quelquefois ministre de la guerre ;

b) le *Se-k'ong* 司空, intendant des campements et fortifications;

c) le *Yu-che* 輿師, appelé plus tard *Yu-wei* 輿尉, intendant des chars de guerre ;

d) le *Heou-tcheng* 侯正, chef des éclaireurs et des espions ; il s'appela aussi *Yen* 奄 ;

e) le *Ya-liu* 亞旅.

En 573, les deux dernières dignités furent abolies ; à la place de leurs titulaires, il n'y eut plus que le seul *Kiun-wei* 軍尉 ; son autorité devint si grande, qu'il fut supérieur au Se-ma.

3°) Trente officiers supérieurs.

4°) Les *ta-fou* 大夫.

5°) Le chef de divers officiers [pé koan tche tcheng-tchang 百官之正長].

6°) Les officiers commandant deux-mille cinq cents hommes, et dont le titre était *che* 師 ; d'autres, commandant seulement cinq cents hommes, avec le titre de *liu* 旅.

*(Voir le commentaire Tsouo-tchoan* 左傳*, vol. 30, p. 11).*

**Plus tard,** on revint au système usité sous l'empereur *Tcheou Ou-wang* 周 武 王. *(Chou-king* 書 經 ; *Couvreur, p.* 184 — *Zoltoli, III, p.* 413*)* ; à savoir :

1°) le *Se-tou*   司 徒 ministre de l'instruction ;

2°) le *Se-ma*    司 馬 ministre de la guerre ;

3°) le *Se-k'ong* 司 空 ministre des travaux publics ;

4°) les *Ya-liu*   亞 旅 aides des ministres, chefs de bureaux,
                   officiers· inférieurs de tout rang ;

5°) les *Che-che* 師 氏 chefs de garde ;

**Remarques :** Un corps d'armée (kiun 軍) comprenait douze mille cinq-cents hommes ;

l'empereur seul pouvait en avoir six.

les grands royaumes, seulement trois.

les moyens, deux.

 les petits, un.

Le général commandant un corps d'armée avait le titre de *ming-k'ing* 命 卿, c'est-à-dire «ministre nommé par l'empereur»; mais on ne se souciait guère de celui-ci.

Quant au nombre des corps d'armée, nous avons vu les rois faire comme ils l'entendaient; la théorie et la pratique étaient deux choses très-différentes.

Un officier commandant deux-mille-cinq-cents hommes, avait le titre de *Che* 師 ; il y en avait cinq par corps d'armée ; leur chef s'appelait « le *tchong-ta-fou* 中 大 夫 ».

*(Voir le recueil Hoang-tsing King-kiaï* 皇 清 經 解, *vol.* 九 之 十 八, *pp.* 23, 24).

www.ingramcontent.com/pod-product-compliance
Lightning Source LLC
Chambersburg PA
CBHW072042080426

42733CB00010B/1962